山西省高等学校人文社会科学重点研究基地
河东文化研究中心·学术丛书

【吕大忠】 【吕大防】 【吕大钧】 【吕大临】

宋代蓝田四吕及其著述研究

李如冰 著

《河东文化学术研究丛书》编辑委员会

主　编：姚纪欢
副主编：张凤琴
编　委：韩起来　刘宽亮　咸增强
　　　　秦建华　李永康

《河东文化研究学术丛书》总序

姚纪欢

在祖国的版图上,有一个以煤著称的省份——山西。她北以长城与内蒙接壤,东以太行与河北分野,西、南两面则以黄河与陕西、河南交界,历来为表里山河之区、兵家必争之地。事实上,山西不仅是煤炭资源大省,更是文化资源大省。仅文物资源中史前遗存、古代建筑、戏曲舞台、壁画艺术以及全国重点文物保护单位数量均为全国之首。雁北的佛教文化、晋中的商业文化、河东的根祖文化各擅胜场,斐声于世。

作为地理名词,"河东"很早已被先民使用。而作为行政区划,则出现在战国后期。至秦始皇统一全国,进一步分天下为三十六郡。其中河东郡辖域主要为黄河以东以北、霍山以南、太岳以西地区,约相当于今临汾和运城市域。此后,历汉唐,掠宋元,迄明清,河东之区时有盈缩,河东之名则历久不废。其核心地区绝大多数时期均在晋西南的运城一带。因此,运城人常自称河东人,对河东之称谓情有独钟,爱不释口。

河东地区,位居晋秦豫三省交汇地带,是华夏文明的发祥地之一,许多文化现象体现着中华文化的总特征,反映着中国历史的大进程,非常值得关注和研究。

河东盐池在华夏文明史上具有重要的战略意义。不少专家学者认为,炎黄时期的阪泉之战、涿鹿之战即为此盐而起。不仅尧都平阳、舜都蒲坂、禹都安邑与盐池密切相关,即如夏商周三代定都之地均距此不远,也应有赖于河东池盐供应。传说黄帝扫地为坛,祭祀后土,就在河东。自汉武帝始,多有皇帝亲至汾阴拜祭。后稷稼穑、嫘祖养蚕等掌故也在此境多有遗痕。池盐、土地以及与农业相关的人物故事,是原始农耕文明的典型代表,也是河东早期文化的显著特征。

　　儒家最为崇奉的尧舜禹三圣人植根于河东,上至庙堂,下及乡野。当今中国民间最具人气的三位神仙,除了观音菩萨来自西域,关公、吕祖均出自河东,分别祭奉二神的解州关帝庙是全国最大的武庙、永乐宫是道教的三大祖庭之一。明代洪洞大槐树移民至今仍是移民文化的象征性事件。近年来,海内外华人纷纷回到河东,寻根祭祖,拜神朝圣。其影响之大,可见一斑。

　　河东文史人物彪炳史册,代不乏人。名门望族如裴氏、柳氏、薛氏等尤为光鲜照人。裴氏文臣武将活跃政坛,几数百人,"史学三裴"于史注体例颇有贡献;柳宗元蔚为文史大家,柳冲、柳芳、柳璨于唐代谱学成就斐然;王通、王绩、王勃在哲学、文学上独树一帜;薛道衡、薛收等在文论上多有建树,薛瑄创立了著名的河东学派,创新发展了理学思想;司马光融政治家、文学家、史学家为一身,其主持编纂的《资治通鉴》作为我国第一部编年体通史,影响深远,至今不衰。

　　河东地区的民间资源也非常丰富。蒲剧、眉户、道情等地方戏曲,大量的民间传说、劝善文书、锣鼓杂戏、讲唱、宣卷等,都是重要的文化遗产。以永乐宫壁画为代表的寺观壁画艺术,在绘画史上具有重要的历史地位。河东方言也很有研究价值。

河东版刻在金元之际非常发达,余续至今。中国国家图书馆的镇馆之宝《赵城金藏》以及已毁的道教经典《玄都宝藏》均曾于此雕刻和保存。河东碑刻不仅数量多,而且质量高,其内容涉及中国古代政治、经济、军事、教育等多个领域。河东望族的谱牒,还有一些珍本、孤本也有待进一步整理、研究。

运城学院由运城师专、高专发展而来。早在专科时期,学院就很重视河东文化的研究。由老校长赵北耀教授领衔,成立了运城地区河东文化研究中心,形成了以景克宁、孙功炎、王树山、尚恒元、柴继光、孟肇咏等校内专家学者为主体的学术队伍,召开了薛瑄研究等学术会议,以学报为阵地刊发了系列研究文章,出版了《河东史话》《薛瑄研究论文集》《盐文化研究》《河东方言辑考》等学术著作,在国内外尤其是山西学界产生了积极的影响,有力地推动了地方的文化建设事业。

学院专升本后,新一届的领导班子把河东文化研究作为学院重要的特色工作来抓。2007年11月,省教育厅批准河东文化研究中心为山西省高等学校人文社会科学重点研究基地。四年来,申报教育部项目2项,山西省高等学校人文社科重点研究基地项目5项,其他省级项目15项,设立院级项目46项。发表论文116篇,出版学术专著10部。举办了"走进河东文化殿堂"系列报告,举办或协办了华夏根祖文化考察交流恳谈会、中国社科院河东文化考察团学术交流座谈会、《弟子规》与孝文化全国学术研讨会等多次会议,成立了河东文化研究文献信息中心,建成了河东文化资料专题数据库,为河东文化研究做了较为扎实的资料准备。

2011年4月24日,胡锦涛总书记在清华大学建校100周年大会上发表的讲话中指出,全面提高大学教育质量,必须大力提升人才培养水平,增强科学研究能力,服务经济社会发展,推进文化传承创新。把大学的任务概括到了人才培养、科学研究、服务社会和文化传承创新四个方面。10月,党的十七届六中全会作出了《关于深化文化体制改革推动社会主义文化大发展大繁荣若干重大问题的决定》,把文化建设纳入到了经济社会发展总体规划。作为地方型高校,更有责任和义务开展文化服务,为地方文化建设贡献力量。

为此,衷心希望学院的河东文化研究继续凝练方向,加强应用研究,寻找学院河东文化研究的对比优势,走出一条体现学院价值、适合学院发展的路子;建好河东文化专题馆藏,搜购以晋南地区为主的有关晋陕豫三角地区的古籍善本及电子文献,收购、募捐个人著作和私家藏书,征求、征购各机关和社会团体的文史资料及内部出版物,努力建设晋陕豫三角地区文史资料中心;构建河东文化研究团队,鼓励学院科研人员、地方研究者以及海内外河东文化研究者参与基地项目研究,形成老中青相结合、院内外相结合的学术团队;争取河东文化研究项目,申报更多的国家项目、省级项目和横向合作项目;推出河东文化学术成果,发表有水平、有价值、有影响的学术论文和著作;开设河东文化普及课程,安排河东文化讲座,形成文化学习和研究氛围;开展河东文化咨询服务,鼓励基地人员担任地方文化研究机构的顾问或职务,主动承揽各级政府和社会各界委托研究课题,积极参与地方文化决策,为推动地方文化建设服务。

没有文化的积极引领,没有人民精神世界的极大丰富,没有全民族精神力量的充分发挥,一个国家、一个民族不可能屹立于世界民族之林。一个地方,没有先进文化作引领,其发展质量和速度也不会走到先进行列。河东文化研究担负着文化研究和传播的光荣使命,如何发挥出、发挥好引领作用,应是河东文化研究者时刻铭记的主题。河东文化研究中心策划编撰《河东文化研究丛书》,就是一个好的开始。

是为序。

序

　　如冰是山东聊城人，家中有丈夫、幼子，却负笈西北三年，随我潜心研习古典文献学。攻读古文献学专业博士学位对于当今的青年来说是一件非常辛苦的事情，需要埋首阅读大量古籍原典，需要掌握扎实的文献学基础，尤其对于学习此专业的女同学，更是需要具有顽强的意志和拼搏精神，敢于抛开一切干扰，甘愿坐冷板凳。在三年攻读博士期间，如冰没有辜负我对她的期望，她虽是常常牵挂年幼体弱的孩子并为此辛苦辗转来往于家与学校之间，但她的刻苦勤奋程度却是有目共睹的，她下工夫认真读书，并勤于思考，因此，很顺利地毕业，以一篇《宋代蓝田四吕及其著述研究》获得博士学位。前几日电话告知说博士论文已增补修订完成，即将付梓，作为她的导师我深感欣慰，为她通过不懈努力而取得的成绩表示祝贺，也借此就她这部著作谈一些个人心得。

　　近几年来，在古代文史研究领域，围绕地域、家族的研究风气十分盛行，大有方兴未艾之势，《宋代蓝田四吕及其著述研究》一书即是这种研究氛围下的产物。宋代有两个吕氏文化家族，一个是以吕夷简、吕本中、吕祖谦为核心的山东东莱吕氏家族，他们是以理学传家，同时在文学、史学、哲学等领域均有极高建树，这一家族在整个宋代影响深远而巨大。另一个就是陕西蓝田吕氏家族，比起东莱吕氏家族，虽文化余脉未绵延诸代，但却是当时文化家族的杰出代表,我们称他们为"蓝田四吕",即生活于北宋中后期的蓝田籍学者吕大忠、吕大防、吕大钧、吕大临兄弟四人。有学者指出:"宋代士人的身份有一个与唐代不同的特点,即大都是集官僚、文士、学者三位于一身的复合型人才,其知识结构远比唐人渊博融贯,格局宏大。"(王水照主编《宋代文学通论》,河南大学出版社1997年版)"蓝田四吕"就是这样几位学识渊博的文士。吕大忠为仁宗皇祐年间进士,是西安碑林的创始人。吕大防也以科举入仕,执掌元祐政坛八年,所编《周易古经》引领有宋一代《易》学复古风潮,所作《韩杜年谱》是现存最早的年谱,开创了中国古代年谱编撰体例,其《长安图记》是重要的地理学著作。吕大钧著《吕氏乡约》经朱熹整理后广泛流传,对明清两代乡约制度有重要影响。吕大临为"程门四先生"之一,其理学思想泽及后世,所著《考古图》是现存最早的古器物图录,《考古图释文》对古代文字学研究也作出了很大贡献。吕大忠、吕大钧、吕大临都曾先后从学于张载和程颢、程颐,与关学、洛学都有密切关系,是理学史上的重要人物。然而,对于这样一个在宋代政治、思想、文化等多个领域都有着重要影响的文化家族,学界却因他们的著述大都散佚而无法多加关注。当然,前人也做了不少工作,比如对四吕著述的辑佚,对吕大临考古学、古器物学的研究等等,但总的来说,国内学界对蓝田四吕这一文化群体的研究还远远不够。如冰博士能迎难而上,积极挑战这个选题,不仅显示出她具有较开阔的学术视野,同时也显示出她的胆识与勇气。

　　作为如冰的导师,我以为她治学最大的长处是善于考证,书中征引大量资料对蓝田四吕的著述(包括成书、卷帙、版本、存佚等)、生平、交游等作出较深入系统的考证,解决了许多学术疑难。如关于吕大临的生卒年问题,由于史书并无准确记载,相关研究多据朱熹之说或常见史料推断，因此歧说纷出。针对这种情况，作者旁征博引，细致考辨，不但逐一反驳了前人观点，而且得出令人信服的结论。值得注意的是，作者所持论据，除常见史书、子书、别集外，还旁及方志、家谱、石刻等，不少资料为相关研究者未见或未曾留心者。如吕大临为张载长姊所撰《宋故清河县君张氏夫人墓志铭》就是一篇《全宋文》失收的佚文，这篇文章不但确认了吕大临与张载的姻亲关系，而且还补充了有关吕大临生平仕履的情况。作者对吕氏文学作品方面存在的问题也做了充分考证，如以确凿证据考证出《全宋诗》重收于吕大临与吕希哲（属东莱吕氏）名下的三首诗仅一首为吕大临作品，另两首则是吕希哲作品。书中诸如此类考证不一而足，体现出作者较扎实的古典文献学功底。

蓝田四吕不仅在文学上有一定影响，而且他们在宋代学术史上的地位也很高。考察四人的著述情况，他们在经学、理学、哲学、考古学、文字学、地理学、文学、社会学诸领域均有十分深厚的造诣，如此综合全面的学术成就，如何去把握与驾驭，尤其是在他们的著述大都已亡佚不存的情况下，这对于一位年轻学者来说是很有难度的。作者经过对现存吕氏著述的逐一阅读分析，在充分吸收前人研究成果的基础上，对于吕大防的《韩杜年谱》、吕大临的《诗传》、《吕氏乡约》的产生与影响、《考古图》与宋代的古器物学等，从文献学、经学、文学、社会学的角度一一加以探讨，均有所收获。此外，对于蓝田吕氏这样一个文化家族、学术家族，必须从地域学与家族的角度予以观照，作者用一章的篇幅就吕氏家族的文化传统与家学门风从以礼治家、博学好古、乐于成人三个方面进行了论述，最后认为："蓝田吕氏的家学门风经过直接传承或间接传递，对关学的发展和关中风气的改变都起了很大作用。其家族文化既是关中文化的一部分，也对关中文化产生了深远的影响。"这个结论是比较中肯的。

　　蓝田四吕的别集在宋代晁公武的《郡斋读书志》与陈振孙的《直斋书录解题》等宋代公私书目中均有著录,可惜早已散佚,现存诗文作品不胜寥寥,因此如何评价四吕的文学成就也是一个难点。作者并没有对研究对象的文学成就盲目拔高,而是紧扣现存作品,作出客观评价。如作者在认真研究吕大临仅存十首诗歌的基础上,对吕大临在理学诗歌发展中的作用给予了较准确的定位。此外,对吕大临《诗传》的辑佚和分析,也是发前人之所未发,肯定了吕大临对朱熹《诗集传》的影响,因此对《诗经》学研究也是一个有益的补充。

　　为了完成这部专著的写作,如冰多次赴北京、上海等地图书馆,搜古籍、查版本、求存佚、抄资料,有关蓝田四吕的资料几乎一网打尽。在此基础上,对这些资料进行考辨分析,进而从文献考证入手,对蓝田四吕的家族传承、著述、交游以及学术与文学创作等作出较全面深入的考察,均能持之有故,言之成理,所得出的研究结论也较可信。

　　该书的完成出版,不仅对于宋代学术文化的研究有所推进,而且对于陕西地域文化研究、宋代家族文化研究也具有重要的学术意义。对于如冰这样一位走上学术之路不久的年轻学者来说,这部著作的面世应该是万里长征刚刚走完第一步,她的路还很长。古人云:"苟日新,日日新,又日新。"我希望她继续不断地努力下去,取得更多更好的成绩。

　　是为序。

郝润华

2012年3月28日

目 录

绪 论 ··· 1

第一章 四吕的家世渊源 ·· 14
第一节 源出河东 ··· 14
第二节 蓝田吕氏世系考 ··· 19

第二章 四吕生平事迹考述 ·· 30
第一节 吕大忠生平事迹考述 ······································ 30
第二节 吕大防生平事迹考述 ······································ 47
第三节 吕大钧生平事迹考述 ······································ 64
第四节 吕大临生平事迹考述 ······································ 68

第三章 姻亲关系与师友交游 ··· 79
第一节 姻亲关系考述 ·· 79
第二节 四吕与张载及关学弟子交游考 ······················· 85
第三节 四吕与二程及洛学弟子交游考 ······················· 91
第四节 四吕与苏门文人交游考 ·································· 100

第四章 蓝田四吕著述考 ·· 118
第一节 吕大忠著述考 ·· 118
第二节 吕大防著述考 ·· 119
第三节 吕大钧著述考 ·· 126
第四节 吕大临著述考 ·· 129

第五章　重要学术著作及其贡献 …………………… 139
第一节　吕大防韩、杜年谱 …………………… 139
第二节　吕大临《诗传》 ……………………… 148
第三节　《吕氏乡约》的制订和影响 …………… 155
第四节　吕大防《长安图》及《长安图记》 …… 166
第五节　吕大临《考古图》 …………………… 176

第六章　四吕的文学观念与文学创作 …………… 184
第一节　蓝田四吕诗歌考论 …………………… 184
第二节　蓝田四吕的散文创作 ………………… 197
第三节　《全宋文》失收吕大临佚文一则 ……… 206
第四节　四吕的文学思想 ……………………… 213

第七章　蓝田吕氏家族的文化传统与家学门风 … 217
第一节　关学"以礼为教"与蓝田吕氏的以礼治家 … 217
第二节　以儒为本与博学好古 ………………… 222
第三节　直言极谏与乐于成人 ………………… 226

附　录
一、吕大临《诗传》辑佚 ………………………… 232
二、吕大临《西铭解》辑佚 ……………………… 272
三、吕大防《长安图记》佚文 …………………… 274

参考文献 …………………………………………… 278
后　记 ……………………………………………… 289

绪　　论

一

"蓝田四吕",是指生活于北宋中后期的吕大忠、吕大防、吕大钧、吕大临兄弟四人。"四吕"并称,最迟在南宋时就已经开始了。南宋王应麟所撰类书《小学绀珠》卷七"氏族类"即列有"四吕"一条,云:"吕大忠进伯、大防微仲、大钧和叔、大临与叔。"①四吕先祖为汲郡(今河南省卫辉县)人,自其祖父吕通葬于京兆蓝田(今陕西省蓝田县),遂家于此,后人因此称之为"蓝田四吕",亦有人称之为"蓝田四献"。其中吕大忠、吕大钧、吕大临因为都曾从学于张载、二程,又并称为"蓝田三吕"②。

四吕出生于一个儒学世家,以科举入仕,从宋仁宗皇祐年间(1049—1053)开始逐步登上政治舞台。此时,范仲淹等人发起的庆历新政已告失败,冗官、冗兵、冗费问题日益严重,积贫积弱之势逐渐形成。内忧外患一直困扰着北宋朝廷。神宗朝,王安石进行变法,但由于措施不当,误用小人,变法最后不但以失败告终,而且

---

① (宋)王应麟:《小学绀珠》卷七,《文渊阁四库全书》影印本。
② 《明会典》卷八十五:"蓝田三吕祠:祀宋宝文阁学士吕大忠及其弟大钧、大临。"《文渊阁四库全书》影印本。

引发了长达半个多世纪的新旧党争。在这样的时代背景下,四吕怀着儒家积极入世的精神,践履躬行,为民请命,为国分忧,终成一代名臣。

吕大忠(？—1100),字进伯,皇祐年间进士,为华阴尉、晋城令。熙宁中提举永兴路义勇、签书定国军判官。曾受命赴边与契丹就地界事谈判,会遭父丧,奉命起复,在谈判过程中不卑不亢,据理力争。元丰中,为河北转运判官。元祐初,历工部郎中、陕西转运副使、知秦州。绍圣二年(1095),加宝文阁待制、知渭州。四年,徙知同州,旋降待制致仕。元符末卒。

吕大防(1027—1097),字微仲。皇祐初进士及第,调冯翊主簿、永寿令,甚得民心。迁著作佐郎,知青城县。"韩绛镇蜀,称其有王佐才"①。入为盐铁判官。英宗即位,改太常博士,命为监察御史里行。因刚直敢言,屡次上书反对濮王称考,出知休宁县。神宗立,通判淄州。熙宁初西夏入侵,曾随韩绛宣抚陕西,助韩绛平定边患。后因环庆兵乱,韩绛被黜,吕大防亦落知制诰知临江军。数月后徙知华州,除龙图阁待制、知秦州。元丰初,徙永兴军。居数年,知成都府。其间建织锦院,提高工效;大力发展文化事业,修建杜甫草堂,编书、刊书。哲宗继位,宣仁太皇太后重用旧党,在司马光、吕公著等老臣的大力推荐下,吕大防主持了"元祐更化"。并在元祐三年(1088),超拜尚书左仆射兼门下侍郎,封汲国公。元祐八年(1093),宣仁后驾崩,哲宗亲政,新党上台。吕大防虽"独立无党",并尽力弥合新旧党之间的关系,但仍然被作为旧党首脑予以打击。出知颖昌府,寻改永兴军。未几,夺学士,知随州,贬秘书监,分司南京,居郢州。绍圣四年(1097)贬舒州团练副使,

---

① (元)脱脱等:《宋史》卷三百四十,中华书局1977年版,第10839页。

循州安置。赴贬所途中，卒于虔州。

吕大钧(1031—1082)，字和叔，学者称京兆先生。嘉祐二年(1057)中进士乙科，调秦州右司理参军。监延州折博务。改光禄寺丞，知耀州三原县，"有惠政"①。韩绛宣抚陕西，辟书写机宜文字。丁父忧，服除，独家居数年。起诸王宫教授，求监凤翔府造船务、鄜延路转运司从事。元丰五年(1082)卒于延州官舍。

吕大临(1040—1093)，字与叔，世称芸阁先生。通六经，尤邃于礼。元祐初为太常博士，迁秘书省正字。元祐中，范祖禹荐其"好学修身，行如古人"，未及用而卒。

从政经历使四吕对北宋中后期的政治、军事、经济、外交等方面发生了一定的影响，但四吕更大的影响却是在学术方面。蓝田四吕都各有著述。吕大忠著有《吕氏前汉论》、《辋川集》等。吕大防著有《吕汲公文录》、《吕氏家祭礼》、《长安图记》等，其所编《周易古经》引领了有宋一代易学的复古风潮，其所撰韩愈、杜甫年谱则是现存最早的年谱，开创了年谱这一全新体例，继起模仿者不断，并且为作家别集编年在宋代的盛行做出了成就。其《长安图记》则以实际考察和文献记载相结合，以地图描绘和文字说明相结合，反映唐代长安的地理建筑风貌，是重要的地理学著作。吕大钧"以圣门事业为己任"，致力于敦风化俗。著有《诚德集》三十卷和《吕氏乡约》一卷，《乡仪》一卷。《吕氏乡约》、《乡仪》经朱熹增损后，广泛流传，对明清两代的乡约制度有重要影响。吕大临著述最丰，有《易章句》、《礼记解》、《大学解》、《中庸解》、《论语解》、《孟子解》、《诗传》等解经著作，其理学思想对后世有重要影响。吕大临还著有《玉溪集》二

---

① (明)赵廷瑞纂集：《陕西通志》卷二十《西安府名宦》，华东师范大学图书馆藏《稀见方志丛刊》，北京图书馆出版社2005年版。

十五卷,《玉溪别集》十卷。其《考古图》是现存最早的古器物图录,不但在金石学史上占有重要地位,而且其《考古图释文》对文字学贡献也颇丰,而《考古图》中精美的古器物插图则对后世的画风也有影响。大忠、大钧、大临都曾从学于张载和二程,因此是理学史上的重要人物。尤其吕大临,出入关、洛之间,在思想上颇有建树,朱熹于程门弟子中"最取吕大临",以为他"高于诸公,大段有筋骨"。

二

蓝田四吕集官宦、学者、文人于一身。爱民利物,恪尽职守,政绩卓著。以移风化俗为己任,表现出刚劲敢为、勇于实践的精神。著述宏富,在思想、学术、文学方面都有很深的造诣。清同治年间(1862—1874),蓝田知县吕懋勋在《重修四献碑》中曾云:"宋自真宗、仁宗而后,英才蔚起,上而韩、范、富、欧诸贤,宣力效忠;下而周、程、张、邵诸贤讲学明道,名臣名儒,项背相望,然求其一门竞爽,或以功名显,或以道德彰,如吕进伯、微仲、和叔、与叔四先生者,则尤不可多见。"①的确,有宋一代,文化昌明,学术发达,文人学者接踵而出,文化家族不断涌现,但一个家族之中兄弟并出且在不同领域都有卓越表现如蓝田四吕者并不多见。

然而,与其生平功业、思想影响和学术成就相比,对蓝田四吕的研究却是远远不够的。这可能与其著述大部分散佚,文献资料缺乏有关。

蓝田四吕在《宋史》中都有传,虽然对四吕生平重要事迹做了

---

① (清)吕懋勋等修、袁廷俊等纂:《蓝田县志》,《中国方志丛书》本,台北成文出版社民国58年,第975页。

介绍，但还有很多问题语焉不详。吕大忠、吕大防由于仕宦显达，参与政治生活较多，因此在南宋李焘所撰《续资治通鉴长编》中，保存了很多与其有关的历史资料，可与《宋史》相参照。在《东都事略》、《皇朝编年纲目备要》等史书中，也有一些相关材料。《宋名臣言行录》等书对其生平事迹也有介绍。南宋时期，北方沦陷，朝廷偏安一隅，很多文人开始反思北宋的政治，而吕大防作为"元祐更化"的主持者，作为党争激化后的牺牲者，一度成为人们议论的话题。这些议论不但存在于南宋人的别集中，也存在于某些文人的笔记小说中。

由于蓝田四吕和关学、洛学的密切关系，自南宋起，有关学术著作便将蓝田三吕或四吕列入学统，对其予以介绍。朱熹是宋代理学的集大成者，而大忠、大钧、大临是关、洛二学的重要传人。朱熹在学习、继承前代学者的思想时，自然不可能放过这一重要群体。因此，其在编撰《伊洛渊源录》时，整理、归纳了一些关于大忠、大钧、大临生平言行的资料。在朱熹的其他著作中，也可看到四吕在思想、学术等方面对其产生的重大影响。

明清两代由于程朱理学官方地位的确立，蓝田四吕也因此颇受重视，获得很高的评价。但大多数学者都着眼于其在理学方面的贡献。如明代著名学者吕柟在《祭四吕文》中云：

> 惟公禀河华之灵，生赵宋之盛，气萃一门，德禀四贤。或老尤好学，理会到底；或正色立朝，独立无党；或敦俗乡约，化兹秦俗。若乃加志克己，绝去吝骄，剖破藩篱，则又专用力于仁也。岂特为程、张之高弟，虽于孔门颜、闵之间亦可跂及，而求、予之辈亦不多让也！①

---

① （清）吕懋勋等修、袁廷俊等纂：《蓝田县志》，《中国方志丛书》本，第1020页。

认为吕大临不但是二程、张载的高足,而且可比于孔门之颜回、闵子骞,评价不可谓不高。又如戴珊在《吕氏祠堂记》中云:

> 诸儒集传经书,国朝纂修为大全,及表彰性理之旨,宝文、宣义、正字之言咸见采录,以羽翼舜文孔孟之道,而正字居多其功,乃在天下后世。①

亦是着眼于蓝田三吕对程朱理学的贡献。

明代理学家冯从吾编《关学记》,将大忠、大钧、大临三兄弟列入。清黄宗羲撰,全祖望补《宋元学案》则将吕氏家族共五人列入学案。大忠、大钧、大临同时被列入明道学案、伊川学案、横渠学案。吕大临及大钧之子吕义山又被列入吕范诸儒学案。全祖望认为吕大防"于学统或未豫,而未尝不于学术有功者",将其列入范吕诸儒学案,又因其为"横渠同调"②而列入横渠学案。清朱栻《历代名儒传》亦将吕大临列入。

蓝田四吕的著述大部分在宋元之际就已散佚,但由于晁公武《郡斋读书志》、陈振孙《直斋书录解题》及《宋史·艺文志》等目录学著作对四吕著作进行了著录,为我们提供了四吕著述的重要线索。

蓝田四吕著述中,保存比较完好的当属吕大临《考古图》和吕大钧《吕氏乡约乡仪》,流传下来的版本较多,明清各种书目有不少关于这两部书的著录。一些明清版本至今在国内图书馆有藏,故可以窥知其全貌。吕大防所整理校勘的韩文、杜诗虽然已佚,但其所撰韩、杜年谱则因刊于其他集子中而完整保存下来。

---

① (清)吕懋勋等修、袁廷俊等纂:《蓝田县志》,《中国方志丛书》本,第1004页。

② (清)黄宗羲著、全祖望补修:《宋元学案》卷十九,中华书局1986年版,第779页。

四吕著作虽然大部分散佚,但由于被其他学者的著作引用或收录,因而可以用来辑佚。如朱熹《论孟精义》就有多处引吕大临《论语解》、《孟子解》的内容。朱熹等人还辩证出二程集中程颢《中庸解》实为吕大临《中庸解》。宋卫湜《礼记集解》则引用了大量吕大临《礼记解》的内容,清末民初蓝田人牛兆廉曾据此编辑《礼记解》十六卷。明清人对吕氏著述的引用多是辗转来自宋人的著述,在宋人著述已经散佚的情况之下,也有辑佚价值。

　　对四吕的思想和著述,宋人即有不少的评价,这些评价散见于宋人别集尤其是理学家的著作之中。明清两代,因为程朱理学的官方地位,蓝田四吕也因为其与理学的密切关系和朱熹对其进行的揄扬而获得较高的尊崇。所谓康熙御纂的《性理大全》采吕氏说者也颇多。相对而言,明代学者对蓝田四吕的评价基本不出宋人所评范畴,少有新见。所载四吕事迹也多是老生常谈,缺乏考证。清代学者则对四吕研究贡献颇多。如朱彝尊《经义考》曾对四吕的经学著作一一进行了考证。《四库全书总目》评价吕大临《考古图》"体例严谨,有疑则阙",并对《考古图》的不同版本作了比较。黄宗羲、全祖望的《宋元学案》则将蓝田四吕置于学术史的大背景下进行评价,对后世学者有很大启发。

三

　　四吕的著述散佚较多无疑为现代学者深入全面地研究四吕带来了一定困难。因此在上世纪八十年代以前,对四吕的研究颇为寥落,关注者较少。且大部分都只是针对四吕中某一个人或某一方面的成就。而学者关注最多的,当属四吕中年纪最幼、学术成就却最高的吕大临。

吕大临的学术成就主要在理学和金石学方面。但由于吕大临的大部分理学著作没有完整地保存下来，所以对其理学思想的研究开始得较迟。而其金石学著作《考古图》及《考古图释文》因为保存完整、流传广泛，所以一直为人们所重视。如王国维《宋代之金石学》、容媛《考古图释文之作者》都对吕大临的金石学成就予以肯定。1933年，容庚发表《宋代吉金书籍述评》一文，其中就包括《〈考古图〉述评》及《〈考古图释文〉述评》。1963年，容庚先生又对此文做了修改补充。

1990年，巴蜀书社出版张勋燎《古文献论丛》一书，收入其《吕大临〈考古图〉的成书年代和版本问题》一文，对吕大临《考古图》的成书年代和版本问题进行了探讨。

八十年代以后，宋明理学方面的研究著述逐渐增多，有一些理学著作注意到吕大临在理学史上的地位，予以专节介绍，如徐远和《洛学源流》、姜国柱《张载的哲学思想》等。随着理学研究的逐步深入，吕大临在理学史上的地位越来越为人们所重视。出现了有关吕大临的研究专著。1987年，陈俊民在新加坡访学时所著的《吕大临易学发微》由东亚哲学研究所出版，对吕大临《易章句》进行了辑佚，并对其易学思想进行了探讨。1993年，中华书局又出版陈俊民的《蓝田吕氏遗著辑校》一书，该书对蓝田四吕的遗著作了初步整理，为后来学者对吕大临的理学思想进行研究提供了方便，筚路蓝缕之功不可没。但由于此书是作为中华书局"理学丛书"的一册出版，内容主要偏重于四吕尤其是吕大临的理学著作整理，作者称"所谓蓝田吕氏遗著，是指曾游学张程门下的蓝田三吕之遗著，而主要是指吕大临之遗著"①。作者的这种观点使其对

---

① 陈俊民：《蓝田吕氏遗著辑校》，中华书局1993年版，第10页。

蓝田四吕的著作辑录并不全面,只是重点辑录了吕大临的《易章句》、《礼记解》、《论语解》、《孟子解》《中庸解》、《东见录》,吕大钧的《吕氏乡约乡仪》,没有辑录吕大临《诗传》。虽列有《文集佚存》一章,收入一些诗文,但挂一漏万,大部分流传至今的诗文作品都没有收入。收录蓝田四吕诗文作品较全的是曾枣庄主编的《全宋文》和傅璇琮主编的《全宋诗》。但仍然有所遗漏或误收。

进入二十一世纪,吕大临在关学与洛学之间的地位越来越受到学者重视,对其理学思想进行深入探讨的学术成果不断涌现。武汉大学哲学学院文碧方和中国人民大学的陈海红不约而同地选择了吕大临思想作为自己的研究对象。文碧芳《吕大临思想研究》将吕大临思想分为关学、洛学两个阶段。认为吕大临在关学阶段致力于对"性与天道"问题的探讨,既注重现实主义的知礼工夫,又极为注重"本心"观念,形成了较完备和成熟的"求其本心"思想。洛学阶段则逐渐偏重于对个人内在心性的体认和对超越性道德境界的追求。随后,在《关洛之间——以吕大临思想为中心》中,文碧方又通过对吕大临立"本"、成"性"、识"仁"、论"中"四方面思想的深入分析,对吕大临的思想进行了定位。其《理心之间——关于吕大临思想的定位问题》①一文是其研究的结论性成果。陈海红《吕大临理学思想研究》则将吕大临的理学思想置于宋明理学史发展的大背景下,对其进行了分析和研究。尤其在理气、心性、知行等方面对吕大临的理学思想进行了深入考察。认为其理学思想确实存在一个关、洛二期的不同问题,但这种不同还不具有明确的学术认同与学派之归属,并非典型的"由关入洛"。郑

---

① 文碧方:《理心之间——关于吕大临思想的定位问题》,《人文杂志》2005年第4期。

艳《蓝田吕氏礼学思想及其乡村实践研究》主要从理论和实践上考察吕大忠、吕大钧、吕大临的礼学思想。石磊《吕大临学术思想研究》也对吕大临生平、著述及思想体系进行了一些探讨。但与前述成果相比，缺乏新见。这些成果都主要是在哲学范围内探讨吕大临思想。

在吕大临思想研究越来越走向深入的同时，四吕的其他方面也得到越来越多的关注。如王宁《宋吕大防〈长安图〉及后世复原图研究》是从科技史方面对吕大防《长安图》进行研究。胡庆钧《从蓝田乡约到呈贡乡约》目的则在于考察乡约的流变和历史背景并由此探讨社会士绅与农民、绅权与皇权的关系，重点并非在《吕氏乡约》本身。

从文献方面对蓝田吕氏家族成员进行研究的论文，目前能看到的有上海师范大学古籍所燕永成的《试论北宋元祐时期的吕大防》①，该文试图在文献的基础上对吕大防元祐政绩作出客观的历史评价。西安教育学院秦草的《蓝田吕氏四贤：吕大忠、吕大防、吕大钧、吕大临》②、程旭《吕大临与关学及〈考古图〉》③则流于粗浅介绍，缺乏深入细致的研究，甚至对吕氏的生平事迹也多有讹误之处。胡波《吕大防研究》④不过是据《续资治通鉴长编》、《宋史》等常见资料以年谱形式记录吕大防生平，错误粗疏之处甚多，甚至其所辑吕大防佚文也并非吕大防所作。

有一些综合研究的著作对蓝田四吕的学术成就做了评价。如吴洪泽《宋代年谱考论》中肯定了吕大防编撰韩、杜年谱的积极意

---

① 《咸阳师范学院学报》2002 年第 3 期。
② 《西安教育学院学报》2001 年第 3 期。
③ 《文博》2007 年第 6 期。
④ 胡波：《吕大防研究》，西北大学 2009 年硕士毕业论文。

义和对宋代学术风气的影响。张富祥《宋代文献研究》对吕大防在年谱方面、吕大临在金石学、文字学方面的成就都做了较中肯的评价。舒大刚的论文《试论宋人恢复古周易的重要意义》则对吕大防开创的恢复古易之风予以肯定。

在国外学者中，蓝田四吕某方面的成就也受到关注。如日本学者浅见洋二《文学的历史学——论宋代的诗人年谱、编年诗文集及"诗史"说》一文中，就对吕大防所撰杜甫年谱的影响做了较深入的阐述。

总的来说，相对于其在历史上的成就和影响，目前对蓝田四吕的研究是远远不够的。迄今为止，还没有人将蓝田四吕作为一个整体进行系统、深入的研究，零星的一些研究成果因为缺乏对文献的细致考证而有不少的讹误存在。因此，从文献入手对这一家族进行细致、深入、全面的研究是非常有意义的。

四

我将四吕作为自己的研究对象出于以下几方面的考虑：

首先，蓝田吕氏家族成员在思想、文化等方面取得的成就值得我们进行深入探究和总结。对这一家族进行系统研究，有利于我们探索其家族文化兴盛的原因，并更好地发掘并继承他们所留下的宝贵的思想文化遗产。

其次，蓝田吕氏家族在北宋是一个较有影响的家族，和当时的政治、经济、思想、文化、学术都有重要的联系，因此从文献方面对此家族进行深入细致地研究，对推进与此家族有关的北宋政治、经济、思想、文化、学术等方面的研究具有重要意义。

最后，从家族的角度切入宋代文化与学术研究的视角，具有理论价值和方法论意义。

我对四吕进行研究的总体思路和研究方法如下：

总体思路：

本论文拟在掌握大量文献的基础上从以下几个方面对蓝田吕氏家族进行研究。

一是考证蓝田吕氏家族的起源、世系、姻亲关系，以及主要人物的生平。在此基础上探寻该家族的文化传统，以及其家族文化与当时的社会背景以及地方文化的关系。

二是考察蓝田四吕的交游情况，通过考察其交游情况，揭示出其家族与当时主要的政治、学术、文学派别之间的关系。

三是对蓝田四吕的著述进行考证、辑佚、评价。

研究方法：

一是在原始文献的考证与辨析基础上，尽可能充分地搜集利用前人成果，力求研究和论证材料翔实，论据充分。

二是将研究对象置于宋代大的政治、社会、文化背景下去考察、探究，从微观着手，从宏观认识，通过对宋代蓝田吕氏家族文化进行个案研究，从这一具体视角来观照宋代文化和社会。

三是运用文献考证和理论分析相结合的方法，对宋代蓝田吕氏家族文化进行深入研究，揭示出蓝田吕氏家族发展兴盛的文化背景，与当时社会主流文化的关系，对这一家族在文化、学术等方面的影响作出适当评价。

本论文的研究重点首先是以大量文献资料作基础，勾勒出四吕的家族背景及发展历程，对四吕的生平事迹进行考证。解决关于宋代吕氏家族世系、姻亲关系及重要人物生平事迹问题，特别是对文献记载或前人研究互有牴牾、模糊疏漏之处在掌握大量文献的基础上进行详细论证，力求得出正确结论。其次，通过考察其师友交游情况,揭示出吕氏家族与当时关学、洛学、蜀学等学术派别的关系,探寻其思想、学术渊源及对当时文化的影响。再次,考证其著述情况,对其学术及文学成就进行尽可能客观的评价。

需要说明的一点是,就在本论文的写作过程中,2009年,考古学界传来一个震惊全国的好消息:蓝田吕氏家族墓地在蓝田县五里头村被发现。这一发现,引起考古学界及新闻媒体的极大兴趣,被列为2009年度"全国十大考古发现"之一。这对于蓝田四吕的研究无疑是一个意外的惊喜。但由于考古成果还在整理之中,详细情况没有对外公布,因此,本论文的研究仍然是侧重于传世文献,对新的考古发现没能充分利用。但这并不影响本论文的研究成果,而且,我有充分的自信,考古发现将会验证我的有关论断。

第一章 四吕的家世渊源

第一节 源出河东

一、吕氏溯源

关于吕姓的起源,根据有关文献记载,吕氏乃以国为姓者。宋郑樵《通志》卷二六氏族略第二以国为氏条云:

> 吕氏,姜姓侯爵,炎帝之后也。虞夏之际,受封为诸侯。或言伯夷佐禹有功,封于吕,今蔡州新蔡即其地也。历夏商不坠,至周穆王吕侯入为司寇,……吕望相武王,吕姜为卫庄公妃,其时吕国犹存故也。吕望封齐之后,本国微弱,为宋所并。故宋有吕封人乐惧,吕封人华豹。又晋有吕氏出于魏氏,未知其以字以邑与。汉有单父吕公,女为高帝后,封临泗侯。又后魏有比邱氏改为吕氏,代姓也。①

吕姓为炎帝姜姓之后的说法非常普遍。唐林宝撰《元和姓纂》卷六吕姓条亦云:

> 炎帝姜姓之后,虞夏之际封吕,今南阳宛县西吕亭是也。至周失国,子孙氏焉。太公号吕望。周有吕侯。秦吕不韦。单父人吕公,女为汉高祖皇后,封临淄(应为"泗")侯。②

---

① (宋)郑樵:《通志》卷二六,《文渊阁四库全书》影印本。
② (唐)林宝撰,郁贤皓、陶敏整理,岑仲勉校记:《元和姓纂(附四校记)》卷六,中华书局2008年版,第870页。

吕氏经历世繁衍,枝大叶茂,至唐代已有东平吕氏、京兆吕氏、冯翊吕氏、河东吕氏等几大分支以及散居诸郡的吕氏苗裔。宋代邓名世撰《古今姓氏书辩证》,根据当时的一些资料总结了从上古到唐代的吕氏世系源流:

　　出自姜姓,炎帝裔孙为诸侯,号共工氏。伏羲、神农之间,能霸九州,有地在弘农。从孙伯夷,佐尧掌礼,为秩宗;遍掌四岳,为诸侯伯,号太岳。又佐禹治水有功,赐姓曰姜,氏曰有吕,封为吕侯。吕者,膂也,言能为禹股肱心膂,以养物丰民人也。吕侯国在蔡州新蔡,历夏商世祀不绝。周穆王时,吕侯入为司寇,训夏赎刑,作《吕刑》之书。宣王时,改吕为甫,后为强国所并。当商季世,有吕尚,字牙,号太后望,为吕侯支孙。起渔钓,佐周文王,为武王太师,定天下有大功,封为齐侯。命书曰:五侯九伯,汝实征之,以夹辅周室。太公望生丁公吕伋。伋裔孙庄公,公僖生禄父及夷仲年。年生公孙无知,僖公生襄公诸儿、公子纠、桓公小白。无知杀襄公,小白自莒入,立为君,用管仲为相,九合诸侯,不以兵车。天子赐之胙,遂霸诸侯。其后世系具《春秋》、《战国策》。嫡夫人三人,皆无子。内嬖长卫姬生公子无亏,谥武孟;郑姬生孝公昭;葛嬴生昭公潘;密姬生懿公商人;少卫姬生惠公元;宋华子生公子雍。又庶子七人,为楚七大夫,史失其名。桓公薨,孝、昭、懿、惠四公继立。昭公生舍,惠公生顷公无野。舍母鲁女,曰子叔姬;无野母曰萧同叔子。顷公生灵公环及公子角、公子成。灵公夫人颜懿姬之侄鬷声姬生庄公光,戎姬生公子牙,穆孟姬生景公杵臼。庄公薨,景公立。景公生悼公阳生、晏孺子荼、公子嘉、公子驹、公子黔、公子鉏,一曰南郭且於。景公薨,立荼,国人纳阳生而出荼。阳生生简公壬,为陈常所弑。简公后四世康公贷,大臣田和迁之于海滨,尽取其国。春秋时,齐诸公子以名见者,有东宫得臣、公子彭生、仲孙湫、公子彊、公子鉏、公孙敖、叔孙还、公孙明、公孙晳、公孙傁。顷公二子,曰公子固,字子城;公子铸,字子公。又二孙,曰公孙捷,字子车;公孙青,字子石。又子商、子周、公孙夏、公孙挥,皆吕氏也。

康公七世孙礼,秦昭襄王十九年,自齐奔秦,为柱国、少宰、北平侯。二子:伯昌、仲景。伯昌生青,以令尹从汉高祖,封阳信侯,谥胡。青生臣,上柱国。唐随州刺史仁宗,即其后也。秦丞相文信侯不韦,阳翟人。汉高后父临泗侯吕公,单父人,二子:泽,周吕令武侯;释之,建平康侯。泽二子:台,吕王;产,梁王。台四子:嘉,东平侯;通,燕王;庀,东平侯;平,下邳侯。释之三子:则,建平侯;种,不其侯;禄,赵王。其族中微,至尚书令霸,居东莱,为东莱吕氏。霸十一世孙虔,字子路,魏徐州刺史,万年亭侯,徙居东平任城。虔孙行钧,徙居河东。行钧,后魏东平太守。六世孙雄,生崇礼、崇粹。崇粹,唐兵部郎中,生諲,相肃宗。諲生仁本、春卿、夏卿、冬卿。仁本,磁州司马,生璜、琳。璜生愿、修、皓。琳生伸。皓生伯禽、时中、绛。伸生绳、纲、纡、纶、纺、绩、缨、综。春卿,尚衣奉御。①

二、河东吕氏

由此看来,吕氏确是源远流长,代有闻人。魏晋南北朝时期,门阀世族盛行,但与崔、王、谢等显赫大族相比,吕氏只能算是一般士族。但由唐到宋,河东吕氏得到了很大的发展。清吕治平纂修

---

① (宋)邓名世撰、王力平点校:《古今姓氏书辩证》卷二十三,江西人民出版社2006年版,第343—345页。

的《吕氏家谱》①在正谱前附有唐宋河东吕氏世系图(图见下),列出了自唐代吕延之以后至北宋时期的吕氏世系。

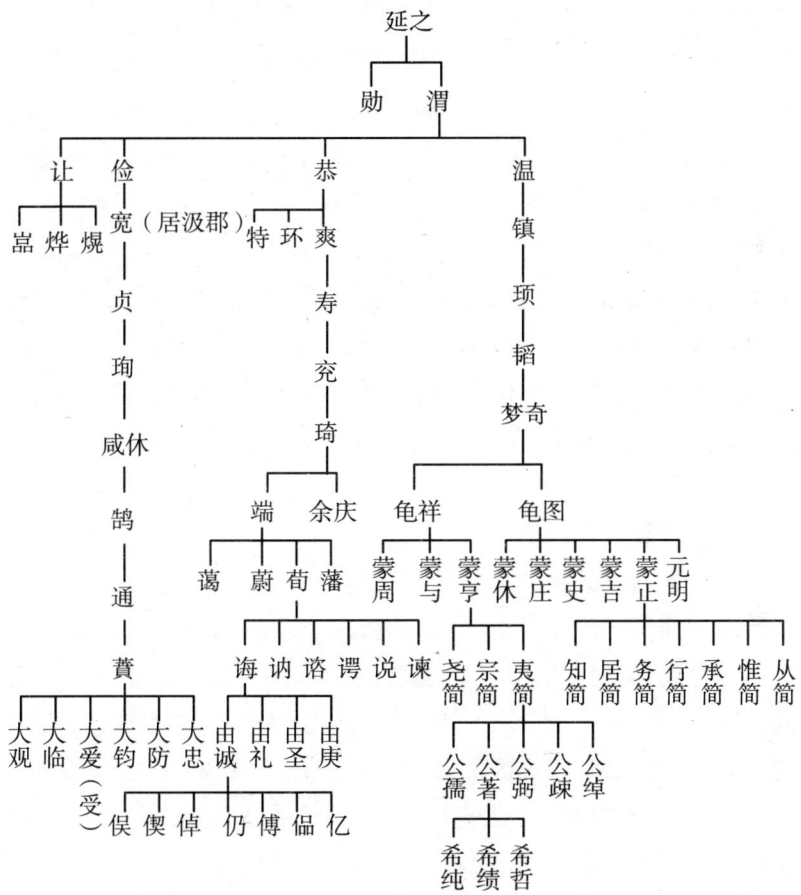

唐宋河东吕氏世系图

该《吕氏家谱》是在南宋龙图阁学士吕渊宝祐四年(1256)所

---

① (清)吕治平纂修:《吕氏家谱》,国家图书馆藏清康熙三十二年家刻本。

修家谱基础上经历次重修而成的。世系图前有东城居士吕鏊撰《海昌吕氏旧谱序略》,称:"自温、恭、俭三支以下无一代牵合者,某自某又昭然,可亲其族也。若三支以外,勿可考,予何敢旁及焉?""纪传亦止予直下之祖,然无事可见者,仅存世次而已,勿敢赘一词也。予何敢欺吾祖以欺后嗣?"由此看,其所修家谱似较严谨,考之其他文献记载,也多相合。

关于吕延之,《元和姓纂》卷六河东吕氏条记载:"越州刺史吕延之,生渭、勋。渭,潭州刺史、湖南观察,生温、宗礼。"①则世系图中"勋"或为"勖"字之误。柳宗元《吕侍御恭墓志》云:"吕氏世居河东,至延之始大。以御史大夫为浙东道节度大使。延之生渭,为中书舍人、尚书礼部侍郎、刺湖南七州。生四子,温、恭、俭、让。以温为尚书郎,再赠至右仆射。恭,字敬叔,他名曰宗礼,或以为字,实惟吕氏宗子。""(吕恭)子三人,曰爽,曰环,曰特。"②

三、三院吕氏

温、恭、俭三兄弟的后裔传承至五代,时有"三院吕氏"之说,为吕氏后裔所认同。吕祖谦《东莱公家传》云:"吕氏系出神农,受氏虞夏之间,更商、周、秦、汉、魏晋,下逮隋唐,或封或绝。五代之际,始号其族为'三院'。言河南者,本后唐户部侍郎梦奇;言幽州者,本晋兵部侍郎琦;言汲郡者,本周户部侍郎咸休。"③

清同治十年(1871)冬十月,河南吕氏的后裔蓝田县事吕懋勋所撰《重修四献祠碑》中,也提到"三院吕氏"的来历:

---

① (唐)林宝撰、岑仲勉校记:《元和姓纂(附四校记)》卷六,中华书局2008年版,第873页。

② (唐)柳宗元:《柳宗元集》卷十,中华书局1979年版,第256页。

③ (宋)吕祖谦:《东莱集》卷十四,《文渊阁四库全书》影印本。

吾吕氏在宋初有三院之号：一曰河东长兴侍郎院，乃文穆公、文靖公派。至建炎初，扈从南渡，实吾祖所自出也。二曰幽州天福侍郎院，乃正惠公派也。三曰汲郡显德侍郎院，即四先生派也。①

此处所云"河东长兴侍郎院"即吕祖谦所云"本后唐户部侍郎梦奇"的河南吕氏一派。称河东，是自认为乃唐河东吕氏的嫡传，"长兴"为后唐明宗的年号，吕梦奇为后唐户部侍郎。吕祖谦称"河南"则是指吕梦奇一支后来的迁徙地而言。此为三院吕氏中最为兴旺的一支，北宋名相吕蒙正、吕夷简、吕公著，南宋文学家吕本中、名儒吕祖谦均出自这一派。明清以后，支派繁多，如清修《虞邑西乡吕氏宗谱》《毗陵吕氏族谱》等都自称出自此派。"幽州天福侍郎院"即出自后晋兵部侍郎吕琦的一派，"天福"为后晋高祖年号，"大事不糊涂"的宋太宗宰相吕端即出自这一派。"汲郡显德侍郎院"即后周户部侍郎吕咸休一派，"显德"为后周皇帝的年号，吕懋勋所云"四先生"就是我们要研究的吕大忠、吕大防、吕大钧、吕大临兄弟。

第二节　蓝田吕氏世系考②

一、先祖吕咸休

蓝田四吕常以其郡望称汲郡吕氏。据前引《唐宋河东吕氏世系图》所列家谱世系来看，早在唐代，吕俭的儿子吕宽就从河东移

---

① （清）吕懋勋等修、袁廷俊等纂：《蓝田县志》，《中国方志丛书》本，第975页。
② 本节部分内容曾以《吕咸休生平及家族世系考》为题发表于《新乡学院学报》2010年第3期。

家汲郡了。但此后接连几代这一家族都寂寂无闻。直到五代时期,因吕咸休后周显德年间为户部侍郎,家声再振,是为吕氏汲郡显德院一支称号之来历。关于吕咸休,雍正年间所修《河南通志》卷五十八《人物》二载:

> 吕咸休,字德祥,新乡人。器度宏伟,幼即超迈不群。稍长,锐志学问,博通古今。唐庄宗时,从义师北征,命掌刀笔,授观察巡官。仕周,以绩进户部侍郎。①

新乡古属汲郡。《河南通志》卷四十九《陵墓》载:"五代吕咸休墓:在新乡县城东南吕公村。咸休,周户部侍郎。""吕大防祖墓:在新乡县城东三里,近卫河。大防祀其曾祖,有院曰'报先旌德'。"《宋史·吕大防传》:"吕大防,字微仲,其先汲郡人。"吕大防祖籍汲郡今为何处,有人认为在今卫辉县,有人认为在汲县,从《河南通志》所载陵墓位置来看,其祖籍汲郡应在今新乡市。吕大防既曾至汲郡祭祖,又博览群书,则对吕咸休这位颇为知名的祖先事迹当并不陌生。

吕咸休虽生在战乱频仍的五代时期,但却不以武力见长,而是一个博学多才的文士。《旧五代史》卷四十《唐书·明宗纪》天成四年(929)十一月:

> 史官张昭远等以新修《献祖、懿祖、太祖纪年录》共二十卷,《庄宗实录》三十卷上之,赐器帛有差。②

又据《五代会要》卷十八"修国史"条:

> 其年十一月,史馆上新修《懿祖、太祖纪年录》,共二十卷。《庄宗实录》,三十卷。监修赵凤,修撰张昭远、吕咸休,

---

① (清)王士俊等撰:《河南通志》卷五十八,《文渊阁四库全书》影印本。
② (宋)薛居正等撰:《旧五代史》卷四十,中华书局1976年版,第555页。

各赐缯彩银器等。①

则吕咸休曾于后唐天成年间任史馆修撰,并参与修《懿祖、太祖纪年录》及《庄宗实录》。不知吕大防宋哲宗元祐年间提举修《神宗实录》时,是否想起了这位同样修过《实录》的祖先。《册府元龟》卷八百二十:

> 安元信为山北诸州团练使。(后唐)清泰元年(934),领上党,加简校太尉,累加食邑三千户,实封二百户。进封至武威郡公。三年(936)二月,以疾终于位。时年七十四,赠太师,葬于太原交城。元信有子六人,长曰友权,官至武卫大将军。帝以元信宿望,命礼部定谥,表迹业也。仍赐建神道碑,使礼部郎中吕咸休为其文。②

后唐皇帝命吕咸休为大将军安元信撰神道碑,应该是因为吕咸休擅长文辞,能担起此任。

《旧五代史》卷七十八《晋书·高祖纪》天福四年(939)春正月:

> 乙卯,左谏议大夫曹国珍上言:"请于内外臣僚之中,选才略之士,聚《唐六典》、前后《会要》、《礼阁新仪》、《大中统类》、律令格式等,精详纂集,俾无漏落,别为书一部,目为《大晋政统》。"从之。其详议官,宜差太子少师梁文矩、左散骑常侍张允、大理卿张澄、国子祭酒唐汭、大理少卿高鸿渐、国子司业田敏、礼部郎中吕咸休、司勋员外郎刘涛、刑部员外郎李知损、监察御史郭延升等一十九人充。③

---

① (宋)王溥撰:《五代会要》卷十八,上海古籍出版社1978年版,第299页。
② (宋)王钦若等:《册府元龟》卷八百二十,中华书局1960年版。
③ (宋)薛居正等:《旧五代史》卷七十八,中华书局1976年版,第1025—1026页。

由此可知，后唐为后晋所代后，吕咸休仍任礼部郎中，并被认为是"才略之士"，作为修《大晋政统》的合适人选。此事虽然在文矩等人的反对下未实施，但也能说明吕咸休对礼学、典章、律令之类都应有一定造诣。

《册府元龟》卷四百七十六：

> 吕咸休为给事中，(后汉)乾祐元年(948)上言："臣见前朝闽浙入贡物色，下船之后，官差脚乘搬送到京。臣悉谙知害民尤甚。比来贡奉，自是勤王。差扰贫民，贡之何益？以臣管见，凡此数处，贡物并令自出脚乘，不困贫民，于理无爽。"

后晋灭亡后，吕咸休仕后汉为给事中，看到贡差扰民，于是上言进谏，由此可看出吕咸休爱民的一面。

《旧五代史》卷一百十二《周书·太祖纪》广顺元年(951)十月：

> 癸巳，以刑部侍郎司徒诩为户部侍郎，以左散骑常侍张煦为刑部侍郎，以给事中吕咸休为左散骑常侍。①

五代时期朝代更替频繁，官职、官员多沿袭前代。入周后，吕咸休仍为给事中，九个月后，迁为左散骑常侍。显德(954—959)年间，又任户部侍郎。显德六年(959)，即发生陈桥驿兵变，赵匡胤黄袍加身，成了大宋开国皇帝。次年改元，一个新的王朝开始了。

二、入宋后世系

吕咸休有没有入宋，史无记载。但从其唐庄宗(923—925)在位时即已入仕，历仕四朝来看，入宋时吕咸休已是大约六七十岁的

---

① (宋)薛居正等:《旧五代史》卷一百十二，中华书局1976年版，第1477—1478页。

老人，无所作为了。但吕姓在北宋一朝却获得了很大的发展，高官显宦，文人学者，接踵而出。尤其是三院吕氏的后裔，杰出者更多。宋王明清《挥麈录》云："五代时有姓吕为侍郎者三人，皆名族，俱有后，仕本朝为相。吕琦，晋天福为兵部侍郎，曾孙文惠（应为正惠，吕端谥正惠）端相太宗。吕梦奇，后唐长兴中为兵部侍郎，孙文穆蒙正相太宗，曾孙文靖夷简相仁宗，衣冠最盛，已具《前录》。吕咸休，周显德中为户部侍郎，七世孙正愍大防相哲宗。异哉！"①但王明清此说世系表述有误。如《宋史·吕端传》明确记载："吕端，字易直，幽州安次人。父琦，晋兵部侍郎。"《宋史·吕余庆传》："吕余庆，……祖兖，横海军节度判官。父琦，晋兵部侍郎。""至道中，以弟端为宰相，特诏赠侍中。"宋夏竦撰《皇侄康州团练使夫人吕氏墓志铭》云："夫人吕氏，故丞相赠司徒正惠公（吕端）之女。正惠公之贵也，曾祖衮（当为'兖'之误）赠中书令，祖琦赠太师尚书令。"则太宗朝宰相吕端为晋兵部侍郎吕琦之子无疑，而王明清却说吕端为吕琦曾孙。《吕氏家谱》世系图显示自后周户部侍郎吕咸休至吕大防仅五世，而王明清却言吕大防为吕咸休七世孙，恐怕也是不对的。因为从仕宦经历看，吕咸休年辈明显晚于吕梦奇和吕琦，而吕大防与吕公著、吕海同时，只年岁略小，在吕梦奇至吕公著仅五世，吕琦至吕海仅四世的情况下，吕咸休至吕大防却历七世，几乎是不可能的。《吕氏家谱》所列世系应该是正确的。

据范育《吕和叔墓表》："皇考䜣，赠司封员外郎。"②则吕咸休之子吕䜣似乎一生没有过什么实际官职。这有点奇怪，父亲身为

---

① （宋）王明清：《挥麈录》后录卷二，中华书局1961年版，第105页。
② （宋）吕祖谦：《宋文鉴》卷一百四十五，中华书局1992年版，第2028页。

晋户部侍郎,儿子大小也该有个官做才对。即使入宋以后,宋太祖偃武重文,儒士多得重用,吕鹄即使不如其父"博通古今",也应该粗通文墨,谋一官职当亦不难。但在吕梦奇之子吕龟图为起居郎、吕龟祥为殿中丞,吕琦之子吕余庆官至尚书左丞、吕端官至宰相的情况下,吕咸休的儿子竟然为一介平民,实在有点说不过去。检《宋史》卷三《太祖纪》载开宝七年(974)春正月"左拾遗秦宣、太子中允吕鹄并坐赃,宥死,杖除名"。此因罪除名的吕鹄是否即为吕咸休之子吕鹄?汲郡吕氏后来迁至陕西蓝田与此有无关系?因无其他材料佐证,暂存疑。

吕鹄之子吕通,《宋史·吕大防传》云:"祖通,太常博士。"范育《吕和叔墓表》:"王考通,太常博士,赠兵部侍郎。""由兵部葬京兆之蓝田,故子孙为其县人焉。"则吕通生前官至太常博士,死后葬于蓝田。关于吕通葬于蓝田的原因,据雍正年间修《陕西通志》卷七十《陵墓》载:"吕博士通墓,在县北五里。宋吕蕡,先汲郡人,任比部郎中。父通,太常博士。蕡过蓝田,爱其山川风景,遂葬通于蓝田,因家焉。"①吕蕡是否因为喜欢蓝田的山水风景才将父亲吕通葬于蓝田,或看中了这块风水宝地,或出于其他难以说明的原因,已经无从考证。我们知道的只是,迁居蓝田成为蓝田吕氏之后,这个家族才逐渐兴旺发达起来。

蓝田吕氏家族的崛起是从四吕开始的,但四吕的父亲吕蕡无疑为这个家族的显达做了很好的铺垫。据范育《吕和叔墓表》:"考蕡,比部郎中,赠左谏议大夫。初,谏议学游未仕,教子六人,后五人相继登科,知名当世,其季贤而早死。缙绅士大夫传其家声,以为美谈。"

---

① 《陕西通志》卷七十,《文渊阁四库全书》影印本。

从"学游未仕,教子六人"来看,吕蕡入仕似乎较晚。雍正年间《陕西通志》卷三十《选举一》:"庆元二年(1196)邹应龙榜:吕蕡,汲郡人,家蓝田。"庆元为宋宁宗年号,此时吕蕡已去世百余年,根本不可能于此年登第,庆元二年(1196)或为宝元二年(1039)之误。但吕蕡中过进士应该确有其事。陈师道《后山谈丛》卷六载:

> 华阴吕君举进士,聘里中女,未行,既中第,妇家言曰:"吾女故无疾,既聘而后盲,敢辞。"吕君曰:"既聘而后盲,君不为欺,又何辞!"遂娶之。生五男子,皆中进士第,其一人丞相汲公是也。①

丞相汲公正是指吕大防,陈师道为"苏门六君子"之一,而苏轼、苏辙都与吕大防同朝为官。陈师道所记虽然有点好人好报的传说色彩,但应该不会是空穴来风,而是确有事实根据。雍正年间《福建通志》卷三十二:"吕蕡,蓝田人,嘉祐间(1056—1063)知泰宁县,治尚静简,不事烦苛。"②则吕蕡曾任泰宁知县,"后知巴西县致仕"。③

吕蕡六子,大忠、大防、大钧、大临《宋史》中皆有传,但另二子事迹无传。《金石萃编》卷一百二十八载熙宁四年(1071)五月五日吕蕡题名:"□郡吕蕡自京师□长安过谒□□男大忠、大钧、大临、大观侍"④,则吕蕡的确还有一子,排行在大临之下,名大观。题名中没有吕大防之名,是因为熙宁四年五月大防知临江军,因此没能陪伴在父亲身边。但题名中亦没有吕氏家谱世系图中所列

---

① (宋)陈师道:《后山谈丛》,上海古籍出版社1989年版,第65页。
② 《福建通志》卷三十二,《文渊阁四库全书》影印本。
③ 《河南通志》卷五十八,《文渊阁四库全书》影印本。
④ 《宋代石刻文献全编》,北京图书馆出版社2003年版,第123页。

"大爱(大受)"的名字,则大爱(大受)当即为范育言"贤而早死"的一位。但"大爱"在家谱《吕氏世系》文字说明中为"大受",疑以"大受"为是。结合上述文献记载,家谱世系图中吕鹄以后世系基本明确无误。

三、四吕后裔

蓝田四吕以后的世系,因未发现有关家谱,只能依据一些零星资料补充。

吕大忠,子锡山、至山。孙康成。李心传《建炎以来系年要录》卷一百十一:"(绍兴七年五月甲申)右朝散大夫吕锡山依旧知果州。锡山,大忠子也。(大忠,大防兄,绍圣宝文阁直学士。)寓居于蜀,上召之,锡山辞不至。"①则吕锡山为吕大忠之子甚明。晁补之《鸡肋集》卷七有《送吕承奉至山从吕龙图晋伯辟秦州机宜》,从诗的内容看,吕至山似亦为吕大忠之子。《金石萃编》卷一百三十六《温泉箴》有石刻:"吕义山子居、吕至山子口同趋甘棠,赵洋圣谟送别于此,就浴温泉而去。元祐戊辰(1088)冬十二月十一日。"②吕义山、吕至山似为兄弟行,但吕义山为吕大钧唯一的儿子,则至山应为义山从弟。《金石萃编》卷一百二十八吕至山等题名:"吕至山朝谒,男试校书郎康成,外甥进士唐受侍行,康成题。"③则吕至山有子名康成。其外甥应为其姐或妹之子,则吕大忠还应有一女嫁于唐氏。

---

① (宋)李心传:《建炎以来系年要录》卷一百十一,《文渊阁四库全书》影印本。
② (清)王昶撰:《金石萃编》卷一百三十六,《宋代石刻文献全编》第三册,北京图书馆出版社2003年版,第281页。
③ (清)王昶撰:《金石萃编》卷一百二十八,《宋代石刻文献全编》第三册,北京图书馆出版社2003年版,第129页。

吕大防,子景山。孙世修,肇修。曾孙宽仁。李心传《建炎以来系年要录》卷四十五:"(绍兴元年六月)乙亥,诏朝奉郎以上陈乞致仕。未受敕而身亡者,许任子。以中书有请也。朝奉大夫吕景山主管台州崇道观。景山,大防子。建炎初提举潼川府路常平官省而罢,寓家于蜀。至是,因其请而命之。"李焘《续资治通鉴长编》卷三百五十二:"吕大防提举修实录奏请批付事,臣焘尝见之大防孙成都府路提点刑狱司干办公事世修。绍兴二十九年九月,世修子宽仁者,实从成都府路转运司檄进入国史院迄今具录如后:'付吕大防。'"另外,衢本《郡斋读书志》卷七史部史评类著录"吕大忠《吕氏前汉论》三十卷",云:"予得其本于铜梁令吕肇修,汲公诸孙也。"①汲公即吕大防,则吕肇修亦为吕大防孙辈。又《宋史·吕大防传》:"(大防)至虔州信丰而病,语其子景山曰:'吾不复南矣!吾死汝归,吕氏尚有遗种。'遂薨,年七十一。"②则大防似仅有景山一子,则肇修亦应为景山之子。

吕大钧,子义山。孙麟、愈、舟。范育《吕和叔墓表》:"子义山,能传其父学。孙男麟、愈、舟,女一。"③

吕大临,子省山。李心传《建炎以来系年要录》卷九十二:"(绍兴五年八月)乙丑,诏右朝奉大夫、主管台州崇道观吕省山免审量许磨勘。省山,大临子也。初以补治三陵堤堰改京秩,例当削官,赵鼎以故家,特有是命。"④

---

① (宋)晁公武著、孙猛校证:《郡斋读书志校证》,上海古籍出版社2005年版,第305页。
② (元)脱脱等:《宋史》卷三百四十,中华书局1977年版,第10843页。
③ (宋)范育:《吕和叔墓表》,见(宋)吕祖谦编、齐治平点校《宋文鉴》,中华书局1992年版,第2028页。
④ (宋)李心传:《建炎以来系年要录》卷九十二,《文渊阁四库全书》影印本。

由以上资料,我们可以将蓝田吕氏一支世系图补充如下:

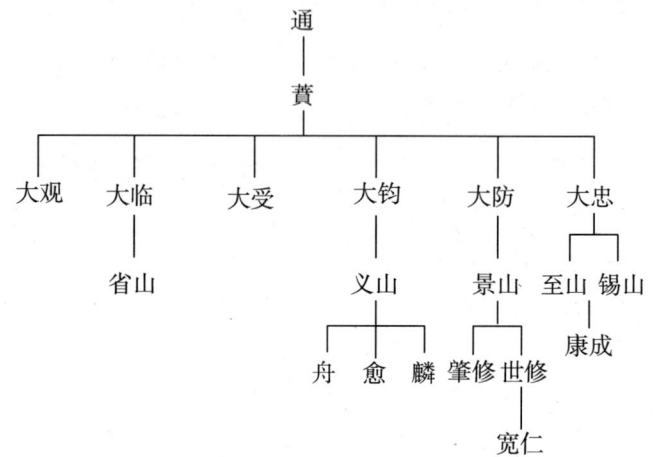

2008年6月陕西省考古队对位于现陕西省蓝田县五里头村的蓝田吕氏家族墓地进行了发掘,出土了部分墓志。考古人员根据所出土的墓志排列出蓝田吕氏家族谱系如下:

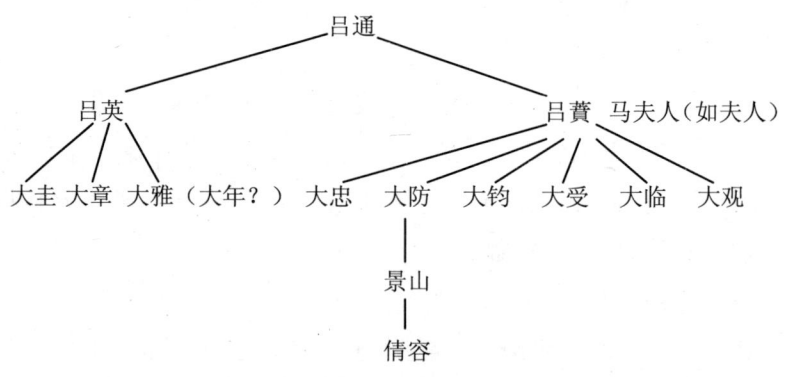

吕氏家族墓地辈份排序

神宗熙宁七年——徽宗政和元年

(公元1074—1111年)

这一排序与笔者按文献资料记载所排出的世系基本是吻合的。只是墓志补充了吕通长子吕英一支的世系。或因吕英一支不显,所以不见于文献记载。据考古人员介绍:"出土的众多墓志铭文确定了大部分墓葬主人名讳身份,以此为依据,可排列出家族墓葬的分布次序:墓葬布局呈马蹄状,最南端为高祖吕通墓,身后为祖吕英、吕黄(应为贲)墓,其后为一字排开的父辈七座墓葬,包括吕大临等兄弟。再后属'山'字辈子嗣墓葬。重孙辈仅葬一人,因年轻夭折而衬于祖父坟茔之侧。故云,蓝田吕氏家族墓地中共埋葬五代人,使用时间在北宋中、晚期的40余年之中。"①由此可见,四吕的孙辈除倩容因年幼夭折葬于家族墓地外,文献所记载的"世修"、"肇修""康成"等人并没有归葬祖茔。这可能因为金兵南下、关中沦陷后,吕氏后人避难迁徙,没有返回故乡的缘故。虽然有部分吕氏后人留居蓝田原籍,但也因家族没落,祖业渐失,甚至连墓地也沦落他人之手。到明代成化年间戴珊到陕西为官时,所见已是"寺北大小十余墓,偏西南就平有废址,陶甓石础出没泥土中,沦入豪族供耕收且久"②。在当时的陕西都察院右副都御史阮勤干预下,才"檄知县扶沟刘振复其墓,即废址作祠堂"③,以供奉四吕灵位。

---

① 张蕴、卫峰等:《九泉之下的名门望族——陕西蓝田北宋吕氏家族墓地》,《中国文物报》2009年9月11日第4版。
② (明)戴珊:《吕氏祠堂记》,(清)吕懋勋等修、袁廷俊等纂《蓝田县志》,《中国方志丛书》本,第1004页。
③ (明)戴珊:《吕氏祠堂记》,(清)吕懋勋等修、袁廷俊等纂《蓝田县志》,《中国方志丛书》本,第1004页。

第二章　四吕生平事迹考述

第一节　吕大忠生平事迹考述

吕大忠,字进伯(或作晋伯),其生卒年史无明载。《伊洛渊源录》卷八言其"元符末,以宝文阁直学士卒"。"元符"为宋哲宗的最后一个年号,因咸阳民段义献"受命于天既寿永昌"字样宝玉而改元,使用不到三年,宋哲宗即驾崩。故元符末即元符三年(1100)。从吕大忠之弟吕大防生于宋仁宗天圣五年(1027)六月来推断,大忠生年最晚亦应在宋仁宗天圣四年(1026)以前。目前考古已确知吕大忠墓葬,如吕大忠墓志出土,则其生卒年将可以确定。吕大忠的登第时间,据《陕西通志》,是在宋仁宗皇祐五年(1053)①,其时吕大忠大约三十岁左右。登第后,为华阴尉②。仁宗嘉祐年间(1056—1063),为晋城令,"刚毅质直,为治有声"③。初步显示出其政治才干。此后仕途顺达,一路升迁,成为一代名宦。

一、屡历边事,果悍有谋:熙丰年间的吕大忠

熙宁初年,宋神宗任用王安石进行变法。朝廷上下一片纷纷。

---

① 《陕西通志》卷三十,《文渊阁四库全书》影印本。
② (元)脱脱等:《宋史》卷三百四十,中华书局1977年版,第10844页。
③ 《山西通志》卷九十六,《文渊阁四库全书》影印本。

此时，吕大忠应已迁著作佐郎，也在京城，但似乎并未卷入此事。

熙宁三年（1070）九月，因西夏犯边，朝廷兴兵，韩绛宣抚陕西。吕大防被辟为判官。十月，大约出于大防的建议，韩绛乞差吕大忠赴宣抚司，以备提举永兴路义勇，得到朝廷允许①，并令其条举义勇利害。大忠上言："养兵猥众，国用日屈，汉之屯田，唐之府兵，善法也。弓箭手近于屯田，义勇近于府兵，择用一焉，兵屯可省矣。"②结合当时冗兵冗费、财政不足的形势，吕大忠认为弓箭手和义勇相当于汉代的屯田、唐代的府兵之制，不但可以增强边防实力，而且可以使军民团结自保，安定民心，减轻国家军备和财政压力。大忠兄弟本为陕西人，保卫家乡，义不容辞。因此在宣抚司辅佐韩绛，贡献颇多，宋军在军事上也取得了不小的胜利。但朝臣的议论却对韩绛不利，认为其兴兵扰民，百姓被害，加上庆州兵士哗变，韩绛终坐宣抚失律遭黜。吕氏兄弟赴宣抚司本出于韩绛举荐，随着韩绛的罢黜，也相继离开宣抚司。熙宁四年（1071）五月，大忠罢提举义勇。③ 为签书定国军判官。④ 吕大忠在宣抚司仅呆了半年多。但这段经历使吕大忠对边事有了较深的认识和了解，也使其具备了处理边事的经验。因此在其后的政治生涯中，边事一直是其参与或关注的一个重点。

熙宁四年（1071）九月，夏人请和。⑤ 夏人自犯麟府、环庆后，朝廷遂绝其岁赐。现又欲遣使谢罪，其目的昭然。但神宗却想立刻答应。大忠反对朝廷这种惟请是从的态度，上言："夏人强则

---

① （宋）李焘：《续资治通鉴长编》，中华书局1979年版，第5256页。
② （元）脱脱等：《宋史》卷三百四十，中华书局1977年版，第10845页。
③ （宋）李焘：《续资治通鉴长编》卷二一六，中华书局1979年版，第5256页。
④ （元）脱脱等：《宋史》卷三百四十，中华书局1977年版，第10845页。
⑤ （宋）《皇朝编年纲目备要》卷十九，中华书局2006年，第448页。

纵,困则服,今阳为恭顺,实惧讨伐。宜且命边臣诘其所以来之辞,若惟请是从,彼将有以窥我矣。"①

熙宁四年十二月,朝廷派遣五位官员去各路沿宋夏边界封土掘壕,以定地界。此时吕大忠为陕西转运司勾当公事,被派往秦凤路;派往鄜延路的是知澄城县范育。范育与大忠同为陕西人,认为此事不可,因此俱辞行,并上疏反对。大忠言:

> 伏闻朝廷将使立定夏国地界,此诚陛下安边息民之心。然而安边息民之策恐不在此,臣辄有五不可之说,伏惟圣慈采择。
>
> 自来沿边多以两不耕种之地为界,其间阔者数十里,狭者亦不减三五里。出其不意尚或交侵。今议重定地界,相去咫尺,转费关防。樵牧之争固无宁日,衅隙稍久,必惹事端。此不可者一也。怀抚夷狄,先以恩信。恩信未洽,欲画封疆,俱非诚意,后必患生,或有奔冲,人难御捍。此不可者二也。议者以夏国辞请恭顺,遂欲乘此明分蕃汉之限,所差官须与逐处首领相见商量,以兵则非所以示信,不以兵则敌情反复无常。前延州议事官几为所擒,至今边人危之。此不可者三也。近年陕西沿边四路皆有展置城塞,戎心怨嗟,未有以发。既令各守其境,曲直自明。如或有辞,过实在我。此不可者四也。夏国边界东起麟府,西至秦凤,缭绕几二千里。若欲久存,须为壕堑,计工多少,所役何人,或要害之地势有必争,岁月之间未易了毕。暴露绝塞,百端可虞。此不可者五也。
>
> 非徒五不可,又有大不可者一焉。无定河东满堂、铁笳平一带地土,最为膏腴,西人赖以为国,自修绥德城,数年不敢耕

---

① (元)脱脱等:《宋史》卷三百四十,中华书局1977年版,第10845页。

凿,极为困挠。窃闻今来愿于绥德城北退地二十里,东必止以无定河为界。如此则安心住坐,废田可以尽开。彼之奸谋盖出于此。若遂使得志,一旦缓急,鄘延可忧。此所谓大不可者一也。如不以臣言为妄,伏乞下臣状付中书、枢密院,及令臣面析利害,庶得周悉。苟有可采,早赐施行。①

由此可见吕大忠在边事上既反对一味屈从的做法,也反对轻举妄动,挑起边衅,加重人民负担。而是主张和平共处,他说:"臣尝游塞上,熟知戎情,如朝廷敦信誓,帅臣严节制,将佐不敢贪功务获,则永无边患。此事人皆知之,但为议者所忽不行耳。今讲和之初,宜先务此。"②对敌国,也要示以诚信,上全国体,以免被动:"臣等五人被命而行,不敢不先示以信,上全国体。万一疏虞,则朝廷如何处置?移文诘问,必漫然不报;举兵讨罪,又力所不堪。复与之和,势皆在彼,百端呼索,须至含容。挫损天威,无甚于此,不可不虑也。"③

时王安石当政,对范育与大忠的意见不以为然,对神宗说:"大忠言但当择帅,不当立封沟。臣谓大忠,朝廷但遣大忠立封沟,即不责大忠择帅。育与大忠恐不可遣,不若但委本路使臣。"于是改遣他人。④

熙宁五年(1072)七月,吕大忠权检详枢密院兵房文字。⑤次年十二月去权字,为检详枢密院兵房文字。⑥

---

① (宋)李焘:《续资治通鉴长编》卷二二八,中华书局1979年版,第5549页。
② (宋)李焘:《续资治通鉴长编》卷二二八,中华书局1979年版,第5550页。
③ (宋)李焘:《续资治通鉴长编》卷二二八,中华书局1979年版,第5550页。
④ (宋)李焘:《续资治通鉴长编》卷二二八,中华书局1979年版,第5551页。
⑤ (宋)李焘:《续资治通鉴长编》卷二三五,中华书局1979年版,第5718页。
⑥ (宋)李焘:《续资治通鉴长编》卷二四八,中华书局1979年版,第6060页。

熙宁七年(1074)三月十九日,辽使萧禧至宋,言河东路沿边增修戍垒起铺舍侵入蔚、应、朔三州界内,要求别立疆界,请遣使同分画。神宗认为这是小事:"疆吏可了,何须遣使?待令一职官往彼计会,北朝一职官对定,如何?"二十五日,命吕大忠与刘忱、萧士元等人与辽国差来的职官共同商量地界事宜。大忠建议先拖延时间,以待时机:

> 窃闻敌主孱懦,朔、应诸州久不知兵,习以畏战。可遣谍者游说,以挠其谋,迁延数年,缮我边计,因彼衅隙,乃可得志,其余诸羌,可以传檄而定。其合召募钱帛,乞下经略司应副,委臣称事优给。如商量地界未定或敌使未至,乞臣以点检为名,因于河外召募。

神宗采纳了吕大忠的建议。① 二十六日,辽国信使萧禧辞行,对于崇政殿,神宗言:"蔚、应、朔三州地界,将差职官与北朝职官就检视定夺。"②萧禧奉诏而退。宋廷随即以韩缜为回使报聘契丹。四月二十七日,韩缜临行前,吕大忠建言:"乞下枢密院录前后照据文字,令缜赍至敌庭,庶令北朝稍知本末。"吕大忠曾任枢密院检详文字,对军事外交档案颇为熟悉,因此其建议有据可依。于是朝廷诏:"缜详大忠所奏,及照验文字地图以往,俟至彼面言,自通好以来,本朝遵守旧规,未尝先起事端,诚以祖宗誓约,各欲传之子孙,长无穷已。"然而遗憾的是,韩缜并未完成任务,只是与押燕蕃相李相熙略相酬对而还。③

吕大忠奉命与刘忱往代州与北使谈判,却在此时得知父亲吕

---

① (宋)李焘:《续资治通鉴长编》卷二五一,中华书局1979年版,第6132页。
② (清)徐松等辑:《宋会要辑稿》蕃夷二之二二,中华书局1957年影印本。
③ (宋)李焘:《续资治通鉴长编》卷二五二,中华书局1979年版,第6132页。

蕡患病的消息。他不得不请假回乡省亲,约省亲后与刘忱径路会于太原。刘忱与萧士元六月七日起程出发。但不料吕蕡一病不起,寻即病逝,吕大忠作为长子,不得不留在家里料理父亲后事,未能成行。刘忱与萧士元则与辽使萧素、梁颖会于大黄平,凡三四见,议不能决。九月,神宗诏夺吕大忠丧,命其权衣墨服往代州与刘忱密议,不与辽使相见。十一月,入内供奉官李舜举言:"刘忱等与萧素、梁颖商量地界,语不条畅,纵有开发,多失机会。已具奏乞移文理办,望早裁处。"诏改差吕大忠替萧士元。罢萧士元回忻州,起复大忠为西上阁门副使、知石州,与辽使相见。如大忠请,许不听乐,候食毕会议。吕大忠与辽使多次谈判,屡以理折素、颖。素、颖稍屈,但讫不肯从大忠等议。① 熙宁八年(1075)二月,吕大忠上言:

> 臣与刘忱再会北人大黄平,萧素、梁颖词理俱屈,虽议论反复,迷执不回,窃原其情,技亦止此。为今之计,莫若因而困之。伏望就除刘忱一本路差遣,置地界局于代州,以萧士元为副,来则与之言,去则勿问,在我则逸,在彼则劳,岁月之间,庶可决议。久寓绝塞,人情皆非所堪,速希成功,实恐有害机事,而臣方在哀疚,弃几筵以将使事。今者素、颖言必顾惜欢好,决无仓卒起兵之端,臣之去留,似无所系,乞听臣罢归,以终丧制。②

大忠分析两边形势,认为可用拖延的方式与辽使周旋。并且分析辽国此时不会擅兴甲兵,因此乞求终丧,尽为子的义务。同时,吕大忠对朝廷在此之前没有原则的退让也颇有微词,这大概才

---

① (宋)李焘:《续资治通鉴长编》卷二五八,中华书局1979年版,第6286页。
② (宋)李焘:《续资治通鉴长编》卷二六〇,中华书局1979年版,第6334页。

是他乞求终丧的真正原因。其云：

> 北人窥伺边疆，为日已久，始则圣佛谷，次则冷泉村，以致牧羊峰、瓦窑坞，共侵筑二十九铺。今所求地，又西起雪山，东接双泉，尽瓶形、梅家两寨，缭绕五百余里。蔚、应、朔三州侵地，已经理辨，更无可疑，惟瓦窑坞见与北界商量。萧禧未过界时，臣先奏论，乞朝廷主此定议，禧至，又皆许之，今西陉以东皆有明据，此地不能固争，它处亦恐难保。窃料敌情有可动者一，有不可动者五。狃于包容，侵侮中国，今若必校，或激怒心，此可动者一。岁得金帛，与地孰利，万一绝好，所失则多，此不可动者一也；彼兵虽众，脆弱骄惰，应敌者鲜，非咸平、景德间可比，此不可动者二也；城池不固，械器不精，以守必危，以战必败，此不可动者三也。山后之民，久苦虐政，皆有思中国之心，边衅一开，必防内变，此不可动者四也；北人最畏西夏，复有达靼之隙，果欲长驱，岂无牵制之虑，此不可动者五也。彼主柔而少断，母老子孱，纵有谏臣，恐未能用。今者彼使再入，必未肯先输屈伏之言，俟其情意稍开，且以胡谷、义兴冶、大石、茹越、麻谷五寨、治平二年侵筑十五铺，度山势立界，或更增以瓦窑坞，如王仅、靳宗臣之议，则我无屑就之愧，彼有可去之名。萧禧使还，不遂其意，万一张大兵势，测我浅深，乞指挥诸路帅臣，但为备御计，一切勿校。①

熙宁八年（1075）三月庚子，辽主再遣林牙、萧禧来致书，见于紫宸殿。书曰："昨驰一介之輶传，议复三州之旧封。事已具陈，理应深悉。期遵誓约，各守边陲。至如创生事端，侵越境土，在彼

---

① （宋）李焘：《续资治通鉴长编》卷二六〇，中华书局1979年版，第6334—6335页。

则继有,于此则曾微。乃者萧禧才回,韩缜续至。荐承函翰,备识诚悰,言有侵踰,理须改正,斯见和戒之义,且无违拒之辞。寻命官僚同行检照,于文验则甚为显白,其铺形则尽合拆移。近览所司之奏陈,载详兹事之缕细。谓刘忱等虽曾会议,未见准依。自夏及冬,以日逮月,或假他故,或饰虚言,殊无了绝之期,止有迁延之意。若非再凭缄幅,更遣使人,实虞诡曲以相蒙,罔罄端倪而具达。更希精鉴,遐谅至怀,早委边臣,各加审视,别安成垒,俾返旧常,一则庶靡爽于邻欢,一则表永敦于世契。傥或未从擗割,仍示稽违,任往复以难,停保悠长,而岂可微阳届候善啬为宜。"萧使的再次到来,令神宗异常紧张,一面令韩缜继续馆伴,"以欢和接之"。一方面召集执政大臣及刘忱、吕大忠商议:

  帝曰:"凡敌争一事尚不肯已,今遣两使,岂有中辍之理?卿等为朝廷固惜疆境,诚是也,然何以弭患?"大忠进曰:"彼遣使相来,即与代北之地,若有一使曰魏王英弼者来求关南之地则如何?"帝曰:"卿是何言也!"大忠曰:"陛下既以臣言为不然,今代北安可启其渐?"忱进曰:"大忠之言,社稷大计,愿陛下熟思。"①

  针对神宗想弃地求安的倾向,吕大忠直言相诘,可见其一片爱国赤诚。但此举似乎并未打动神宗,此前吕大忠虽多次请求反丧服,朝廷也原则上表示同意,但要求待萧禧走后才可以。但这次对话以后,未等萧禧返回,三月十七日,即诏罢吕大忠商量地界,反丧服。刘忱也罢为三司盐铁判官。朝廷改命韩缜、张诚一代替刘忱、吕大忠与辽使谈判,最终弃地五百余里。

  熙宁九年(1076)八月,大忠终丧,回朝复职,仍为枢密院检详

---

 ① (宋)李焘:《续资治通鉴长编》卷二六一,中华书局1979年版,第6361页。

文字。元丰元年(1078),吕大忠由检详吏房文字、秘书丞改河北路转运判官。转运判官是协助转运使掌一路财赋的官职。大忠针对朝廷财政问题建言:"古者理财,视天下犹一家。朝廷者家,外计者兄弟,居虽异而财无不同。今有司惟知出纳之名,有余不足,未尝以实告上。故有余则取之,不足莫之与,甚大患也。"乃上生财、养民十二事。① 其所上生财、养民十二事的具体内容已不可考,但由此可以看出吕大忠对财政、民生问题的关注。大概在元丰三年(1080)转运判官任满后,吕大忠又徙官提点淮西刑狱。② 提点刑狱职在查办刑事大案,显然并非吕大忠的兴趣或所长。元丰四年(1081)六月,河北发生黄河决口、飞蝗害稼等自然灾害。七月,曾任河北转运判官的吕大忠针对朝廷赈灾过程中出现的一些问题上言:"天下二税,有司检放灾伤,每岁侥幸而免者无虑三二百万,其余水旱蠲阁,类多失实。民披诉灾伤状,多不依公式,诸县不点检。所差官不依《编敕》起离月日程限,托故辞避。乞详定立法。"建议通过立法规范解决赈灾过程中的问题。这个建议为朝廷所接受。③ 吕大忠也因此依旧任河北转运判官。④

二、白头绥边,蔚为重臣:元祐年间的吕大忠

元丰八年(1085)三月,神宗驾崩,年幼的哲宗即位,太皇太后高氏垂帘听政。高氏为神宗母亲,思想保守,对神宗任用王安石进行改革一直颇为不满。因此,其听政后,首先就是将被新党排挤出

---

① (元)脱脱等:《宋史》卷三百四十,中华书局1977年版,第10845页。
② (元)脱脱等:《宋史》卷三百四十,中华书局1977年版,第10845页。
③ (宋)李焘:《续资治通鉴长编》卷三一四,中华书局1979年版,第7603页。
④ (元)脱脱等:《宋史》卷三百四十:"时河决,飞蝗为灾,大忠入对,极论之,诏归故官。"中华书局1977年版,第10845页。

京的保守派大臣司马光、吕公著等人召回朝廷。就目前资料来看，虽然没有发现吕大忠直接反对新党的证据，但其曾师事张载、二程，而张、程等人的思想都属旧党保守一派。因此，旧党的上台对吕大忠原则上是有利的。元丰八年十月，年已花甲的吕大忠迁为工部郎中。元祐元年（1086）正月，又权发遣陕西转运副使。宋代转运使是颇有实权的地方高官，可以掌一路财赋并刺举官吏。吕大忠任过多年转运判官，熟悉转运司事务。而陕西路又是大忠所熟悉的地方。因此，这个职务对吕大忠来说可谓适合，因此建树也多。陕西为近边地区，和西夏接壤。吕大忠认为"夏人乍恭乍骜，由私市公行故也"。于是措置绝和市事。① 二月，朝廷又以吕大忠兼同制治解盐使②，管理盐政。闰二月二日，吕大忠乞延、渭、秦、庆州、永兴军通判，许本司选定奏差一次。这个奏请无疑加大了转运司的权力，但很快得到朝廷准许。③ 可见朝廷对吕大忠的器重和信任。十八日，大忠奏言："见今陕西盐钞价贵，乞年额外，依自来两池分数，更支盐钞一十五万席，以平准其价。"这个建议也得到朝廷允许④，陕西盐价贵的问题由此得到解决。

元祐元年（1086）八月，吕大忠移淮南发运。在不到一年的时间里就连续升迁，由转运判官至工部郎中，又至转运副使，又至淮南发运。这样频繁的调动和升迁，难免引起时人的议论。王岩叟就提出异议："大忠关中事，用之未曾见效，却移东南，非大忠所知，此甚未当。"⑤但淮南发运一职，或许本来就是朝廷为吕大忠升

---

① （宋）李焘：《续资治通鉴长编》卷三六四，中华书局1979年版，第8698页。
② （宋）李焘：《续资治通鉴长编》卷三六六，中华书局1979年版，第8786页。
③ （宋）李焘：《续资治通鉴长编》卷三六八，中华书局1979年版，第8862页。
④ （宋）李焘：《续资治通鉴长编》卷三六九，中华书局1979年版，第8905页。
⑤ （宋）李焘：《续资治通鉴长编》卷三八五，中华书局1979年版，第9383页。

迁准备的一个跳板,因此,十月份朝廷就以吕大忠为陕西转运使兼同制置解盐使。针对陕西盐务,吕大忠主张依庆历年间范祥旧法,禁榷客盐,由政府官卖,而由转运司管理此事。其奏曰:

> 庆历八年朝旨,范祥擘画更改解盐事,内廷、庆、渭、原、环、镇戎、保安、顺德等八州军乞禁榷客盐,官自立额一万五千五百席货卖,许客旅将解盐于指定八州军折博务入纳,依立定盐价并加饶钱算给交引。所纳盐货,令逐州军相度立额,分擘与外镇县城寨出卖。将八州军官卖解盐,一依范祥旧法,许本司判给公凭,召客人自用财本指射入纳,据合支还客人盐价钱数,将转运司籴买年额盐钞纽算支给。其出卖到盐钱,都应副转运司籴买。①

后来,吕大忠又建议将买盐事务全部收归转运司,禁止其他部门贩卖。其奏曰:

> 检准嘉祐二年朝旨,制置解盐范祥奏客人兴贩不行,乞举差承务郎以上一员于在京置场,令将擘画盐钞出卖见钱,依旧于在京都盐院置库收纳盐钱。乞先后有降解盐额钞,更不下转运司,仍于前一年冬季内一并起发到本司,委自本司依逐州军合得年额,相度紧慢支给,只许入纳见钱出卖。其外镇县城寨籴买钱数,依此施行。虑法行之初,转运司若无籴本,乞依近降朝旨,将诸司籴买并罢,止令转运司籴买。今后止绝诸司不得贩卖,虽有专一朝旨,亦许本司执奏。所有诸司日前买下钞数,乞委本司拘收,候民间盐钞稀少,相度出卖还钱。今后如本路缓急阙钱,须合朝廷应副,更不支降见钱公据,只将所赐钱在京封桩,依数权许别给盐钞,委自本司不拘常制,选差

---

① (宋)李焘:《续资治通鉴长编》卷三八九,中华书局1979年版,第9452页。

官就彼置场相度,每席量减三二百文收买。近年以来,盐钞别立印号及旧钞别号新钞年月行使,如此之类,今后并乞禁止。'本部看详,请候民间积滞盐钞少日,如有朝廷应副本路见钱,委自本部相度,依此施行。所有盐价,元定每席六缗,难议改易。兼元丰六年七月,朝廷以见钱给赐陕西转运司支用,本司差官就京请领收买绸绢银等赴陕西,除脚乘外,尚获厚息。今来应副陕西钱,欲乞依此擘画,不须给降公据并额请盐钞。①

这样的措施,虽然主观上扩大了转运司的职权,但客观上来说,有益于平准盐价,而且便于转运司总理财赋。因此得到朝廷准许。

元祐三年(1088)四月,吕大忠知陕州,在陕州任上,"清谨持身,为政慈爱,发奸摘伏,盗贼知畏"②。元祐五年(1090)六月,为直龙图阁、知秦州。③ 此时因郡籴民粟,豪强之家趁机操纵以牟利。大忠选派属下官员,自天明入仓,不计民粟多少,即使是斗升亦收纳,使籴粟渠道畅通。百姓大喜,争运粟于仓,负钱而去,很快就筹得百余万斛粟。④

秦州为秦凤路首府,北宋时为边防重镇,其地与西夏接壤。吕大忠作为知州,不但掌管有关财赋、民生等方面的各种行政事务,而且也身负军事重任。因此,在秦州任上,吕大忠对边事颇为关注。朝廷也对其多所依赖,有关边事问题,也征求吕大忠意见。元祐六年(1091)九月七日,吕大忠在《答密劄所问奏》中言:

---

① (宋)李焘:《续资治通鉴长编》卷三八九,中华书局1979年版,第9453页。
② (明)李贤等撰:《明一统志》卷二十九,《文渊阁四库全书》影印本。
③ (宋)李焘:《续资治通鉴长编》卷四四四,中华书局1979年版,第10679页。
④ (元)脱脱等:《宋史》卷三百四十,中华书局1977年版,第10846页。

夏国赖以为生者，河南膏腴之地，东则横山，西则天都、马衔山一带，其余多不堪耕牧。若于熙河路相近定西城北石峡子外、秦凤路相近浅井、泾原路相近没烟峡口各置一大寨，（鄜延、环庆两路利害，不甚详悉，乞下逐处相度。）羌情恋土，惮于迁徙，必皆归顺。就而抚之，便为篱落，更不消外设亭障。兼有山林所阻，沙漠为限，中国为援。彼既失此地利，当自困弱，他日虽欲猖狂，不可得也。此为上策。窃闻疆议，朝廷元降指挥，依庆历五年誓诏，以见今汉蕃人户住两界中间为定分画，此为中策。一兰州、通远军地界，若依范育所奏，此为下策。臣愚窃谓朝廷必欲展置版筑，未审果出何策？此计先定，即度工聚材，使之毕具，然后勒熙河、秦凤之兵，约日分行讨荡，并力兴修。军回亦须稍见次第，仍令不住更互，倏往忽来，浅攻近掠，西人必不敢近寨。岁月之间，吾事济矣。上策闻诸士论，亦先帝之志，失于垂成。其次中策，自当执而行之，朝廷急于讲和，俄复中变。于仅存者惟有下策，议犹未决，遂使西人窥测累年，入寇边鄙，侵侮无厌。意谓朝廷惮于用兵，所求必如所欲而已。今既绝其岁赐，兼诸路兵势足以枝梧，乃是宗庙社稷之灵阴有辅相。已行姑息之命，救而正之，机不可失，此其时也。（前日所请必从，盖欲边隙早平，今既不可包容，明与之绝，凡事当一正以理。）

西夏每有大举，动经累月，盖人人自备其费。若诸路则悉从官给，号令一出，无敢后者。只以饥饱、劳逸、难易校之，已能屈敌，奈何惴惴然惟恐其来？乃是帅臣习而不察，未尝为朝廷深计。欲乞今后将岁赐钱物，分赐诸路，添助边计。每遇防春防秋，不以有无探报，常令移兵并塞，疑而致之。但使来无所得，常为固守清野之计，去有所防，吾兵在境，勿忘戒心。蠢尔小羌，必厌点集，三二年间，其势自困，兹坐胜之策也。上策守而不战，谓限以沙漠，西人无水草啸聚之地。中策守而或战，谓汉蕃住坐相远，举动稍难。下策守而常战，谓此彼倏忽往来，不可以相及。中策、下策既有战计，须立报寨之法，然后可以保民。前日疆事欲速，此策犹或难之，今来远谋，故以为下。①

由此奏议可见，吕大忠对朝廷针对边疆少数民族政权的侵扰急于讲和，赐钱求安的做法是颇有微词的，认为只要采取一定对策，就可以保疆安民，没有必要对西夏如此恐惧。

但习惯于苟且偷安的朝廷并没有采取吕大忠的计策，仍然一味求安。十月，吕大忠又上言：

夏国自梁氏兄弟用事以来，虐用其民，壮者劳于征役，老弱困于资助，以至侥幸非据，残害忠良，上下怨嗟，皆欲共食其肉，特未发尔。近闻乙逋、阿革并就诛戮，冤名族人欲预国事，又择种姓以为之主。羌中以尝累寇诸路，深虑朝廷乘此危疑之际，或有举兴，遂遣使请和，以观吾变。正是可以经营之际，不若因而指挥鄜延路，只作经略司意度，移问夏国："今来乙逋、阿革已死，（就使未死，亦可以激怒众心，使之反侧。）委是冤名族人复预国事，其所主立，众共推服，从今一心恭顺，更不敢别有邀求，速希回报，以凭申奏朝廷，乞行封册。"（乙逋之变，本国方以为讳，今明言之，以夺其气。）如此，则忠党遂安，永戴恩德，此边防莫大之利，伏望圣慈断在必行，天下幸甚！②

---

① （宋）李焘：《续资治通鉴长编》卷四六六，中华书局1979年版，第11129页。
② （宋）李焘：《续资治通鉴长编》卷四六七，中华书局1979年版，第11146—11147页。

元祐八年正月,吕大忠又一次上疏陈防边策略,认为:"西贼之性,既不可专用德怀,亦不可全用威制,正惟以方略御之而已。"而所谓方略,吕大忠认为是"间谍必精,斥候必远,篱落必周"。因为"诸路并塞民居与羌族大抵相望,非有垣墉门户之限,倏往忽来,其势易以相及"。"朝廷果欲保民,宜略于此察于动静,则虽深谋,可以觇知;(谓先得敌情。)备于要害,则虽大举,可以控扼。(谓必据地利。)"①由此可见看出吕大忠的军事思想比起当时的很多大臣来说是非常务实的,为了保国安民,他不但不排斥间谍战术,而且深为不能得到优秀的间谍人才而遗憾。

吕大忠长期在近边地区为官,西夏对边疆人民的侵略和伤害,令他深为痛恨,非常希望朝廷能坚决反击,以救生灵涂炭。当他得知西夏又遣使来宋,而朝廷居然打算爽快接受时,深为惊愕,上言:

> 勘会羌人连年掠麟府、环庆,议者皆谓朝廷必思有以制之,庶几可以少谢两路生灵之冤毒。今忽无名复欲遣使,骄慢如此,其意可知。朝廷纵未能峻行拒绝,且当委帅臣一面致诘所以来之辞,然后察其诚伪,随宜处置,亦不至便失机会。而乃遽忘欺绐,惟请是从,臣恐此贼察我浅深,以为终不足畏,因缘妄有邀求,不知朝廷如何应副。徇其所欲,则势有未安;稍咈其情,则怨莫能解。不若以理胜之,则顺而易行,人神共助,何事不成,况区区之蕃族哉! 岁月之间,宜可以屈。伏望圣慈深念边防久计,召执政大臣熟思深虑,毋或专务包容,更启他时之患。②

朝廷对西夏政权的畏惧和急于求和的态度,令吕大忠非常担

---

① (宋)李焘:《续资治通鉴长编》卷四八〇,中华书局1979年版,第11416页。
② (宋)李焘:《续资治通鉴长编》卷四八〇,中华书局1979年版,第11421页。

忧。在吕大忠看来,西夏其实是不足畏惧的,更可怕的敌人是北方的契丹,而当朝廷连小小西夏都不能制伏,则难免启北国窥伺之心。因此,他重申自己的看法:

> 前日夏国请和,既已失之太遽,今日庙堂正宜审重,伐其奸谋。又贼人遣使请命,其说可料者三:塞草未生,戎马饥瘦,复防入讨,阳为恭顺,一也;诸路屡常浅攻,昨来大举酬赛,盖不获已,二也;熙河疆界未定,恐谋进筑,因而再有争占,三也。大抵皆是款我边备,止要乘便,常来侵掠,觊望朝廷厌兵,先议屈就,不可不深察尔!又千里畏人,孟子犹或非笑,况其地又广数十倍之多乎?四裔环视中国,其间北有强大之邻,尤当不使少有所觑。今一旦为小羌摇撼,遂委曲依从,臣恐异日兵连祸结,不止此尔。臣于前年十月十二日预尝论列此事,伏乞检会详酌,更赐裁择。①

元祐八年(1093)六月,吕大忠直龙图阁、知秦州任满,加宝文阁待制再任。② 但西夏之事一直是吕大忠的一块心病。他有信心也有决心与夏人一战,但因未得到朝廷的支持,因此壮志难酬。他曾经说过:"夏人戍守之外,战士不过十万,吾三路之众,足以当之矣。彼屡犯王略,一不与校,臣窃羞之。"③

三、牵连党争,降职致仕:绍圣年间的吕大忠

元祐八年九月,太皇太后高氏去世,哲宗亲政。新党人物趁此机会向年轻的哲宗皇帝进言,于是哲宗绍继神宗遗愿,改年号为

---

① (宋)李焘:《续资治通鉴长编》卷四八〇,中华书局1979年版,第11421页。
② (宋)李焘:《续资治通鉴长编》卷四八四,中华书局1979年版,第11516页。
③ (元)脱脱等:《宋史》卷三百四十,中华书局1977年版,第10846页。

"绍圣",逐步贬斥旧党,起用新党。大忠之弟大防因在元祐时期主持政坛,首当其冲成为新旧党争的牺牲品,被一再贬黜。而吕大忠因为在边事问题上一直持比较强硬的态度,和新党在边事问题上的主张较接近,因此,绍圣之初,处境还不错。绍圣二年(1095)九月,吕大忠自秦凤路改帅泾原。绍圣三年(1096)二月,吕大忠赴阙,还得到哲宗召见,以渭帅再言边事。吕大忠虽然在边事问题上主张持比较强硬的态度,但并不赞成轻起边衅,因此奏言:"关、陕民力未裕,士气沮丧,非假之岁月,未易枝梧。"因请以职事对。大抵欲以计徐取横山,自汝遮残井迤逦进筑,不求近功。① 大忠的回答令哲宗非常满意。七月,哲宗下诏:"知渭州吕大忠在元祐中坚持边议,不为党人所回,加宝文阁直学士、知秦州。"而此时,大忠之弟吕大防却被一贬再贬,流落不定。大忠兄弟情深,所以趁机上言:"臣弟大防,自罹谪籍,流落累年,南北乖暌,山川修阻,既衰且病,来日几何,一旦不虞,倏先朝露,死生隔绝,衔恨无穷。望赐哀怜,将臣已除职名,乞行追寝,只量移大防陕西州郡居住,所贵声问稍近,少慰终鲜急难之情。"希望除去自己的加官而将弟弟吕大防量移至就近地方。但这个请求不但没有得到朝廷允许,反而影响了吕大忠的仕途。据说,大忠自泾原入对时,哲宗曾问大忠:"曾得大防信否?"大忠答:"近得之。"哲宗问:"安否?"又说:"初议令过海,朕独处之安州。知否?"大忠对曰:"举族荷陛下厚恩。"哲宗曰:"有书再三说与,且将息忍耐。大防朴,为人所卖。候三二年可复相见。"②因此大忠才敢请求量移大防。后来新党宰相章惇问起哲宗之言,大忠以实相告。章惇深恐大防复回,旧党上台,

---

① (元)脱脱等:《宋史》卷三百四十,中华书局1977年版,第10846页。
② (宋)陈均:《皇朝纲目编年备要》卷二十四,中华书局2006年版。

自己处境被动。加之大忠议论也每与章惇、曾布不合,于是章惇、曾布陈其所言与元祐时异,徙知同州。绍圣四年(1097)十月,朝廷应吕大忠之请,允其以宝文阁待制致仕。① 元符末年,吕大忠卒,诏复学士官,佐其葬。②

第二节　吕大防生平事迹考述

吕大防(1027—1097),字微仲,是蓝田四吕中官职最高者,也是从政时间最长者,对当时政治、军事都有影响,其从政之余,进行学术活动,也颇有见地。

一、初入仕途,崭露头角:熙宁前的吕大防

宋仁宗皇祐元年(1049),吕大防即以甲科进士及第,调冯翊县主簿、永寿令。据载,在其任永寿令期间,有如下政绩:

　　县无井,远汲于涧。大防行近境,得二泉,欲导而入县。地势高下,众疑无成理。大防用《考工》水地置泉之法以准之,不旬日,果疏为渠,民赖之,号曰"吕公泉"。③

从此事至少可以看出吕大防为政的三个特点:一是关心百姓,为民分忧。二是为政务实,躬行践履。三是知识渊博,学有所用。

嘉祐六年(1061),吕大防为青城令。④ 宋时官僚士大夫都有

---

① (宋)李焘:《续资治通鉴长编》卷四百九十二,中华书局1979年版,第11683页。
② (元)脱脱等:《宋史》卷三百四十,中华书局1977年版,第10846页。
③ (元)脱脱等:《宋史》卷三百四十,中华书局1977年版,第10839页。
④ 吕大防《图经》云:"嘉祐辛丑宰青城,至今邑人诵之。"见(宋)祝穆撰、祝洙增订、施和金点校《方舆胜览》卷五十五,中华书局2003年版,第989页。

圭田，也叫职田，由佃户耕种，所得租粟供官僚使用，有些不法官僚就利用大斗入小斗出的方法谋利，获利达三倍之多。老百姓虽深受其害，但却不敢申诉。吕大防到任后发现这个情况，立即进行整改，统一出入量斗，还百姓公平。此事辗转上闻之后，朝廷为此立法，命令一路租税先输入官家，再由官家发还。

宋代疆域远小于汉唐，青城县外控汶川，与西夏接壤，是近边地区，因此需要设防。大防在险要处安排巡逻，严密防范，禁止上山樵采，以为屏障。这些措施，得到当时知成都府韩绛的赏识，称其有王佐之才。① 韩氏为宋代的世宦大族，衣冠之盛，天下罕比。韩绛亦为朝廷重臣，他的赏识，无疑对吕大防的仕途产生了良好的影响。不久，吕大防就由青城令入权盐铁判官。

嘉祐八年（1063）年三月，宋仁宗驾崩，英宗即位。吕大防改太常博士。治平二年（1065）六月，御史阙员，英宗钦点吕大防为监察御史里行。大防不负圣望，开始履行言职，连续上了《纲纪赏罚未厌四方奏》、《论优待大臣以礼不必过为虚饰》、《乞选置颖王府官属奏》、《应诏论水灾奏》等章疏。但大概英宗自己也未曾想到，他亲自提拔的吕大防会因言事又被其亲自罢黜。而罢黜的原因则是与英宗切身相关的"濮议"事件。

英宗并非仁宗的亲生儿子，而是仁宗堂兄赵允让之子兼曹皇后的姨侄女婿。因仁宗无子，才被选中入继大统。在其即位之前两年，其父濮安懿王赵允让就已去世。因此其成为仁宗的继承人后在礼法上如何尊崇亲生父亲就成了问题。这个议案被送至太常礼院，交两制以上讨论。两制提案认为，濮王于仁宗为兄，皇帝既然为仁宗继子，就应该称濮王为皇伯，不能再称皇考了。但以韩

---

① （元）脱脱等：《宋史》卷三百四十，中华书局 1977 年版，第 10839 页。

琦、欧阳修等为首的宰执却认为出继之子于所继、所生父母都应该称父母，称皇伯没有依据。两种方案一出，百官反应强烈。吕大防和侍御史知杂事吕诲、殿中侍御史范纯仁等台谏官一致赞同两制提案，认为濮王不当称考。吕大防为此事单独上章或与吕、范二人联名上章达十余次。"濮议"事件并非单纯的礼法之争，吕大防等人坚持尊无二上，是希望英宗"以社稷为计，以天下人心为念，以四圣亲政之始，皆有以得天下之心为法"①，其实就是希望英宗借此来表明自己不顾私亲，以天下为念，由此来收服天下人心。但吕大防等人连篇累牍的上疏并未得到应有的反应，无奈何之下，吕大防等台谏官员对韩琦、欧阳修进行了弹劾。而韩琦、欧阳修等人在众怒难犯的情况下来了个釜底抽薪，争取了皇太后的支持，太后手诏同意皇帝称亲。长达一年多的"濮议"事件以宰执一方的胜利告终。吕大防等人以所言不用，居家待罪，拒不入台供职，又连续上章，但事情已难以挽回。数日后，英宗下诏停止讨论此事。濮王称亲，以茔为园，即园立庙。言辞最激烈的吕诲、范纯仁、吕大防都被黜。治平三年(1066)正月，吕大防出知休宁县。但大防等人虽然被黜，却赢得了大多数官员的声援和支持。知制诰韩维(韩绛之弟)、知谏院司马光、判太常寺吕公著等人先后上疏请求英宗追回敕命，但没有得到准许。韩维因此拒绝推荐新的御史人选，同知谏院傅尧俞拒绝改任侍御史知杂事，与侍御史赵鼎、赵瞻请求同贬，司马光也力辞谏职，请求与六人同贬。台谏为之一空。吕大防则因在此事件中不畏权势、极言直谏而获得"忠亮刚正，忧公忘家"②的评价，成为

---

① （宋）吕大防：《上英宗乞如两制礼官所议》，见曾枣庄等编《全宋文》卷一五七〇，巴蜀书社1993年版。
② 司马光语，见（宋）李焘《续资治通鉴长编》卷二〇七，中华书局1979年版，第5038页。

其仕途上的一个亮点。

二、历仕地方,政绩卓著:熙丰年间的吕大防

治平四年(1067)正月,英宗驾崩,神宗即位,吕大防由休宁县改为淄州通判。熙宁元年(1068),大防知泗州,权河北转运副使。这次官职升迁,大概与韩绛对其的赏识有关。时韩绛为参知政事,很为神宗所倚重。

熙宁三年(1088)五月,召吕大防直舍人院。舍人院是负责草拟诏制(外制、中书制)的机构,吕大防由地方官入直舍人院,是其仕途的又一次进步。

古代由于科技水平所限,所使用的历法往往会出现一些误差,需要不断地修订。熙宁三年八月,朝廷所用《崇天历》以八月戊午(初一)为朔而望在十七日。司天中官正周琮撰《明天历》,则以己未(初二)为朔而望在十六日。周琮认为:"古今注历,望未有在十七日者。"而《崇天历》官舒易简等人则言:"《乾兴元年历》七月注十三日望,则今注十七日望不为非。"朝廷听从舒易简等人说法,但周琮却不服气,争之不已。于是朝廷命吕大防详定历法所载朔望有无差谬。大防经过查对,最后得出结论:"易简等所指《乾兴历》注十三日望,乃私历之误,已有屈伏。然据诸家历议虽有十七日为望之法,但颁历即无注十七日为望者。自天圣三年后,三望在十七日,皆注十六日为望。尽十七日晨度已前定,望犹属十六日夜故也。今年八月朔,于《崇天历》本经不当进,但于十六日注望可矣。"这个结论了结了历法之争,为朝廷所接受。由此可见吕大防在天文历法方面也是有所造诣的。

熙宁三年九月,因夏人侵犯庆州边境,陕西用兵,工部侍郎、参知政事韩绛自请出为陕西路宣抚使,以吕大防为宣抚判官。吕大防为韩绛建攻守二议："其一，止绝岁赐，以所费金帛及汰去疲兵衣粮分给诸帅，别募奇兵骁将，伺其间择利深入，破荡城寨，招收部落。如西贼大举，寡不敌众，则勿与交战，俟贼退兵散，预约邻路，间道设伏，邀其归路；其二，严为守备，贼至则坚壁清野，退则出奇兵邀击，或乘虚攻略以为牵制，速报领路出兵救援以解敌围。"又建议选募兵将："兵不精，将不勇，求以胜敌，自古未有。为今计莫若选募兵将，尽其智力。汉之名将，多以良家子从军。晋马隆出求凉州，不用州郡旧兵，于京师立标简募，自旦至日中，得三千余人，深入转战千里之外，遂能破敌立功，此募兵之效也。汉鲁奇以偏将军应募先登，唐娄师德以御史应募为猛士，此募将之效也。"

韩绛至陕西后，即募强劫贼盗及亡命罪人为奇兵，又分番汉兵为七军，以知原州种古、知环州种诊、环庆路都监任怀政、知保安军景思立、知青涧城种谔、知德顺军周永清、秦凤路都钤辖向宝分领之。大防言："自来屯兵不分战守，置将不别能否，一遇敌人入境，则帅臣往往自拥精兵，不问堪战与否，好功者惟知生事而不顾方略，偷安者惟务苟且而无节制。今定差七将，番汉军马，以行扰击牵制之策。用兵之始，诸帅尚循故态，则必致误事。乞惟听宣抚司统制，则事归一体矣。"又言："诸帅臣偷安避事，咸乐招怀而惮攻讨，此特未之思耳。今朝廷已绝岁赐，又断和市，此二者是绝贼之大命，理须必争，我必先为之计以挫其谋。且星居鸟散，不能常聚，点兵数千，动须累日，敌之所短也；建营列戍，一二万之众旦夕可集者，我之所长也。分路置帅，举一路将兵，除防守外不满二万者，我之所短也；率十万众专向一路，以多击少者，敌之所长也。异时尝以我之所短而抗敌之所长，所以屡败。今七将并出，伺其未集，便行扰击；彼若聚兵击我一处，则六处牵制，一处坚壁，使敌防求不暇。制敌之命，无出于此，然后招怀，无所不可矣。"韩绛用大防之言,初战告捷,得到朝廷优抚。诏韩绛兼河东宣抚使,就拜同中书门下平章事、诏文馆大学士,于军中拜相。吕大防也因而兼河东宣抚判官,受命知制诰,更得韩绛信赖。熙宁四年(1089)春,宋军又连获大胜,并进筑寨堡。但随着军事上的胜利,朝廷上下非议之声也多了起来。先是河东经略、转运司言:"宣抚司令计度运粮义勇夫所备数过多,颇闻骚扰。"又言应付宣抚使科率民力已不堪。这些言论使神宗也担忧起来,"恐别致生事。"①麟府路承受萧汝贤等又言:"宣抚判官吕大防相度存新修堡寨,留三千人防托,有军士数百人喧诉于大防帐前,不能禁,斩一人而后定。今所修寨实无益,望早处分。"②对于河外所修的荒堆塞堡,韩绛也认为久远不可维持,下令废拆,并抽兵回师。但吕大防却不愿放弃,韩绛于是派吕大防去察看情况,便宜行事。这些情况引来了王安石的不满,认为吕大防做作:"大防岂不知寨不可立,其意殆欲使众人弃之,然后言弃之者非我,我欲留之;留之则为利,以盖其初计之失。"③加上知庆州李复圭擅兴甲兵,导致"戎夷叛乱,扰我边陲,种落凋荒,膏于原野"④。台谏官将此结果归咎于宣抚司,韩绛"数出师,烦劳致怨"⑤,坐宣抚失律,降知蔡州。吕大防则落知制诰,夺两官,知临江军。熙宁五年(1090),吕大防知华州。上任不久,九月份华州即发生地震,吕大防一方面恤死扶伤,一方面借此向朝廷进言,

---

① (宋)李焘:《续资治通鉴长编》卷二百十九,中华书局1979年版,第5323页。
② (宋)李焘:《续资治通鉴长编》卷二百二十一,中华书局1979年版,第5372页。
③ (宋)李焘:《续资治通鉴长编》卷二百二十一,中华书局1979年版,第5389页。
④ (宋)李焘:《续资治通鉴长编》卷二百十五,中华书局1979年版,第5242页。
⑤ (宋)范纯仁:《范忠宣集》卷一五《司空康国韩公墓志铭》,《文渊阁四库全书》影印本。

"陈私忧者三、过计者一,以为三路、京东人情剽悍,最宜先虑。缘边则有城池、兵械可恃之具,而内郡武备素隳,将帅多未选择。乞精拣三路、京东守臣,密付方略,姑令以备边界为名,讲论守御之策。若政事稍涉挠动人情者,一切缓之,以俟他日,庶使奸猾好乱之人无所窥伺,万一有不虞,则吾亦有以待之也。"①

熙宁七年(1074)六月,吕蕡去世,吕大防回家守丧。熙宁九年(1076),吕大防服丧期满,返回朝廷,为龙图阁待制、知秦州。秦州为近边地区,吕大防协力边事,多所建树。元丰五年(1082),吕大防升龙图阁直学士,知成都府。成都以织锦著名,有"锦城"之称,每年都要向朝廷供锦。成都府原来供锦都是预支丝钱与机户雇支,质量既不好,又常常欠负。吕大防到成都后,开创织锦院,用军工织锦,不但质量有所提高,而且降低了成本。在成都期间,吕大防还大力发展文化教育事业。修建了著名的杜甫草堂,刊刻书籍,并且请求朝廷增加教育投入,得到朝廷许可:"岁于蜀州拨州学钱二百千、导江县百千,与成都府赡生员;其见管田增给为十顷。"②

三、擢升宰辅,执掌大局:元祐年间的吕大防

元丰八年(1085)年三月,神宗驾崩,年仅十岁的哲宗皇帝即位。太皇太后高氏垂帘听政。高氏对新党素无好感,因此,一旦权力在握就开始重用旧党成员。政局开始出现变化。居外多年的旧党领袖司马光和吕公著被委以重任,大批在外的旧党官员逐步被

---

① (宋)李焘:《续资治通鉴长编》卷二百四十一,中华书局1979年版,第5875页。

② (宋)李焘:《续资治通鉴长编》卷三百三十九,中华书局1979年版,第8170页。

召回，而新党官员则渐次被排挤出京城。在这种背景下，吕大防入为翰林学士。翰林学士是皇帝的私人秘书，除了负责撰写任免将相、册立皇后太子、对外宣战等重大诏书之外，还是皇帝的最高侍从顾问官，"比于知制诰，职任尤重"①。不久，又以翰林学士权发遣开封府。期间，有僧人诳民取财，讼至廷下。吕大防验治得情，命抱具狱，即其所杖之，他挟奸者皆遁去。契丹来使，朝廷命吕大防负责馆伴。契丹使很狡猾，言语之间涉及朝廷。大防也密摘其隐事，诘之曰："北朝试进士《至心独运赋》，不知此题于书何出？"②契丹使错愕不能对，自是不敢复出嫚词。

元丰八年九月，朝廷诏吕大防："卿镇蜀日久，西南生民疾苦利害，或新法有于民未便者，想多闻见，卿未到阙间，宜先以所见条析，入急递奏来，于入内内侍省投进，无有所隐。"如果说为翰林学士、权开封府、馆伴契丹使者是对吕大防能力的考验，那么这次诏问应该是对吕大防政治态度的考验。熙、丰期间，吕大防虽与王安石貌似不和，但却和另一个改革派韩绛关系密切。高太后听政，重用旧党领袖司马光、吕公著等人，吕大防虽然能干，但政治态度也非常关键。虽然大防的回奏现在已不可知，但从以后的形势来看，吕大防是深明朝廷用意，通过了此次考验的。十二月，吕大防迁为吏部尚书。而这仅仅是吕大防升迁过程中的一个过渡职务，更重要的任命还在等待着他。

元祐元年（1086），朝廷迎来一个新的政局。不论从舆论上还是人员准备上，彻底废除新法，恢复旧法的时机都到了。元祐元年

---

① （宋）司马光：《传家集》卷三七《辞翰林学士第一状》，《文渊阁四库全书》影印本。

② （元）脱脱等：《宋史》卷三百四十，中华书局1977年版，第10841页。

(1086)二月,以司马光为左仆射,正式拜相,新法开始逐步被废除。但司马光全盘废除新法恢复旧法的做法不但受到仍在朝中的一些新党官员的反对,旧党内部对此意见也不一致。尤其是役法问题。因此,二十八日,朝廷下诏:"门下侍郎司马光近奏建明役法大意已善,缘关涉事众,尚虑其间未得尽备,及继有执政论奏、臣僚上言。役法利害,若不精加考究,何以成万世良法。宜差资政殿大学士兼侍读韩维、吏部尚书吕大防、工部尚书孙永、给事中兼侍读范纯仁专切详定以闻。"①虽然名义上是详定"役法利害",其实结论早已得出。因为,司马光所主持的"元祐更化"已经势在必行了。

元祐二年(1087)二月十七日,太皇太后手诏问吕大防、范纯仁与西夏的边计问题。吕大防"久在西塞,深晓边情",他首先分析了西夏和宋朝的形势,认为西夏虽则狡狯,但不足畏惧:

> 诏问戎情狡狯未测,其诚心何如。臣愚以为戎人之情,自古无信。西夏自继迁以来,专事谲诈,惟朝廷御得其道,则诈无所施,或失其方,则骄而益肆,待遇之礼,不可不谨。然以臣观之,今日夏戎情略可见矣。羌人重于酬赛,先帝举大兵径抵灵武,几入其国,而不能以数万之众入塞为报,永乐诸将,寡谋败事,使彼中仅得以藉口。然自是王师深入不虞之咎,非其本国举兵之成功,盖未足以为忧,此夏之无能为一也。自来开边进筑之始,彼必极力决争,乘其未完,至于三四,不能得而后已。昨兰州之城,攘斥甚广,虽一再至,争不能得。去岁冰合,遂不复来,城既一完,彼望亦绝,此夏之无能二也。比闻秉常极屡劣。梁氏既死,而秉常存亡未可知。若秉常已亡,则内难

---

① (宋)李焘:《续资治通鉴长编》卷三六七,中华书局1979年版,第8837页。

未已,何暇外图?虽使秉常得存,亦不足畏。今数遣使入朝,而不早布诚款者,盖苟欲观望迁延,不敢先发以示弱。以臣愚计,窃闻夏使旦夕到阙,可使押伴臣僚且以私意问其来使,今主上嗣登宝位,自大辽诸国皆遣使入贺,夏国是朝廷藩臣,何故独不至?以观其意,足以测其情伪矣。

针对朝中"弃地"之说,吕大防是持反对态度的:

  又诏问向者所得边地,虽建立城寨,亦虑孤僻,不易应援。弃之则弱国威,守之则终恐戎人在念。臣窃谓新收疆土,议者多言可弃。盖思之未熟也。诏旨以为弱国威而已,又有取侮于四夷之端焉,不可不审计也。况兰州西使之地,本非夏国封境,又其君长尝受朝廷禄秩,元昊以来,方盗据其地。延庆城寨则接近汉界,一旦既得而弃之,未见其可。今日措置之宜,只可降诏下本路,将会州一处,更不攻取,改熙河兰会路为熙河兰州路,其兰州及延庆两路新建城寨,只据见得地界守御,亦可以稍安敌情,而为议和之计矣。议者不过谓戍兵少则不足以出战,多则无力以供馈。臣愚以为绥、兰之地皆并塞美田,增招民兵垦辟以足食,则供馈之费省,专事守计,少存战兵,则骑兵可大减矣。其增招民兵,垦辟旷土,分守战之计,减供馈之费,如以为可,即乞下臣条析子细利害。

对边疆防御问题,吕大防也提出了自己的建议:

  又诏问边计合如何措置,向去如何守御。臣愚以为今日边计,惟择将帅为先,转运使为次,其他施设皆可取办。伏闻国初西戎之患,多在环、庆。太祖皇帝择姚内赟、董遵诲二骁将以守,二州租赋之入,兵械之费,一切付之,而听其自为。西人畏之,不敢入寇。今以四海九州之力奉边而不足,太祖以二州租入之费御戎而有余。以此言之,守御之方,在于得人而已。臣愚以为陕西五路宜择威名忠亮之臣,不限文武,为之统帅,其次以为将佐。又择公正强明之臣以为转运使副,俾各择其材能,以充其任使之属官。被边之城,专事守计,而出战救援之兵,蓄于内郡。平居则散而耕,寇至则聚而守。且为内郡之兵以援之。视寇入之多寡深浅而必报之,无使其得志,亦不妄动以生事。守兵虽见大利不得出战,战兵虽见大利不得久在边。如此则费省而易供,守坚而不堕其计。①

这些建议是吕大防对西部边防问题的一贯态度,从神宗朝到哲宗朝并没有多大的变化。

元祐元年闰二月,吕大防迁为中大夫、尚书右丞,进入执政行列。这与吕公著和司马光对其的大力推荐是分不开的。吕公著对吕大防的大力推荐,当然不仅出于同宗关系,而更是出自政治利益的考虑。作为旧党领袖的司马光多病,吕公著年迈,他们无疑需要一个合适的接班人来主持元祐政局。而吕大防和范纯仁则成为他们看中的人选。但在吕大防的任用问题上,司马光一开始是颇为疑虑的。他曾问吕公著之子吕希哲说:"范纯仁作执政固好,吕大防是韩缜(应为韩绛)宣抚判官,相公何故却荐作执政?"②司马光对吕大防是颇为赏识和了解的。早在英宗时期,吕大防在濮议问题上的据理力争就给司马光留下了深刻的印象。司马光担心的是吕大防与韩绛的关系。韩绛是宋神宗、王安石变法的核心人物之一。尤其是变法焦点之一役法方面的改革,最早建议者即为韩绛。王安石曾说:"今言役事,乃绛本议。"③熙宁三年,当王安石变法受

---

① (宋)李焘:《续资治通鉴长编》卷三六六,中华书局1979年版,第8793—8794页。
② (宋)李焘:《续资治通鉴长编》卷三百七十,中华书局1979年版,第8944页。
③ (宋)李焘:《续资治通鉴长编》卷二一二,中华书局1979年版,第5160页。

阻萌生退意时，曾力荐韩绛代己为相。而韩绛对吕大防可以说有知遇之恩，也许正是因为这层关系，熙丰年间，吕大防似乎并未明确反对过新法。吕大防能否为旧党所用，主持废除新党的变法，确实是一个问题。但吕希哲回答："相公且看即今从官，谁是胜得吕大防者？"司马光默然久之，道："是也，都不如吕大防。"①吕大防从政务实，为人正直，朴厚稳健，有较高的人望。其得韩绛赏识，是靠自身的能力才识，与那些附新党以干进的投机派有本质的区别。其思想也倾向于旧党一派。

元祐元年九月，时任左相的司马光去世，旧党失去权威领袖，迅速三分为程颐为首的"洛党"，苏轼为首的"蜀党"（或称"川党"）、刘挚、梁焘为首的"朔党"。三党之间，或因政见之异，或为人事倾轧，或由学术流派的不同而相互攻讦。有时甚至到了水火不容的地步。《邵氏闻见录》卷十三云："哲宗即位，宣仁后垂帘同听政，群贤毕集于朝，专以忠厚不扰为治，和戎偃武，爱民重俗，庶几嘉祐之风矣。然虽贤者不免以类相从，故当时有洛党、川党、朔党之语。""洛党者，以程正叔（颐）侍讲为领袖，朱光庭、贾易等为羽翼；川党者，以苏子瞻（轼）为领袖，吕陶等为羽翼；朔党者，以刘挚、梁焘、王岩叟、刘安世为领袖，羽翼尤众。诸党相攻不已。"

在这种情况下，吕大防的"朴厚恁直，不立朋党"显得更为重要。十一月，由于中书侍郎久阙，吕公著荐吕大防"忠实可任大事"②，守中书侍郎。元祐三年（1088）四月，吕公著年老乞退，吕大防为大中大夫、守尚书左仆射兼门下侍郎，与范纯仁并相。但次年六月，范纯仁即罢知颍昌府。此后直至元祐末年，右相或阙或频繁

---

① （宋）李焘：《续资治通鉴长编》卷三百七十，中华书局1979年版，第8944页。
② （宋）李焘：《续资治通鉴长编》卷三九一，中华书局1979年版，第9505页。

易人,吕大防实近于独相。

《宋史》称吕大防为相"立朝挺挺,进退百官,不可干以私,不市恩嫁怨以邀声誉,凡八年,始终如一",道出了吕大防执政的特点。在执政的八年时间里,吕大防不仅要主持新法的废罢,警惕边疆少数民族政权的窥伺,还要经受来自旧党内部党争的考验,处理好垂帘听政的太皇太后与日渐长大的哲宗之间的关系。

其实在是否全面废罢新法的问题上,旧党内部一直是有争议的。如与司马光素来亲厚的范纯仁听闻司马光欲废王安石雇役法,恢复差役法,就认为:"法固有不便,然亦有不可暴革,盖治道惟去太甚者耳。"时为中书舍人的苏轼更是强烈反对,并因而辞免详定役法。但因为有太皇太后的支持,司马光的意见得到贯彻。苏轼在元祐三年二月的一个奏章中曾提到:"臣每见吕公著、安焘、吕大防、范纯仁皆言差役不便,但为已行之令,不欲轻变,兼恐台谏纷争,卒难调和。"可见,吕大防与范纯仁一样,也认为差役法"不便",不赞成司马光废除王安石雇役法,改回差役法的做法。而在司马光死后,为了维持政策的稳定性,避免朝令夕改以致百姓无所适从,因此虽感不便,仍然沿袭下来。

元祐二年(1087)四月,西夏犯边。近臣多进计,请弃地求安。吕公著和吕大防坚决反对,并派遣游师雄行边。八月份,游师雄以种谊入洮州,生擒夏首领鬼章青宜结以献,取得了对西夏的重大胜利。

为了尽可能维护政局的稳定和朝廷安定团结的局面,吕大防小心翼翼地平衡着各党派之间的关系,在用人方面,参用各党成员所长,不单纯倾向于某一党派。在保持政局平稳的基础上,尽可能有所作为。为了解决冗官问题,元丰时朝廷即定吏额,希望控制官吏数量。但当时主者为悦群吏,所定吏额非但无减,反而增加了几倍。吕大防创立吏额房,裁减官吏,这一举措因触及很多官吏的利益而遭到攻击和阻挠。最后,吕大防不得不放弃激进措施,采取苏辙"据实立额,俟吏之年满转出,或事故死亡者不补填,及额而止"的方法,进行渐进式的改革。

因此,对吕大防为相期间的功绩,时人评论称:"汲郡吕公在元祐为相八年,四夷无事,中国晏然,年穀丰登,家给人足,可谓有功社稷矣。""大防为相,用人各尽其能,不事边功而天下臻于富庶。"①这些功绩,无疑是吕大防苦心孤诣经营的结果。

吕大防不仅努力维护旧党内部的团结,而且甚至试图化解旧党与新党之间的矛盾。"车盖亭诗案"是旧党严厉打击新党的一次重大事件,导致蔡确流放致死。这次事件引起了新党成员的极大不满,可以说后来绍圣年间新党对旧党的残酷迫害,正是对这次事件的强烈报复,北宋政治因此而由党争引发党锢之祸,政治黑暗,最终导致国家覆亡,人民流离。吕大防虽然也赞成对蔡确予以责降,但仍然以蔡确有老母且为"先帝大臣"为由,希望不要置之于荒死之地。但太皇太后认为蔡确的存在对其与哲宗的祖孙关系是个极大的威胁,因此以"山可移,此州不可移"的坚决态度将蔡确重贬至英州。吕大防遂不敢复言。范纯仁曾担心地对吕大防说:"此路荆棘七八十年矣,奈何开之?吾侪正恐亦不免耳。"范纯仁的预言后来不幸成了现实。蔡确死后,新党成员情绪极不稳定,吕大防也敏感地注意到这一点。因此,元祐五年(1090),"宰相吕大防、中书侍郎刘挚建言,欲引用元丰党人以平旧怨,谓之调停。太皇太后颇惑之"。但因为御史中丞苏辙的极力反对,未能实行。苏辙认为:"若遂引而置之于内,是犹畏盗贼之欲得财,而导之于寝室,知虎豹之欲食肉,而开之以坰牧。天下无此理也。且君子小

---

① (宋)王称:《东都事略》卷八九,《文渊阁四库全书》影印本。

人,势同冰炭。同处必争,一争之后,小人必胜,君子必败。""人臣被祸,盖不足言。而臣所惜者,祖宗朝廷也。"宣仁太后认为:"苏辙疑吾君臣遂兼用邪正,其言极中理。"①因而拒绝了"调停"计划的实施。

随着年幼的哲宗逐渐长大。吕大防深知哲宗终有一天会亲政。而以后的政局发展则很大程度上取决于哲宗的态度。元祐八年(1093)正月,哲宗御迩英阁,召宰执、讲读官读《宝训》,至"汉武帝籍南山提封为上林苑,仁宗曰:'山泽之利当与众共之,何用此也。'丁度曰:'臣事陛下二十年,每奉德音,未始不及于忧勤,此盖祖宗家法尔。'"大防趁机推广祖宗家法以进,曰:"自三代以后,唯本朝百二十年中外无事,盖由祖宗所立家法最善,臣请举其略。自古人主事母后,朝见有时,如汉武帝五日一朝长乐宫;祖宗以来事母后,皆朝夕见,此事亲之法也。前代大长公主用臣妾之礼;本朝必先致恭,仁宗以侄事姑之礼见献穆大长公主,此事长之法也。前代宫闱多不肃,宫人或与廷臣相见,唐入阁图有昭容位;本朝宫禁严密,内外整肃,此治内之法也。前代外戚多预政事,常致败乱;本朝母后之族皆不预,此待外戚之法也。前代宫室多尚华侈;本朝宫殿止用赤白,此尚俭之法也。前代人君虽在宫禁,出舆入辇;祖宗皆步自内庭,出御后殿,岂乏人力哉,亦欲涉历广庭,稍冒寒暑,此勤身之法也。前代人主,在禁中冠服苟简;祖宗以来,燕居必以礼,窃闻陛下昨郊礼毕,具礼谢太皇太后,此尚礼之法也。前代多深于用刑,大者诛戮,小者远窜;惟本朝用法最轻,臣下有罪,止于罢黜,此宽仁之法也。至于虚己纳谏,不好畋猎,不尚玩好,不用玉器,不

---

① (宋)李焘:《续资治通鉴长编》卷四四三,中华书局1979年版,第10669—10671页。

贵异味,此皆祖宗家法,所以致太平者。陛下不须远法前代,但尽行家法,足以为天下。"①希望哲宗"尽行家法",显然就是希望哲宗以后能继续元祐保守政治,不要轻易变革。

四、遭罹党祸,无辜贬死:绍圣以后的吕大防

元祐八年九月,太皇太后高氏驾崩。十月,哲宗亲政。政局迅速朝着吕大防所担心的方向发展起来。一些别有用意的大臣趁机调唆年轻的哲宗,次年哲宗改元绍圣,而"绍圣"之意正是宣告其要绍述神宗在熙丰年间的功绩,继续变法事业的决心。然而此时打着"绍述"旗号的新党人物已与熙丰年间的变法人物有了本质区别,所谓的绍述先圣、实行新政不过是这些人借以谋取权利的工具和噱头。新旧党争演变为党锢之祸。

绍圣元年(1094)二月,李清臣为中书侍郎、邓温伯为尚书左丞,"清臣首倡绍述,温伯和之,吕大防时奉使永厚陵下,范纯仁奏乞除执政。上即用清臣及温伯。二人久在外不得志,遂以元丰事激怒上意,清臣尤力"②。而哲宗之所以轻易被利用,"匪独坐变更,后数与臣僚论昔日垂帘事,曰:'朕只见臀背。'"③长期在宣仁太皇太后管制下所形成的压抑心理无疑也使其迁怒于元祐大臣。而大防作为元祐宰相,"但专意辅导,未尝建议亲政"④。首当其冲受到打击,被最早罢免。政权落入新党成员手中。早在元祐初即

---

① (元)脱脱等:《宋史》卷三百四十,中华书局1977年版,第10843页。
② (宋)徐自明著、王瑞来校补:《宋宰辅编年录校补》卷十,中华书局1986年版,第610页。
③ (宋)蔡绦:《铁围山丛谈》卷一,中华书局1983年版,第5页。
④ (宋)徐自明著、王瑞来校补:《宋宰辅编年录校补》卷十,中华书局1986年版,第613页。

已去世的王安石得到尊奉,配飨神宗庙,元祐政策一一被废,熙丰政策又一一恢复。吕大防苦心维持的稳定局面毁于一旦。而新党官员一旦大权在握,就开始了对旧党官员的大力报复。罢免仅仅是个开始。绍圣元年(1094)七月,右正议大夫吕大防行秘书监,分司南京,郢州居住。绍圣四年(1097)二月,吕大防责授舒州团练副使,循州安置。其他旧党成员也都被贬斥。绍圣四年四月,吕大防卒于虔州贬途中。

吕大防死后,政局向着更加混乱的方向发展。大批旧党成员遭到严酷迫害。崇宁元年(1102)八月,诏:"司马光、吕公著、王岩叟、朱光庭、孔平仲、孔文仲、吕大防、刘安世、刘挚、苏轼、梁焘、李周、范纯仁、范祖禹、汪衍、汤馘、邹浩、张舜民子弟,并不得与在京差遣。"①九月,徽宗亲书元祐党籍名单,刻石立于端礼门。包括文彦博、吕公著、吕大防、范纯仁、苏辙、韩维等执政官,和苏轼、范祖禹、李周、李之纯等高官。十二月,诏禁元祐政事及学术:"诸邪说诐行,非先圣之书,并元祐学术政事,不得教授学生,犯者屏出。"②

崇宁二年(1103)三月,诏:"应元祐及元符之末党人亲弟子,不论有官无官,并令在外居住,不得擅到阙下。令开封府界各据地分觉察。如当职官知而不纠,或不用心探缉,遂致容隐,别因事败露者,并重行黜责。其应缘趋附党人罢任在外、指射差遣及得罪停替臣僚,并依党人子弟施行。"③九月,各地亦树元祐党籍碑。

---

① (清)黄以周辑注:《续资治通鉴长编拾补》卷二十,中华书局2002年版,第705页。

② (清)黄以周辑注:《续资治通鉴长编拾补》卷二十,中华书局2002年版,第725页。

③ (清)黄以周辑注:《续资治通鉴长编拾补》卷二十一,中华书局2002年版,第737页。

崇宁三年(1104)六月,诏:"重定元祐、元符党人及上书邪等事者,合为一籍,通三百九人,刻石朝堂。"

崇宁五年(1106)正月,才下诏叙复元祐党人。靖康元年(1126)才解除党禁,而此时北宋亡国已迫在眉睫。

第三节　吕大钧生平事迹考述

一、任道担当,风力甚劲

吕大钧,字和叔。生于宋仁宗天圣九年(1031),卒于宋神宗元丰五年(1082)。是蓝田四吕中离世最早的一个,官职也较低。但却是关学最重要的传人之一。其生平事迹记载主要见于《宋史·吕大钧传》《伊洛渊源录》等。嘉祐二年(1057),吕大钧中进士乙科。大约在此时结识了同年进士张载,"一言而契,往执弟子礼问焉"①。从此成为张载学说的积极倡导者和实践者。"设其义,陈其数,倡而行之,将以抗横流,继绝学,毅然不恤人之非间己也"②,是张载最早也最忠实的弟子之一。

及第后,吕大钧先是调秦州(今甘肃天水)右司理参军,监延州(今陕西延安)折博务,后改光禄寺丞,知耀州三原县。因父亲吕蕡年老,吕大钧请求代替父亲入蜀为官,于是移绵州巴西县。吕蕡致仕闲居乡里,吕大钧亦移疾不行,在家陪伴父亲。熙宁三年(1070)九月,吕大防随韩绛宣抚陕西,十月,吕大钧被召为宣抚司书写机宜文字。熙宁四年(1071),宣抚司事务结束,移知福州侯

---

① 范育:《吕和叔墓表》,见(宋)吕祖谦编、齐治平点校《宋文鉴》,中华书局1992年版,第2028页。

② 范育:《吕和叔墓表》,见(宋)吕祖谦编、齐治平点校《宋文鉴》,中华书局1992年版,第2028页。

官县(今福建福州)。故相曾公亮镇京兆府(今陕西西安),荐其知泾阳县,但他都没有去赴任。熙宁七年(1074),吕蕡去世,吕大钧和兄弟们为父亲治丧,"衰麻殡敛奠祭之事,悉捐俗习事尚,一仿诸礼。后乃寖行于冠昏、饮酒、相见、庆吊之间"。

熙宁九年(1076),丧服期满,兄弟们都重新出仕,而吕大钧以道未明,学未优,曰:"吾斯之未能信!"①不复有禄仕意,独自家居讲道,以教育人才,变化风俗,期德成而致用。并在此时开始推行他所制订的《吕氏乡约》,其主要内容为:"德业相劝;过失相规;礼俗相交;患难相恤。"并以《乡仪》规定出日常礼仪,希望以此敦风化俗,恢复大道。熙宁十年(1077),张载去世,吕大钧"益修明其学,援是道推之以善俗,且必于吾身亲见之"。既而曰:"有命。不得于今,必得于后世。"其始讲修先王之法曰:"如有用我者,举而措之而已。"②

大约在元丰三年程颐入关中讲学时,吕大钧曾向其问学。程颐对吕大钧的事迹非常赞赏,曾评价其"任道担当,风力甚劲"。因此,吕大钧也被视为洛学弟子,但其受关学影响应该更深。

在家讲道数年后,吕大钧以大臣荐,起为诸王宫教授。元丰三年八月,因彗星现,吕大钧有《上神宗答诏论彗星上三说九宜》。在这篇文章中,吕大钧借机宣扬他的"至道之要",认为:"道心者,人心之所默识躬行以立大本者也。凡有生之民,无众寡小大,无彼我,莫不体之以为吾心。就其间涵容存养,以生吾诚。其道茫昧,难以言谕,惟忠信默会,庶几近之。稍或不明,则离而不一。其微

---

① (明)冯从吾:《关学编》,中华书局 1987 年版,第 9 页。
② (宋)范育:《吕和叔墓表》,见(宋)吕祖谦编、齐治平点校《宋文鉴》,中华书局 1992 年版,第 2028 页。

如是,安得不闲暇燕处,求索推明,克己体物,常使纯一,则仁义礼智油然根于中,睟然见于外,然后为得乎?故言动之所发,政令之所加,始出于善,而其终常流为不善,凡此者皆人心不安而易变故也。诚意之所存,行义之所履,始若充尽,其终常至于天下不为一家,中国不为一人,凡此者皆道心不明而易失故也。由是言之,此二心者非有一物也,特体用之殊耳。使人心一于道心,则自不危矣;使道心一于人心,则自不微矣。"因此,他建议神宗"宜博延德义之士,储精垂思,相与讲求至道之实,使浩然之气充塞天地",如此,"则何患浚哲不生,而明德不畅乎?"这样的奏章在一般人看来可能近于迂腐,因为这样的建议与措施未免流于空谈,与其说是其政治见解的体现,不如说是学术思想的体现。但在这篇奏章中,也并非全无实际内容。他的"务虚",其实是对当时"务实"的变法的反驳。在这篇文章的后一部分,他一一列举了当时现实存在的问题:"陛下远略方外,军政修举,而将帅出征,多不谕旨;陛下劝奖人材,拣拔倚注,而或不得其人;陛下优假言事之臣,未尝深谴,而近日内外望风畏怯,莫敢有言。青苗、免役,所以宽民力,而下户凋瘵日甚;常平储峙钱谷,所以足国用,而有司经费日窘;训齐保甲,所以禁暴,而盗贼如故;增置官局,所以革敝,而文书益烦。异时岁馑籴贵,小民常取倍息之贵,亦能自给;今年丰,官出轻贷,而束手受困。异时富商大贾豪夺细民,而不甚为苦;今市易均输平准,而负益深。凡此皆臣之近见者也。"由此可见,吕大钧认为当时实行的青苗、免役、常平等新法不但没能解决朝廷的原有问题,反而增添了新的弊病。

二、性情刚直,以理服人

吕大钧起为诸王宫教授不久,就由时为龙图阁待制知秦州的吕大防之请监凤翔府造船务,大钧于是赴任,官制改为宣义郎。元丰四年(1081)七月,神宗下令讨伐西夏。鄜延路转运使李稷召其为转运司从事,根据规定可以推辞。李稷向朝廷请示,吕大钧正好也据礼交接,于是随从前往。在转运司期间,吕大钧行事尽力,从不苟且逃避。有一次,李稷因粮草跟不上,想回安定取粮,于是让吕大钧去向鄜延经略使种谔请示。结果种谔说:"吾受命将兵,安知粮道!万一不继,召稷来,与一剑耳。"吕大钧性情刚直,于是反驳说:"朝廷出师,去塞未远,遂斩转运使,无君父乎?"种谔理屈,但仍然不肯认错,说:"君欲以此报稷,先稷受祸矣!"大钧毫不惧怕,怒道:"公将以此言见恐邪?吾委身事主,死无所辞,正恐公过耳。"种谔见大钧性情耿介如此,这才好言说道:"子乃尔邪?今听汝矣!"①于是允许李稷回安庆取粮草。这次事件如果不是吕大钧对种谔大义凛然的责备,李稷几恐罹祸。因此李稷非常器重他,于是推荐管勾文字。几个月后,吕大钧感染疾病,卒于延州官舍。

三、德行所及,行乎妻子

无论家居或仕宦,吕大钧一直"以圣门事业为己任",坚持倡导其"道","其与人语,必因其所可及而喻诸义,治经说得于身践而心解;其文章,不作于无用,能守其师说而践履之。尤喜讲明井田、兵制,谓治道必自此始,悉撰次为图籍,使可见之行",在卧病延州官舍时,他仍然命人扫室正席,默坐以待。问学者至,语未终而卒。弟子闻其病,有自家赴官舍者。死讯传开,"相率迎其丧,

---

① (元)脱脱等:《宋史》卷三百四十,中华书局1977年版,第10847页。

远至数十百里;贫者位于别馆哭之"①。其夫人种氏治其丧,一如其当年治父丧,一切本于古礼,不用流俗。其子义山亦以礼拜祭。可见其对道义担当的热诚已经潜移默化地影响了家人。

第四节　吕大临生平事迹考述②

一、吕大临生平简况

蓝田四吕之中,生平事迹最不清楚的当属吕大临。《宋史》虽然有《吕大临传》,但对其生平介绍极其简略:

> 大临字与叔。学于程颐,与谢良佐、游酢、杨时在程门,号"四先生"。通《六经》,尤邃于《礼》。每欲掇习三代遗文旧制,令可行,不为空言以拂世骇俗。其论选举曰:"(引文略)。"
>
> 富弼致政于家,为佛氏之学。大临与之书曰:"(引文略)。"弼谢之。
>
> 元祐中,为太学博士,迁秘书省正字。范祖禹荐其好学修身如古人,可备劝学,未及用而卒。

从上述文字,我们仅能得到如下信息:吕大临曾从学于程颐,为程门"四先生"之一;吕大临与富弼有过交往;元祐中,为太学博士,迁秘书省正字;范祖禹曾推荐吕大临,但未及任用便去世了。而关于其生平的一些基本问题,如生卒年问题,登科问题,都没有提到。于是,这些问题成了后世众说纷纭却难有定论的一桩公案。

---

① (宋)范育:《吕和叔墓表》,见(宋)吕祖谦编、齐治平点校《宋文鉴》,中华书局1992年版,第2028页。

② 本节部分内容曾以《吕大临生卒年及有关问题考辨》为题发表于《宝鸡文理学院学报》2009年第6期。

例如，关于其生卒年，就有好几种说法。侯外庐《宋明理学史》认为吕大临约生于庆历二年（1042），约卒于元丰五年（1090）①。姜国柱《张载的哲学思想》认为吕大临生于1042年，卒于1092年②。另外，还有人认为其生卒年为（1044—1091）③。近年来，随着理学研究的逐步深入，出入于关、洛之间的吕大临在理学史上的地位越来越受到重视，关于吕大临思想的专门研究成果越来越多。如陈俊民《吕大临易学发微》（新加坡东亚哲学研究所1987年）、《蓝田吕氏遗著辑校》（中华书局1993年）、文碧芳《吕大临思想研究》（2003年博士论文）、《关、洛之间——以吕大临思想为中心》（2005年博士后出站报告）、陈海红《吕大临理学思想研究》（2004年博士论文）等则一致把吕大临的生卒年定于（1046—1092）年。但《唐都学刊》2009年第2期刊发张波《吕大临生卒年及有关其〈祭文〉之作者考辨》一文，却又否定了陈俊民等人的看法，将吕大临的生卒年定为（1048—1094）年。

这些说法都各有依据，结论却相互矛盾。之所以出现这种情况，一方面是由于现存资料缺乏对吕大临生卒年直接而权威的记载，但也与目前吕大临研究多由哲学界同仁进行，其所据资料仅限于理学著作和常见史书，而理学著作和史书中的记载又有相互矛盾之处，大家各执一端，其结论自然也各不相同。因此，推断吕大临生卒年首要问题是要充分利用各种有关材料，包括方志、家谱、石刻、同时代人的别集、年谱以及其他有关研究成果等，对材料进行辨别鉴定，推论分析，从而得出可靠的结论。

---

① 侯外庐：《宋明理学史》，人民出版社1984年版，第771页。
② 姜国柱：《张载的哲学思想》，辽宁人民出版社1982年版，第187页。
③ 程旭：《吕大临与关学及〈考古图〉》，《文博》2007年第6期。

二、吕大临卒年考实

关于吕大临的生卒年,陈俊民等人的(1046—1092)年说影响最大,得到多数学者认同,其根据是下面三则材料:

> 元祐中,为太学博士,迁秘书省正字。范祖禹荐其好学修身如古人,可备劝学,未及用而卒。①

> (元祐七年四月)礼部侍郎兼侍讲范祖禹言:"……吕大临是大防之弟,修身好学,行如古人,臣虽不熟识,然知之甚久,以宰相之弟,故不敢言。陛下素知臣不附执政,又臣已乞外任,故不自疑,望陛下记其姓名,以备他日选用。"②

> 元祐中,为太学博士、秘书省正字,范学士祖禹荐其修身好学,行如古人,可充讲官,未及用而卒,年四十七。③

既然《宋史》说吕大临在范祖禹荐其可备劝学后,"未及用而卒",检《续资治通鉴长编》又可知范祖禹荐吕大临在元祐七年(1092),则吕大临卒于元祐七年(1092)似乎可以确定。再根据其卒"年四十七",推断其生年为宋仁宗庆历六年(1046)可以确定。因此,这个说法得到了大多数人的赞同。

但其他说法也并非毫无根据。如卒于1091或1090年说其实是根据朱熹所说推断出来的。朱熹在《河南程氏遗书》目录卷十五《入关语录》后有如下按语:

> 关中学者所记。按《集》,先生元丰庚申、元祐辛未,皆尝至关中。但辛未年吕与叔已卒,此篇尚有与叔名字,疑庚申

---

① (元)脱脱等:《宋史》卷三百四十,中华书局1977年版,第10848页。
② (宋)李焘:《续资治通鉴长编》卷四七二,中华书局1979年版,第11276页。
③ 黄宗羲:《宋元学案》卷三十一,第1105页。

年也。①

元祐辛未年即元祐六年（1091），朱熹既然说元祐六年（1091）吕大临已经去世，则吕大临则应是卒于1091年以前。因此有些学者将吕大临卒年定于1091或1090。

然而，既然元祐七年（1092）范祖禹还在向朝廷推荐吕大临，则吕大临不可能卒于1092年以前，朱熹的说法是错误的。另外，吕大临的传世著作《考古图》所附《考古图后记》署为"元祐七年岁在壬申三月上巳日汲郡吕大临记"②，也可以证明朱熹说法之误。

但是，正如张波所说，仅凭"未及用而卒"就断定吕大临一定卒于元祐七年（1092）并不准确。因为这只能证明吕大临卒于元祐七年（1092）四月范祖禹荐其之后，并不能确定一定是卒于当年。因此他根据《伊洛渊源录》卷八所载吕大临生平资料中的《祭文》"居文学之职者七年而逝"③，从吕大临元祐二年（1087）任太学博士算起，推定其卒于绍圣元年（1094）。《伊洛渊源录》所载有关吕大临的《祭文》是研究吕大临生平的重要资料，全文如下：

> 呜呼！吾十有四年而子始生。其幼也，吾抚之。其长也，吾诲之。以至宦学之成，莫不见其始，终于其亡也。得无恸乎！得无恸乎！子之学，博及群书，妙达义理，如不出诸口。子之行，以圣贤为法，其临政事，爱民利物，若无能者。子之文章，几及古人，薄而不为。四者皆有以过人，而其命乃不偶于世。登科者二十年，而始改一官。居文学之职者七年而逝，兹可哀也巳。兹可痛也巳。子之妇翁张天祺尝谓人曰："吾得

---

① （宋）程颢、程颐著，王孝鱼点校：《二程集》，中华书局2008年版，第3页。
② 《考古图》，《文渊阁四库全书》影印本。
③ （宋）朱熹：《伊洛渊源录》，见《朱子全书》（20），上海古籍出版社2002年版，第1032页。

颜回为婿矣。"其为人所重如此。子于穷达死生之际,固已了然于胸中矣。然吾独不知子之亡也,将与物为伍邪?将与天为徒邪?将无所通而不可邪?是未可知也。子之才皆可以知,此固不待吾之喋喋也。今独以丧事为告,子之柩以方暑之始将卜辰归祔于先茔,乃择明日迁于西郊之僧舍,以待时焉。嗣子省山,实为丧祭之主,将行一奠,终天永诀。哀哉!

《伊洛渊源录》没有标明该篇《祭文》的作者。但宋李幼武《宋名臣言行外录》卷六曾引此文中的一部分,称为汲公所作。汲公即曾封汲郡公的吕大防,为吕大临仲兄。

但张波的推断是有问题的。首先,古人所说七年并不一定是七整年,往往是指七个年头。就像说守丧三年,其实只是守三个年头,而不是三整年一样。因此,其"居文学之职者七年而逝"应是卒于元祐八年(1093),而不是绍圣元年(1094)。而更重要的是,吕大临卒于元祐八年,可以从其他文人为吕大临所写挽诗中确切证明。吕大临去世后,秦观写有《吕与叔挽章四首》,其三云:"追惟献岁发春间,和我新诗忆故山。今日始知诗是谶,魂兮应已度函关"①,追忆与吕大临和诗之事。吕大临所和秦观诗是秦观写于元祐八年的《元日立春》,元祐八年的元日正逢立春,因此秦观《元日立春》有"发春献岁偶然同"②之句。从秦观《吕与叔挽章四首》看,吕大临应卒于和《元日立春》诗后不久。因此徐培均先生在《秦少游年谱长编》元祐八年云:"夏,同馆吕大临卒,先生有挽章

---

① (宋)秦观著、徐培均笺注:《淮海集笺注》,上海古籍出版社1994年版,第1306页。

② (宋)秦观著、徐培均笺注:《淮海集笺注》,上海古籍出版社1994年版,第446页。

四首。"①并加案语云:"施宿《东坡先生年谱》谓是岁东坡有《送范中济知庆州》、《吕与叔挽词》、《程德孺生日》诸诗,《苏诗集成》卷三十六《吕与叔挽词》以下有《丹元子示诗……复次其韵》、《次韵王定国书丹元子宁极斋》,后一首诰案:'此五月以前诗。'由此可知《吕与叔挽词》亦不迟于五月。"②而根据《伊洛渊源录》卷八《祭文》:"今独以丧事为告,子之枢以方暑之始,将卜辰归袝于先茔,乃择明日迁于西郊之僧舍,以待时焉。"吕大临是卒于"方暑之始",即元祐八年初夏,徐培均先生的推断是正确的。

从另外的角度看,张波的卒于绍圣八年(1094)说也是不对的。秦观《吕与叔挽章》其二云:"数日音容隔,人琴遂已虚。"说明吕大临去世时,秦观与其仅几天未见。其四云:"风流云散了无余,天禄空存旧直庐。小吏独来开锁钥,案头尘满校残书。""天禄"为汉代阁名,代指皇家藏书之所,而宋代秘书省是皇家藏书地之一。从这些诗句看,吕大临卒于与秦观同在秘书省任职之时。但绍圣元年三月,秦观即通判杭州,离开了京城。因此可知吕大临不可能是卒于绍圣元年(1094)夏季,而只能是元祐八年(1093)夏季。另外,吕大临去世时,苏轼也写有《吕与叔学士挽词》,孔凡礼先生《苏轼年谱》将苏轼此诗系于元祐八年三月,但却依据传统说法认为吕大临卒于元祐七年五六月间。③ 也就是说苏轼《吕与叔学士挽词》写于吕大临去世八九个月以后,这是不合常理的。而且元祐七年(1092)、绍圣元年(1094)夏季苏轼都因外任不在京城,只有元祐八年夏天在京城。因此,在《秦少游年谱长编》中,徐

---

① 徐培均:《秦少游年谱长编》,中华书局2002年版,第507页。
② 徐培均:《秦少游年谱长编》,中华书局2002年版,第508页。
③ 孔凡礼:《苏轼年谱》,中华书局2002年版,第1086页。

培均先生纠正了《苏轼年谱》中的说法,认为苏轼《吕与叔学士挽词》也作于元祐八年五月吕大临刚去世时。这些资料都证明吕大临卒于元祐八年(1093)无疑。

三、吕大临生年考辨

确定了吕大临卒于元祐八年(1093),则根据《宋元学案》"未及用而卒,年四十七岁"的记载,吕大临生年应在宋仁宗庆历七年(1047)。但这个推断却与其他材料相矛盾。《伊洛渊源录》卷八所载有关吕大临的《祭文》为吕大临仲兄吕大防所作。根据《宋史·吕大防传》,吕大防卒于绍圣四年(1097),年七十一,则吕大防生年为宋仁宗天圣五年(1027)。那么根据《祭文》所说"吾十有四年而子生",吕大临生年应为宋仁宗康定元年(1040),这与根据《宋元学案》所推断出的生年相差甚远。为解决这一矛盾,张波否定了《祭文》的作者为吕大防,也排除了吕大临另外两位兄长吕大忠、吕大钧所作的可能,认为《祭文》应是吕大临另外一个不知姓名的兄长所作。我不同意这个看法,原因如下:

首先,《宋名臣言行外录》是李幼武南宋理宗时所作,根据南宋晁公武《郡斋读书志》卷十九著录,吕大防、吕大临兄弟的别集在南宋时还在流传,在这些资料尚存在的情况下,李幼武当不至于把《祭文》作者弄错。

其次,吕大临的确还有一个不知名的兄长,但这个兄长是兄弟中最早离世的,不可能为吕大临写祭文。张波根据《宋史·吕大钧传》:"大钧字和叔,父蕡,六子,其五登科,大钧第三子也。"推断吕大临尚有一个不知名的兄长是对的,但他不知道《宋史》的这段材料其实是出自范育所撰《吕和叔墓表》,原文如下:"考蕡,比部郎中,赠左谏议大夫,由兵部葬京兆之蓝田,故子孙为其县人焉。

初谏议学游未仕,教子六人,后五人相继登科,知名当世,其季贤而早死。缙绅士大夫传其家声,以为美谈。君其第三子也。"吕蕡六子,吕大忠、吕大防、吕大钧、吕大临,《宋史》皆有传。但另外二子的名字,则知者甚少。其实,另二子名字,也有资料记载。据《金石萃编》卷一百二十八所载吕蕡题名内容:"□郡吕蕡自京师□长安过谒□□男大忠大钧大临大观侍　熙宁四年五月五日。"则吕蕡另有一子名大观,排行最幼,在大临之下。熙宁四年(1071),吕大防时知临江军,因公务无法脱身,故侍于吕蕡之侧者唯大忠、大钧、大临、大观。又据国家图书馆藏清康熙三十二年吕治平纂修家刻本《吕氏家谱》之《唐宋河东吕氏世系图》,吕蕡六子名字依次为:大忠、大防、大钧、大爱(受)、大临、大观。而吕蕡题名中独无大爱(受)之名,现存文献资料也看不到任何关于大爱(受)生平事迹的记载,则大爱(受)当即是范育所说"贤而早死"的一位。因此《祭文》作者只能是吕大防。

再者,《宋史·吕大防传》云:"(大防)与大忠及弟大临同居,相切磋论道考礼,冠昏丧祭,一本于古,关中言《礼》学者推吕氏。"①吕本中《东莱吕紫微师友杂志》记载:"与叔居汲公府第。"②《续资治通鉴长编》卷四百六十二:"先是,大防谒告刘挚,谓傅尧俞、苏颂、苏辙曰:'明日与大临了却正字差遣。'皆曰:'诺。'"③则吕大临被命为秘书省正字,是吕大防为其争取的结果。这些情况与《祭文》中所言:"其幼也,吾抚之。其长也,吾诲之。以至宦学之成,莫不见其始,终于其亡也。"情况相符。因此,祭文的作者只

---

① (元)脱脱等:《宋史》卷三百四十,中华书局1977年版,第10844页。
② (宋)吕本中:《东莱吕紫微师友杂志》,《丛书集成初编》本,第16页。
③ (宋)李焘:《续资治通鉴长编》卷四百六十二,中华书局1979年版,第11034页。

能是吕大防。

既然《祭文》作者为吕大防无疑,那么吕大临的生年由此推断即是宋仁宗康定元年(1040)。与根据《宋元学案》所载"年四十七"推断出的吕大临生年在宋仁宗庆历七年(1047)相矛盾。到底哪个为准呢?笔者认为,《祭文》既然为吕大临兄长吕大防所写,应该是关于吕大临生平的第一手资料,可信度较高。《宋元学案》所载吕大临"年四十七"并不见于正史记载,而是来自《朱子语类》:

> 与叔年四十七,他文字大纲立得脚来健,有多处说得好,又切。若有寿,必煞进。①

但朱熹在《河南程氏遗书》目录卷十五按语中说"辛未年(1091)吕与叔已卒"已经证明是错误的,既然朱熹把吕大临的卒年都搞错了,那么其"年四十七"之说又从何知呢?恐怕是记忆有误。因此我更倾向于将吕大临的生年定于宋仁宗康定元年(1040)。

四、吕大临登科与仕履问题

生卒年问题解决后,我们再看吕大临的登科问题。《宋史》对吕大临的登科问题没有明确记载。从前引祭文看,言吕大临"登科二十年而始改一官",则吕大临登科应该是没有疑问的,但《伊洛渊源录》卷八在引录《祭文》的同时却载:"吕与叔以门荫入官,不应举。或问其故,曰:'不敢撑祖宗之德。'"这段话与《祭文》"登科二十年"之说明显矛盾,而朱熹同时将这两种不同说法保存,大概也是出于比较谨慎的态度,让后人来评判孰真孰假。但"不应举"之说更能迎合理学家们的心思。因此"不应举"之说成

---

① (宋)黎靖德编、王星贤点校:《朱子语类》,中华书局1986年版,第2557页。

为理学家们津津乐道的一段佳话,被反复引用,影响甚大。从冯从吾的《关学编》,到黄宗羲的《宋元学案》等理学著作都沿袭了这一说法。甚至当代人有关的理学研究著作或相关学术论文中也采取这一说法。但既然是"以门荫入官,不应举",那又何来登科之说呢?《伊洛渊源录》之说据其小字注乃引自《吕氏杂志》。疑该《吕氏杂志》即吕希哲《吕氏杂记》或吕本中《东莱吕紫微师友杂志》,但前者久已散佚,四库馆臣据永乐大典辑出,收入四库全书。后者现存内容亦不完整。从二书现存内容中,都找不到吕大临"不应举"之说,不知此说是否在所佚失的部分内容之中。

但不管《伊洛渊源录》吕大临的"不应举"之说引自何处,他和《祭文》是相互矛盾的。既然我们前文已经证明了《祭文》确为吕大临之兄吕大防所作,则其内容较之南宋人的说法应该更为可信,因此,笔者认为吕大临是应过举,登过科的。

关于吕大临的登科时间,张波认为"现存史料没留下记载吕大临的登科时间"。其实,《陕西通志》(影印《文渊阁四库全书》本)卷三十、《蓝田县志》(中国方志丛书本)卷五都明确记载着吕大临为嘉祐六年(1061)进士。据笔者所定吕大临生于康定元年(1040)的结论,此年吕大临登第时为二十一岁,这是符合常理的。如按其他人所定吕大临生年,则登第时仅有十几岁,不合常理。

但吕大临登第后似乎在仕途上并没有什么发展,这应该与其先后从学于张载、二程,潜心学术,无意仕进有关。关于"登科二十年始改一官",很多学者都认为是登科二十年,太学博士迁正字。这也是不准确的,因为根据其他一些散见资料,吕大临还担任过一些其他官职。

宋赵彦卫撰《云麓漫抄》卷八《长安图》条:"元丰三年五月五日,龙图阁待制知永兴军府事汲郡吕公大防,命户曹刘景阳按视、邠州观察推官吕大临检定。"① 则吕大临元丰三年（1080）曾做邠州观察推官，此时距其登科正好二十个年头。《祭文》所言"登科二十年而始改一官"，当是指做邠州观察推官而不是指任秘书省正字。

元丰五年（1082），吕大临还曾在凤翔府尹属下任职。《全宋文》卷二三八七载其所作《凤翔府尹厅题名记》："元丰四年（1081），天子命朝议大夫公来守于歧，既逾年矣，政成事暇，公召其属佐吕某而谕之曰：……具官汲郡吕某记。"

根据《宋史·吕大临传》"元祐中为太学博士、秘书省正字"的说法，大多数学者都认为吕大临是直接由太学博士迁秘书省正字的。

《续资治通鉴长编》的记载也与《宋史》相符：

（元祐二年三月）太学博士吕大临、太常博士杨国宝并令中书省记姓名。皆以文彦博荐也。②

（元祐六年七月）己卯，左宣德郎吕大临、秘书省校对黄本书籍秦观并为正字。大临，大防弟也。③

但在陕西出土的《宋故清河县君张氏夫人墓志铭》上，有署名为："右宣德郎、宗正寺主簿汲郡吕大临撰。"④ 该志墓主为张载的姐姐，吕大临撰写该墓志的时间为元祐四年（1089）十二月，正好介于吕大临太学博士和秘书省正字任命时间之间。由此可知，吕大临并非直接由太学博士迁为秘书省正字，在元祐四年（1089）还曾担任宗正寺主簿。

---

① （宋）赵彦卫：《云麓漫钞》，中华书局1998年版，第140页。
② （宋）李焘：《续资治通鉴长编》卷三百九十六，中华书局1979年版，第9652页。
③ （宋）李焘：《续资治通鉴长编》卷四百六十二，中华书局1979年版，第11034页。
④ 余华青、张廷皓：《陕西碑石精华》，三秦出版社2006年版，第213页。

第三章　姻亲关系与师友交游

第一节　姻亲关系考述

宋代史学家郑樵认为："自隋唐而上"，"家之婚姻必由于谱系"；"自五季以来"，"婚姻不问阀阅"①。但不问阀阅不等于不讲究门当户对。事实上，宋代士大夫的姻亲圈子绝大多数仍然不出本阶层范围，而且与其仕途、学术、文字交游相关。

四吕的母族应该不过是普通人家。据前引陈师道《后山谈丛》记载，四吕母亲只不过是"里中女"②。这当然与四吕的父亲吕蕡年轻时期家族并不显赫有关。四吕之母在后来目盲，于是有了"登第娶瞽女"③的佳话。但从范育《吕和叔墓表》说吕蕡"学游未仕，教子六人"来看，吕蕡登第应是在婚后，"登第娶瞽女"不过是四吕成名后世人美化其家族的传说而已。

吕大忠的妻族因考古发掘的墓志还未公布，难以确考。从现存文献资料来看，吕大防先后娶妻李氏、安氏。元祐三年（1088）八月，刘安世曾指："宰相吕大防任中书侍郎日，堂除其女婿王说

---

① （宋）郑樵：《通志》卷二十五《氏族略一》，中华书局1987年影印本。
② （宋）陈师道：《后山谈丛》，上海古籍出版社1989年版，第65页。
③ （明）顾起元：《说略》卷九，《文渊阁四库全书》影印本。

京东排岸司,妻族李栝知洋州,李机知华州。"①范祖禹《手记》曾记李栝名字,云:"元祐五年知洋州回始识。"②李机知华州的制命为刘攽所撰:"关西之郡,华阴为大。居二周之冲道,兼三辅之浩穰。风俗豪盛,狱讼繁多。择人付之,乃得称治。以尔干力,可述付兹。重委勉思,自効用答休命。"③堂除是宰相府或枢密院差除官员的制度。吕大防利用这个制度来提拔自己亲旧,显示其亦有顾及私情的一面。李机是否真如刘攽所云有"干力"也因此值得怀疑。李氏或是大防发妻,此时当已不在人世。因为安氏元祐八年(1093)即已去世,李氏卒年应该更早。绍圣四年(1097)提举泾原路弓箭手的安师文,据曾布云为"长安人,与大防或是亲旧",又说:"臣素不识之,前者尝问之,云大防妻安氏已前五年卒,与之同七八代,无服纪。然师文与大防兄弟亦有瓜葛。"④则大防妻安氏应为长安人,安师文是其同族。其具体家世虽难以确考,但为长安大户则无疑。当时的著名书画家米芾,寻访晋唐书画家墨迹,撰成《宝章待访录》、《书史》二书,其中数次提到安师文的珍贵书法收藏,有唐颜真卿争坐位帖、怀素三帖等。这样的收藏绝非一般人家可比,米芾也提到安氏为"长安大姓"⑤。怀素绢帖上还有吕大防的题字⑥,也是安师文与吕大防交往的一个确证。

---

① (宋)李焘:《续资治通鉴长编》卷四百十三,中华书局1979年版,第10045页。亦见刘安世《尽言集》卷一《论差除多执政亲戚》,《文渊阁四库全书》影印本。

② (宋)范祖禹:《范太史集》卷五十五,《文渊阁四库全书》影印本。

③ (宋):刘攽《彭城集》卷二十一《朝散郎李机可知华州制》,《文渊阁四库全书》影印本。

④ (宋)李焘:《续资治通鉴长编》卷四百九十,中华书局1979年版,第11638页。

⑤ (宋)米芾:《宝章待访录》"颜鲁公郭定襄争坐位第一帖"条,《文渊阁四库全书》影印本。

⑥ (宋)米芾:《书史》"怀素绢帖"条,《文渊阁四库全书》影印本。

吕大钧先娶马氏,后娶种氏。据范育《吕和叔墓表》,吕大钧"卒时,夫人种氏治其丧,如君所以治谏议之丧"。可见种夫人也是个很有教养的女子,当亦出自仕宦之家。

吕大临亦娶过两任妻子:张戬女儿张氏和陈安仁长女陈氏。张戬(1030—1076),字天祺,为张载之弟,祖籍大梁(今河南开封),因父亲张迪病卒于涪州任上,张载、张戬兄弟年幼,无力返乡,遂家于凤翔郿县(今陕西省眉县)。张戬皇祐五年(1053)登进士第①,调陕州阌县主簿,移凤翔普润县令。改秘书省著作佐郎,知陕州灵宝、渠州流江、怀安军金堂县事。转太常博士。熙宁二年(1069),在吕公著的推荐下,超为监察御史里行。熙宁三年(1070),因激烈反对王安石变法,出知江陵府公安县,改陕州夏县。转运使举监凤翔府司竹监,秩满,熙宁九年(1076)三月初一暴卒,享年四十七岁。张、吕两家有着深厚的关系。张戬与吕大忠同年登第,又同为陕西人,则可能在皇祐五年应举时即已相识。嘉祐二年(1057),吕大钧与张载又同年登第,大钧为张载学问折服,"一言而契,往执弟子礼"。其后,大临又问学于张载,大防与张载也有书信来往。大临为张载长姐宋寿昌夫人所撰墓志中,曾云:"大临既学于先生之门,继又受室于张氏。"②因此大临娶张戬女儿,应是在其从学张载以后。张戬对这位女婿的人品学问非常满意,曾高兴地说:"吾得颜回为婿矣。"③从张戬死后吕大临为其所

---

① 张戬生平据吕大临《张御史行状》等资料。此登科年月据(清)武澄编《张子年谱》,北京图书馆藏《珍本年谱丛刊》本。

② (宋)吕大临:《宋故清河县君张氏夫人墓志铭有序》,见余华青、张廷皓编《陕西碑石精华》,三秦出版社2006年版,第213页。

③ (宋)吕大防:《祭文》,见陈俊民《蓝田吕氏遗著辑校》,中华书局1993年版,第617页。

撰《行状》可以看出,大临对这位岳父先生的感情也很深厚。称张戬"笃实宽裕,俨然正色。虽喜愠不见于容,然与人居,温厚之意,久而益亲",当包含了吕大临个人的感受在内。

吕大临的另一位夫人,是陈安仁长女。据范纯仁《朝请大夫陈公墓志铭》:"女三人,长适邠州观察推官吕大临。"① 吕大临在元丰年间曾任邠州观察推官,因此其确为陈安仁女婿无疑。陈安仁,字公寿,其伯父曾为三司某部副使,因为某官,率家族徙居河阳,遂为河阳人。陈安仁以舅父刘公平荫补太庙斋郎,初调孟州温县尉,河阳司理参军,举监西京商税务。后因荐迁大理寺丞,改太子中舍殿中丞,国子博士,历尚书虞部、比部、驾部员外郎、郎中。元丰年间改官制,为朝请大夫。由知绛州太平县,历通判泾州、扬州、河南府,知邛州,权管勾西京留司御史台,罢官归乡里。后卒于家,年六十七。"为人刚直不挠,明于吏治。"②

蓝田四吕的姻亲有据可考的还有河阳张氏。据陆游云:"通直郎张玠,河阳人。吕汲公家外甥,藏书甚富。"③ 则四吕之姐妹有嫁于河阳张氏者。吕大临《仲兄赴官休宁序》云:"治平三年春正月,来自河阳,省兄长。"其"来自河阳"疑为去河阳省亲。

吕大防有一个女儿,嫁给了母沆的儿子。据《续资治通鉴长编》熙宁五年(1072)正月辛丑条:"陕西转运副使、太常少卿母沆知泾州,祠部郎中赵瞻复权陕西转运副使。沆子娶吕大防女,大防

---

① (宋)范纯仁:《范忠宣集》卷十四,《文渊阁四库全书》影印本。
② (宋)范纯仁:《朝请大夫陈公墓志铭》,见《范忠宣集》卷十四,《文渊阁四库全书》影印本。
③ (宋)陆游:《跋西昆酬唱集》,见《渭南文集》卷二十六,《文渊阁四库全书》影印本。

新知华州,沉乞避亲也。"①母沉亦为京兆府人,嘉祐年间曾为河东路提点刑狱、都官郎中②,熙宁年间任陕西转运使、知泾州等职。吕大防现存《和母同州丁巳吟》一诗:"行高名并美,命否数皆殂。嗟尔百君子,贤哉二丈夫。母方敦薄俗,(邵尧夫乐道不仕。)谁复距虚无?(张子厚论佛老之失。)望道咸瞪若,修梁遽坏乎?密章燔汉绶,环经泣秦儒。赖有诸良友,能令绍不孤。"③这首诗中之"母同州"应即是母沉。"丁巳"指邵雍与张载同逝于熙宁十年(1077)丁巳。从这首诗来看,吕大防与母沉不仅是同乡、同僚,而且还是同道,都有志儒学,对理学先驱邵雍、张载怀有深厚敬意。二人结为儿女亲家,当亦是出于这些渊源。

值得一提的是吕大防的女婿王谠。王谠出身名门,祖籍并州太原(今山西太原)。其先祖为武宁军节度使王全斌,宋初乾德年间曾带兵平蜀,立下大功。卒赠中书令。王全斌之子王审钧曾任崇仪使、富州刺史、广州兵马钤辖等职,为永兴军驻泊都监时,以击贼死,遂家京兆。审钧之孙王凯即王谠祖父,年轻时受寇准擢拔,后为名将。行边多年,数与夏人战,未尝挫衄。拜武胜军节度观察留后、侍卫亲军马军副都指挥使。卒赠彰武军节度使,谥庄恪。王全斌、王凯《宋史》中都有传。王谠的父亲王彭,字大年,曾知济州、抚州、婺州等。嘉祐末年,王彭任凤翔府都监,虽为武吏,但颇知文章,尤喜苏轼文。时苏轼亦为凤翔府属官,因此认识王彭,并

---

① (宋)李焘:《续资治通鉴长编》卷二百二十九,中华书局 1979 年版,第 5571 页。

② 刘攽嘉祐六年(1061)所作《宋故中大夫守光禄卿分司西京上柱国河东郡开国侯食邑一千三百户赐紫金鱼袋薛公神道碑》有"谨使郡人河东路提点刑狱、都官郎中母沉状其官阀事业"之语。

③ (宋)邵伯温撰,李剑雄、刘德权点校:《邵氏闻见录》,中华书局 1983 年版,第 222 页。

很快成为好友。王彭去世后,苏轼为撰《王大年哀辞》,并多次简书王谠,劝其"宽中毋毁,以就远业",并云"倾想至极"①。可见王谠与苏轼关系之深切。以至于吕大防作《法云秀和尚碑》,想请苏轼书石,但不敢自言,于是让王谠去向苏轼开口。② 王谠的从兄王诜,字晋卿,娶蜀国长公主,能诗善画,也是苏轼的至交。

  王谠何时与吕大防之女结亲,已经难以考证。但从一些迹象来看,吕大防对王谠这个女婿是颇为偏爱的。从其不避物议堂除王谠京东排岸司可以看出。元祐四年(1089)七月,在台谏官刘安世、吴安诗等人的攻击下,吕大防才不得不自请将新除国子监丞的王谠改除少府监丞,但吴安诗却因此失去谏职③。党争中的反复小人、后来背叛吕大防的杨畏,最初也是通过王谠的引荐拜访了吕大防,并取得大防信任。吕大防为何如此偏爱王谠,当亦是有原因的。王谠为吕大防同乡,其父王彭亦在朝中为官,吕大防很可能与其父王彭有交情。加之王谠本身也颇有才华。苏轼云其以"以文学议论有闻于世"④,且能诗善书。晁补之《次韵邠倅王正夫》即是和王谠诗。《金石文考略》载王谠西岳题名:"紫微吕公祈雪,汶上卢讷、洛阳程旨、樊川王谠从。熙宁癸丑(1073)谠题。"笔者认为题名中吕公应即是吕大防。熙宁年间,吕大防曾直舍人院。唐代曾改中书省为紫微省,中书舍人为紫微舍人。因此俗称舍人为紫微。熙宁六年(1073),吕大防知华州,去西岳祈雪亦是其职分

---

① 孔凡礼点校:《苏轼文集》卷五十九,中华书局1986年版,第1801页。
② (宋)邵博撰,刘德权、李剑雄点校:《邵氏闻见后录》卷十五,中华书局2006年版。
③ (宋)李焘:《续资治通鉴长编》卷四百三十,中华书局1979年版,第10396页。
④ (宋)苏轼:《王大年哀词》,见《苏轼文集》卷六十三,中华书局1986年版,第1965页。

所致。故至少在熙宁年间，王谠就已经从游吕大防了。吕大防将女儿嫁给王谠，也是器重王谠的表现。只是王谠在仕途上虽有吕大防提携，但并未有多大发展。其生平主要成就，是为后人留下了一部名为《唐语林》的笔记小说。《直斋书录解题》卷十一著录《唐语林》为八卷，云："长安王谠正甫撰。以唐小说五十家，仿《世说》分门三十五，又益十七，为五十二门。《中兴书目》十一卷，而阙《记事》以下十五门；又云一本八卷。今本亦止八卷，而门目皆不阙。"①《郡斋读书志》则云："未详撰人。效《世说》体分门，记唐世名言，新增嗜好等十七门，余皆仍旧。"②《唐语林》流传不广，至清初时，仅有明嘉靖初桐城齐之鸾所刻残本传世。四库馆臣从《永乐大典》中辑得佚文补充了残刻本，收入四库全书。今人周勋初先生对《唐语林》进行了整理校证。由于《唐语林》中所引原书大都散佚，因此具有重要的文献价值。

第二节　四吕与张载及关学弟子交游考

蓝田四吕与张载的密切关系是毋庸置疑的。《宋元学案》将四吕都列入"横渠学案"，大忠、大钧、大临被视为关学的正宗传人，大防也被视为"横渠同调"。但关于他们之间交往的具体过程，则多语焉不详。本节将根据有关文献对此予以考述。

一、吕大钧与张载

文碧芳认为："吕大临师事张载的时间当在宋神宗熙宁三年

---

① （宋）陈振孙著，徐小蛮、顾美华点校：《直斋书录解题》，上海古籍出版社2005年版，第334页。

② 孙猛校证：《郡斋读书志校证》卷十三，上海古籍出版社2006年版，第559页。

(1070)至宋神宗熙宁十年(1077),因这一段时间张载辞官归居横渠故里,讲学关中,吕大临与其兄吕大钧、吕大忠问学于张载,遂成了关学中的中坚人物。"①其实吕、张之间的交往应该比这个时间更早。嘉祐二年(1057),吕大钧与张载同年考中进士。范育云吕大钧与张载"为同年友,一言而契,往执弟子礼问焉"。则似二人在京师应进士举时即已相识交往。当时,张载"尝坐虎皮讲《易》京师,听从者甚众"②。吕大钧当亦是听众之一,并因此执礼往拜。因此开始了与张载的交往。吕大钧认为:"始学必先行其所知而已,若天道性命之际,正惟躬行礼义,久则至焉。"张载告诉他:"学不造约,虽劳而艰于进德,且谓君勉之,当自悟。"③

吕大钧与张载亦师亦友,关系非常密切。不但交流学问,也议论时政。张载在给吕大钧的一封书信中,毫不避讳地表达了自己的政见和对当时王安石新政的不满,在当时新旧党争的背景下,这样的言论无疑只有对最信任的朋友才能阐发:

> 保议说固甚便民近古,执政未必取用。此欲以方田为名,寨户为贵,保甲为法,庶今世见行,有不变今之顺,有渐用古之婉。即未知上意求新果否,庙堂待学者如何。今得进甫选之与议其间,顾非献计之时邪?向论方田大体,自附城三十里为差,小不减二三千步,则附郭居民在其间不疑矣。所谕城市良民,大家帅之固善,但可惜安稟,无功得之,及不幸孱弱不才者置诸其上,则百十之众,是谓弃之。他年当差刺诸路义勇,只

---

① 文碧芳:《关洛之间——以吕大临思想为中心》,2005 年武汉大学哲学学院博士后流动站出站报告,第 1 页。
② (元)脱脱等:《宋史》卷四百二十七,中华书局 1977 年版。
③ (宋)范育:《吕和叔墓表》,见(宋)吕祖谦编、齐治平点校《宋文鉴》,中华书局 1992 年版,第 2028 页。

以家赀相制,幸无事,取其不挠可也;不幸驱之战阵,万万失措乖当。名分既定,则易之颠错,人情益纷纷。今日见谋,当为时议者辩其弊,无踵故事,乃良画耳。事初不得已,权以领之,徐校艺观能,以勇爵取之,然后补正,则为劝也大。夷吾变法,不欲矫时君耳目,不循王制,未免狂谋无法。又启此端,恐于时事非宜。可一用《周礼》文饬今制而用,不识谓之如何。但此二端之弊,不得使谋者前闻耳。①

二、吕大临与张载

在熙宁三年(1070)以前,张载已有在关中讲学的经历。一是在英宗治平二年(1065),文颜博以故相判长安时,曾聘张载学宫,以教士子。二是治平四年(1067)张载应知京兆府王陶聘至郡学。三是在宋神宗熙宁元年(1068),张载曾讲学于武功绿野亭。② 因此熙宁二年(1069),吕公著推荐他时说:"张载学有本原,四方之学者皆宗之,可以召对访问。"③可见在熙宁三年之前,问学张载者已经很多。吕大临在《上横渠先生书》中说:

> 近得伏见门墙,累日侍坐,虽君子爱人无隐,赐教谆谆,然以不敏之资,祈进大学,恐不克奉承,以负师训。拜违而来,夙夜耸惧。属盘桓盘雍,华旦初始,还敝邑逾月之久,不获上问,当在矜照。④

---

① (宋)张载:《与吕和叔书》,见曾枣庄等编《全宋文》第60册,巴蜀书社1993年版,第46页。
② (清)武澄:《张子年谱》,北京图书馆藏《珍本年谱丛刊》本。
③ (宋)吕大临:《横渠先生行状》,《蓝田吕氏遗著辑校》,第587页。
④ (宋)吕大临:《上横渠先生书一》,见曾枣庄等编《全宋文》卷二三八五,巴蜀书社1993年版,第155页。

从内容来看,这封信表现了吕大临在问学张载之初,虽受张载谆谆教导,却担心自己无所造诣,辜负师训的心情。此时其告别张载回到家乡已一个多月。文中"华旦初始",应指神宗皇帝即位不久。因此吕大临初次问学张载可能是在熙宁元年(1068),而非熙宁三年(1070)。而他向张载问学,无疑是受到其兄吕大钧的影响。

在京兆郡学讲学时,张载"多教人以德,从容语学者曰:'孰能少置意科举,相从于尧舜之域乎?'学者闻其法语,多有从之者"①。在吕大临从学张载后,张载又说:"今之学者大率为应举坏之,入仕则事官业,无暇及此。由此观之,则吕范过人远矣。吕与叔资美,但向学差缓,惜乎求思也褊,求思虽犹似褊隘,然褊不害于明。"②吕范应是指吕大临和范育,二人都是在登进士第后,放弃仕宦,从学于张载的。张载认为吕大临天资美好,但向学稍慢,故思路有点褊隘,但这并没有妨害大临的明智。从这儿可以看出张载对吕大临这个弟子还是比较喜欢的,且寄予厚望,故要求也严格。

吕大临在《横渠先生行状》里,曾详细地描绘了熙宁三年(1070)张载归居横渠故里后的生活状态:

> 横渠至僻陋,有田数百亩以供岁计,约而能足,人不堪其忧,而先生处之益安。终日危坐一室,左右简编,俯而读,仰而思,有得则识之,或中夜起坐,取烛以书,其志道精思,未始须臾息,亦未尝须臾忘也。学者有问,多告以知礼成性变化气质之道,学必如圣人而后已,闻者莫不动心有进。又以为教之必

---

① (宋)吕大临:《横渠先生行状》,见陈俊民《蓝田吕氏遗著辑校》,中华书局1993年版,第587页。

② (宋)张载:《张载集》,中华书局1978年版,第329页。

能养之然后信，故虽贫不能自给，苟门人之无赀者，虽粝蔬亦共之。其自得之者，穷神化，一天人，立大本，斥异学，自孟子以来，未之有也。尝谓门人曰："盖学既得于心，则修其辞命，辞无差，然后断事，断事无失，盖乃沛然。精义入神者，豫而已矣。"①

这段时间也确是吕大临亲炙张载门下问学的时期。并且在这一时期与张家结为姻亲。吕大临非常好学，虽然从学张载日久，但吕大临常恐所至未精，希望老师发问以检验其学习成效。如其在《上横渠先生书》三中所云：

天道性命之微，承学日久，尝以所闻，反求所自得，自谓无足疑者，方将勉学存养之道而已。屡蒙待问，致思以求，亦未之得。虽然弥坚，岂能遽达？大惧学不加勉，未见所疑。惟先生见爱之深，敢望略举问端，使之详对，则疑否可决。烦渎视听，怵惕之至。②

熙宁七年（1074）六月，吕蕡去世，大临兄弟为父亲守丧。熙宁九年（1076）三月，张戬卒，还在守丧期间的吕大临前往吊哭，见到张载。张戬的死令张载非常伤心。吕大临回到家后，又写信给张载：

前日往哭太博（指张戬）之殡，虽得见于次，以未终亲丧，弗克叙吊。至于敦匠执绋，又不与事，诚心痛恨，殆不胜言。拜违未几，奄朔日，不审与奠感恸，气力何似？某还舍执丧，苟生如昨，不愿念恤。每见先生哀发至隐，不独系于私爱。某虽

---

①（宋）吕大临：《横渠先生行状》，见陈俊民《蓝田吕氏遗著辑校》，中华书局1993年版，第588页。

②（宋）吕大临：《上横渠先生书三》，见曾枣庄等编《全宋文》卷二三八五，巴蜀书社1993年版，第154页。

不得切与闻焉,反求诸心,犹不能处,先生者艾,岂易胜丧?去圣既没,道有所在。虽废兴有命,亦当天下同忧。敢祈节抑自重,以慰士望,不胜区区之愿。①

一方面为因未终亲丧而不能与事遗憾,一方面劝张载节哀,以天下大道为念。

三、吕大防与张载

吕大临在初次拜会张载后,二人即订下师徒之谊,从此开始了密切交往,直至张载去世。在这期间,吕大临之兄吕大防也与张载有书信来往,张载向吕大防坦言对自己对佛学泛滥的不满,认为"自其说炽传中国,儒者未容窥圣贤门墙,已为引取,沦胥其间,指为大道。乃其俗达之天下,致善恶知愚,男女臧获,从从著信"。并表达自己欲与佛学抗礼,重振儒学的决心:"自古詖、淫、邪、遁之词,翕然并兴,一出于佛氏之门者千五百年,向非独立不惧,精一自信,有大过人之才,何以正立其间,与之较是非,计得失!来简见发狂言,当为浩叹,所恨不如佛氏之著明也。"②

熙宁十年(1077)三月,在吕大防的推荐下,诏张载归馆供职。七月,张载"兼知太常礼院,载议礼于有司不合,亟罢归"③。十二月,张载卒于回乡路上的临潼馆舍。门人奔哭临潼。吕大临为撰《行状》,吕大防为撰《墓表》。朱熹认为:"横渠墓表出于吕汲公,汲公虽尊横渠,然不讲其学而溺于释氏,故其言多依违两间,阴为佛老之地,盖非深知横渠者。"吕大防所撰墓表,今已无从考见,不

---

① (宋)吕大临:《上横渠先生书二》,见曾枣庄等编《全宋文》卷二三八五,巴蜀书社1993年版,第154页。
② (宋)张载:《与吕微仲书》,见《张载集》,中华书局1978年版,第350页。
③ (宋)李焘:《续资治通鉴长编》卷二百八十三,中华书局1979年版。

知是否真如朱熹所说"溺于释氏",但无论如何,为张载亲撰墓表,还是体现了两人深切的友谊。

四、蓝田四吕与其他关学弟子

因为四吕与张载的密切关系,张载弟子与四吕也多有交游。如苏昞,字季明,也是张载的门人,后卒业于程颐者。吕大忠曾经荐苏昞于朝,谓其"德性纯茂,强学笃志,行年四十,不求仕进。秦之贤士大夫亦多称之。如蒙擢用,俾充学官之选,必能尽其素学,以副朝廷乐育之意"①。在吕大忠的大力推荐下,苏昞自布衣召为博士。②

又如范育、游师雄等人也都是张载的弟子。范育、游师雄多历边事,在边疆军事问题上与吕大忠、吕大防的思想立场接近。吕大钧去世后,范育还为其亲撰墓表。元祐年间,吕大防派遣游师雄行边,曾取得对西夏战斗的重大胜利。但由于现存资料缺乏,其交游始末已无从考证。

第三节 四吕与二程及洛学弟子交游考

虽然吕大忠、吕大钧、吕大临等人是在张载卒后才转投二程门下,但在张载去世前,蓝田四吕就已经与二程有过一些交往了。而四吕之与二程相识则应该更早。嘉祐二年(1057),吕大钧应举于京师时,在结识张载的同时可能也与程颢、程颐相谋面。张载为程颢、程颐的表叔,对二位表侄非常欣赏,在弟子面前也多有赞叹之

---

① (宋)李幼武:《宋名臣言行录》外集卷六,《文渊阁四库全书》影印本。
② (宋)真德秀:《西山读书记》卷三十一,《文渊阁四库全书》影印本。

辞。因此,四吕通过张载结识二程是有可能的。

一、吕大忠与程颐

据《二程集》所载,熙宁十年(1077)张载归途经过洛阳时,曾与二程兄弟相见,其谈话主要内容载于《洛阳议论》中。《洛阳议论》多是有关时政的,但也有关学问甚至弟子的。在《洛阳议论》中,有这样一段话:

> 吕进伯老而好学,理会直是到底。正叔谓:"老喜学者尤可爱。人少壮则自当勉,至于老矣,志力须倦,又虑学之不能及,又年数之不多。不曰'朝闻道,夕死可矣'乎?学不多,年数之不足,不犹愈于终不闻乎?"①

程颐对吕大忠如此了解,当不仅仅因为吕大忠是张载的弟子,而是因为程颐在此之前与吕大忠已经有过交往,吕大忠已经向其请教过了。

吕大忠与二程的交往时间无考,大忠一直身在仕途,向二程当面请教的机会可能并不多,但其确曾师事二程,则应无疑。程颐曾说:"吕进伯老矣,虑学问之不进,忧年数之不足,恐无所闻而遂死焉,亦可谓之好学也。"②在《二程集》中还保存着程颐写给吕大忠的三封书信:

其一:

> 相别累年,区区企渴之深,言不尽意。按部往来,想在劳止。秦人疮瘵未复,而偶此旱暵,赖贤使者措置,受赐何涯!儒者逢时,生灵之幸。勉成休功,乃所愿望。颐备员于此,凤

---

① (宋)程颢、程颐著,王孝鱼点校:《二程集》,中华书局2008年版,第114页。
② (宋)程颢、程颐著,王孝鱼点校:《二程集》,中华书局2008年版,第1195页。

夜自竭,未见其补,时望赐书,开谕不逮。与叔每过从,至慰至幸。引素门墙,坐驰神爽。所欲道者,非面不尽。惟千万自爱。

其二:

别纸见谕,持法为要,其来已久矣。既为今日官,当于今日事中,图所设施。旧法之拘,不得有为者,举世皆是也。以颐观之,苟迁就于法中,所可为者尚多。先兄明道之为邑,及民之事多,众人所谓法所拘者,然为之未尝大戾于法,众亦不甚骇。谓之得伸其志则不可,求小补,则过今之为政者远矣。人虽异之,不至指为狂也。至谓之狂,则大骇矣。尽诚为之,不容而后去,又何嫌乎?鄙见如此,进伯以为如何?

其三:

荷公知遇之厚,辄有少见,上补聪明;亦久怀愤郁,无所控告,遇公而伸尔。王者父天母地,昭事之道,当极严恭。汉武远祀地祇于汾脽,既为非礼。后世复建祠宇,其失已甚。因唐妖人作《韦安道传》,遂为塑像以配食,诬渎天地。天下之妄,天下之恶,有大于此者乎?公为使者,此而不正,将正何事?愿以其像投之河流。慎勿先露,先露则传骇观听矣。勿请勿议,必见沮矣。毋虞后患,典宪不能相及,亦可料也。愿公勿疑。①

在第一封信中,程颐自称"备员于此,夙夜自竭",当是写于元祐元年(1086)三月其以布衣召为崇政殿说书之后,元祐二年(1087)八月罢崇政殿说书、管勾西京国子监之前。这一时期,吕

---

① (宋)程颢、程颐著,王孝鱼点校:《二程集》,中华书局2008年版,第604页。

大忠为陕西转运使,恰逢久旱成灾,因此信中称吕大忠为"使者",并说:"秦人疮瘵未复,而偶此旱暵,赖贤使者措置,受赐何涯!儒者逢时,生灵之幸。"信中还提到"与叔每过从,至慰至幸",吕大临元祐二年(1087)三月由文彦博荐为太学博士,这段时间也在京城,因此和程颐过从甚密。而信的开头言:"相别累年,区区企渴之深,言不尽意。"则证明早在数年之前,吕大忠与程颐就已经有了密切的交往。吕大忠年纪较长,官职较高,因此他和程颐的关系是亦师亦友。在很多问题上会向程颐请教,而程颐则荷其知遇之恩,知无不言,言无不尽。

二、吕大临与程颐

而蓝田四吕中与程颐来往最多的,当属人称"程门四先生"的吕大临。《二程遗书》是朱熹"稍以所闻岁月先后"①编次成书的。其卷一即有吕大临问学之语:

> 吕与叔尝言,患思虑多,不能驱除。曰:"此正如破屋中御寇,东面一人来未逐得,西面又一人至矣,左右前后,驱逐不暇。盖其四面空疏,盗固易入,无缘作得主定。又如虚器入水,水自然入。若以一器实之以水,置之水中,水何能入来?盖中有主则实,实则外患不能入,自然无事。"②

元丰二年(1079),程颢知扶沟县事。吕大临面见二先生问学。《程氏遗书》卷二上《元丰己未吕与叔东见二先生语》记录了吕大临向二程问学的对话内容。其内容一是记述了二程关于"理"或"天理"的论断。其二,是程颢提出著名的《识仁篇》,认

---

① (宋)程颢、程颐著,王孝鱼点校:《二程集》,中华书局2008年版,第3页。
② (宋)程颢、程颐著,王孝鱼点校:《二程集》,中华书局2008年版,第8页。

为:"学者须先识仁。仁者,浑然与物同体。义、礼、知、信皆仁也。识得此理,以诚敬存之而已,不须防检,不须穷索。"①阐明了二程理学的人生哲学。其三,记述了二程的人性论。如程颢说:"'穷理尽性以至于命',三事一进并了,元无次序,不可将穷理作知之事。若实穷得理,即性命亦可了。"又说:"事有善有恶,皆天理也。天理中物,须有美恶,盖物之不齐,物之情也。但当察之,不可自入于恶,流于一物。"②其四,记述了二程对王安石新学、佛学的评论。其五,记述了二程对张载学术思想的评论。一方面对张载的一元论进行了批评,认为:"立清虚一大为万物之源,恐未安,须兼清浊虚实乃可言神。道体物不遗,不应有方所。"③另一方面,对张载的伦理思想进行赞扬:"《西铭》某得此意,只是须得他子厚有如此笔力,他人无缘做得。孟子以后,未有人及此。得此文字,省多少言语。且教他人读书,要之仁孝之理备于此,须臾而不于此,则便不仁不孝也。"④

程颐也和程颢一起会见了吕大临,此次会面程颐话不多,但也有一些。比如:"一人之心即天地之心,一物之理即万物之理,一日之运即一岁之运。""古不必验,今之所患,止患不得为,不患不能为。""志道恳切,固是诚意;若迫切不中理,则反为不诚。盖实理中自有缓急,不容如是之迫,观天地之化乃可知。"⑤

元丰三年(1080),吕大临任邠州观察推官,与户曹刘景阳为同僚。此年程颐来关中讲学,行至雍、华之间。关西学者六七人从

---

① (宋)程颢、程颐著,王孝鱼点校:《二程集》,中华书局2008年版,第16页。
② (宋)程颢、程颐著,王孝鱼点校:《二程集》,中华书局2008年版,第15、17页。
③ (宋)程颢、程颐著,王孝鱼点校:《二程集》,中华书局2008年版,第21页。
④ (宋)程颢、程颐著,王孝鱼点校:《二程集》,中华书局2008年版,第39页。
⑤ (宋)程颢、程颐著,王孝鱼点校:《二程集》,中华书局2008年版,第13页。

行。一日亡千钱,仆人说:"非晨装遗失,必涉水沉之矣。"程颐说:"惜哉!"有人说:"是诚可惜也。"又有人说:"微哉千钱,亦何足惜也?"又有人说:"水中囊中,人亡人得,可以一视,何叹何惜也?"程颐说:"人苟得之,则非亡矣。今乃坠诸水,则无用,吾是以叹之。"后来程颐将此事告诉吕大临说:"人之器识乃如是之不同也。"大临问:"夫三子之言何如?"程颐说:"最后者善。"吕大临说:"善则善矣,观夫子之言,则见其有体而无用也。"① 可见吕大临对程颐思想理解之深刻。吕大临有一首写给刘景阳的诗《送刘户曹》,云:"学如元凯方成癖,文似相如始类俳。独立孔门无一事,只输(一作惟传)颜氏得心斋。"程颐看后大加赞赏,认为:"此诗甚好。古之学者,惟务养性情,其它则不学。今为文者,专务章句,悦人耳目。既务悦人,非俳优而何?"②

元丰八年(1085)六月,朝廷召程颢为宗正寺丞,未行,于六月十五日病卒。十月,程颐将其兄葬于伊川先茔(洛阳西南,现伊川县城郊)。吕大临为其致《哀词》:

> 呜呼!去圣远矣,斯文丧矣。先王之流风善政,泯没而不可见;明师贤弟子传授之学,断绝而不得闻。以章句训诂为能穷遗经,以仪章度数为能尽儒术;使圣人之道玩于腐儒讽诵之余,隐于百姓日用之末;反求诸己,则罔然无得;施之于天下,则若不可行;异端争衡,犹不与此。
>
> 先生负特立之才,知《大学》之要;博闻强识,躬行力究;察伦明物,极其所止;涣然心释,洞见道体。其造于约也,虽事变之感不一,知应以是心而不穷;虽天下之理至众,知反之吾

---

① (宋)程颢、程颐著,王孝鱼点校:《二程集》,中华书局2008年版,第1269页。
② (宋)程颢、程颐著,王孝鱼点校:《二程集》,中华书局2008年版,第239页。

身而自足。其致于一也,异端并立而不能移,圣人复起而不与易。其养之成也,和气充浃,见于声容,然望之崇深,不可漫也,遇事优为,从容不迫,然诚心恳恻,弗之措也。其自任之重也,宁学圣人而未至,不欲以一善成名;宁以一物不被泽为己病,不欲以一时之利为己功。其自信之笃也,吾志可行,不苟洁其去就;吾义所安,虽小官有所不屑。

夫位天地,育万物者,道也;传斯道者,斯文也;振已坠之文,达未行之道者,先生也。使学不卒传,志不卒行,至于此极者,天也。先生之德,可形容者,犹可道也;其独智自得,合乎天,契乎先圣者,不可得而道也。元丰八年六月,明道先生卒。门人学者皆以所自得者名先生之德,先生之德未易名也,亦各伸其志尔。汲郡吕大临书。①

在《哀词》中,吕大临表达了对程颢深切的敬仰之情,认为程颢才高德厚,在去圣已远、斯文沦丧的儒学衰颓形势下,"振已坠之文,达未行之道",为倡明儒道做出巨大贡献。

三、吕大防与程颐

吕大防虽然没有像大忠、大钧、大临一样师事程颢、程颐,但对二程的学问人品也颇为敬仰。程颢曾说吕大防:"宰相,吕微仲须做,只是这汉俗。"②但他并没有亲眼见到吕大防做宰相就去世了。

元祐元年(1086)二月,在司马光等人的推荐下,程颐被召至京师,以布衣为崇政殿说书,给年幼的哲宗上课。程颐拘礼自守,

---

① (宋)程颢、程颐著,王孝鱼点校:《二程集》,中华书局2008年版,第337页。
② (宋)程颢、程颐著,王孝鱼点校:《二程集》,中华书局2008年版,第425页。

议论又无所顾忌。起初,内臣嫔妃等还都在后面携笔抄录,后来听到程颐说起"佞人"之类,都非常反感。吕大防担心对程颐不利,善言劝告程颐:"今后且刻可伤触人。"①此时程颐名望日高,门人众多,但因拘礼太甚,有时未免表现得不近人情,引起一些人的反感。以苏轼为首的所谓蜀党尤其看不惯程颐。一个理学名家,一个文坛领袖,各有一批拥趸的门人弟子。两人的矛盾引发了元祐时期令人瞩目的洛、蜀党争。元祐二年(1087),程颐被孔文仲弹劾,罢崇政殿说书,管勾西京国子监。

元祐三年(1088),吕大防拜相。在位期间,吕大防对程颐的生活多有关照。曾以百缣赠送程颐,但程颐拒收,理由是:"公之所以遗某者,以某贫也。公位宰相,能进天下之贤,随才而任之,则天下受其赐也。何独某贫也?天下贤者亦众矣,公帛固多,恐公不能周也。"②吕大防非常敬重程颐,也希望这样的人能在朝廷任职。元祐八年(1093)九月,宣仁太后驾崩,程颐前去奔丧,吕大防为山陵使。此时朝廷正欲授程颐馆职,但程颐坚持不受。吕大防对此深感遗憾,说:"仲尼亦不如是。"程颐对曰:"公何言哉?某何人,而敢比仲尼?虽然,某学仲尼者,于仲尼之道,固不敢异。公以谓仲尼不如是,何也?"③

吕大钧因为去世较早,在程门之中影响不大,但他和弟弟吕大临一样曾问学于程颐则是肯定的。程颐曾经比较大钧和大临两兄弟说:"和叔任道,风力甚劲,而深潜缜密,则于与叔不逮。"④但兄弟四个中,程颐最看重的还是吕大临。吕大临死后两三年,程颐因

---

① (宋)程颢、程颐著,王孝鱼点校:《二程集》,中华书局2008年版,第264页。
② (宋)程颢、程颐著,王孝鱼点校:《二程集》,中华书局2008年版,第267页。
③ (宋)程颢、程颐著,王孝鱼点校:《二程集》,中华书局2008年版,第267页。
④ (宋)程颢、程颐著,王孝鱼点校:《二程集》,中华书局2008年版,第1237页。

阅故编，见所记与叔言语，还"思与叔不幸而早死，为之陨涕"①。

四、吕大忠与谢良佐

因为师从二程，因此，四吕和程门弟子之间也多有来往。吕大忠因为身在仕途，向程颐直接请教的机会不多。谢良佐是程门高弟，元祐年间吕大忠知秦州时，谢良佐为州学教授，吕大忠因此与谢良佐来往甚密，毕恭毕敬听谢良佐讲《论语》。有人对此提出疑问，吕大忠回答："圣人言行在焉，吾不敢不肃。"②谢良佐《上蔡语录》中也提到吕大忠向其请教"仁"的事情："晋伯甚好学，初理会仁字不透，吾因曰：世人说仁，只管着爱上怎生见得仁，只如力行近乎仁。力行关爱甚事，何故却近乎仁？推此类具言之。晋伯因悟曰：公说仁字，正与尊宿门说禅一般。"谢良佐曾赞扬吕大忠："吕晋伯下得一转语好。道：'所存者神，便能所过者化。所过者化，便能所存者神。'"但也指出吕大忠的缺点，说："吕晋伯甚好，但处事太烦碎，如召宾客食，亦须临时改换食次。吾尝语之曰：每日早晚简才覆便令放者，只为定故也。凡事皆有恁地简易不易底道理，看得分明，何劳之有？易曰：易简而天下之理得。"蓝田四吕中，谢良佐与吕大忠来往最多，与其余三人也都有过接触，他曾经说："晋伯兄弟中皆有见处，一人作诗咏曾点事曰：函丈从容问且酬，展才无不至诸侯。可怜曾点唯鸣瑟，独对春风咏不休。一人有诗曰：学如元凯方成癖，文到相如反类俳。独立孔门无一伎，只传颜子得心斋。"③

---

① （宋）程颢、程颐著，王孝鱼点校：《二程集》，中华书局2008年版，第1269页。
② （元）脱脱等：《宋史》卷三百四十，中华书局1977年版，第10846页。
③ （宋）谢良佐：《上蔡语录》卷一，《文渊阁四库全书》影印本。

第四节　四吕与苏门文人交游考

元祐时期的人才之盛向来为人所称道。南宋时,牟子才曾向宋理宗上书云:"国家三百年之天下,未有如元祐人才之盛者也。"①而元祐时期,兄弟并称、同时名扬朝野的则莫过于蓝田吕氏兄弟和苏轼、苏辙兄弟。从元丰末年到元祐初年,在司马光的推荐下,大批在外的旧党人士被召回京师,委以重任,其中就包括吕大防和苏轼、苏辙兄弟。苏轼以文学才华出众,在元祐初先后任起居舍人、中书舍人、翰林学士兼侍读等职。苏辙也先由右司谏擢起居郎、中书舍人。元祐二年改户部侍郎,元祐四年擢翰林学士知制诰;元祐五年权吏部尚书,改御史中丞。元祐六年又升任尚书右丞,成为执政大臣,参与国政。

一、吕大防与苏轼、苏辙②

有关吕大防任命、加恩的很多制词都出自苏轼、苏辙之手,制词虽然执行的是朝廷意旨,但在具体内容表达、遣词造句上,也往往体现着制词作者本人的态度。北宋时期,不乏舍人学士因不满朝廷对某人的任命而缴还词头、拒绝撰词,或在写作过程中明扬实贬,暗寓讥讽的例子。但二苏为吕大防所撰制词显然不属于这种情况。我们来看二苏制词中对吕大防的有关评价,以下为苏轼撰词:

---

① （明）杨士奇:《历代名臣奏议》卷六十二,《文渊阁四库全书》影印本。
② 本节部分内容曾以《吕大防与苏轼》为题发表于2010年第1期《文史知识》。

具官吕大防,擢自英祖,休有直声。被遇裕陵,益彰忠力。入总文章之辖,手疏盘错之烦。六事所瞻,倚以为重;三府之议,于焉取平。①

卿敦大直方,任重道远。擢贰西省,蔽自朕心。虽与闻政事,为日未久,而历试中外,勤劳百为,盖有年矣。德位惟允,人无间言。②

造道纯深,受才弘毅。果艺以达,有孔门三子之风;直大而方,得坤爻六二之动。久践右闼,蔚为名臣。③

德望兼重,才术有余。④

瑰姿伟望,宏毅开济。⑤

以下为苏辙撰词:

具官某,器宇博深,才智强敏。早遇英祖,亟闻直谅之言;中事裕陵,不改忠诚之节。翱翔外服,所临有声。综辖中台,百务咸举,甚和而理,处剧不烦。⑥

太中大夫守尚书左仆射兼门下侍郎、上柱国汲郡开国公食邑二千九百户食实封六百户吕大防,笃实而文,宽厚而栗。在英祖时,纳忠不回,为名御史;在神考时,宣力不懈,为贤守

---

① 《明堂执政加恩:吕大防》,《苏轼文集》卷三十九,中华书局1986年版,第1117页。

② 《赐新除依前中大夫守中书侍郎吕大防辞恩命不允诏》,《苏轼文集》卷四十,中华书局1986年版,第1143页。

③ 《除吕大防特授太中大夫守尚书左仆射兼门下侍郎加上柱国食邑实封余如故制》,《苏轼文集》卷三十八,中华书局1986年版,第1095页。

④ 《吕大防辞免恩命不允诏》,《苏轼文集》卷四十,中华书局1986年版,第1161页。

⑤ 《赐新除守尚书左仆射门下侍郎吕大防辞免恩命不允批答二首》之一,《苏轼文集》卷四十三,中华书局1986年版,第1258页。

⑥ 《吕大防中书侍郎》,苏辙《栾城集》卷二十七,《文渊阁四库全书》影印本。

臣。逮兹缵承,即与丞弼。既全付之钧轴,遂能任我栋梁。正颜色而诚意宣,出词气而忠邪辨。左右三载,咸乂四方。民无烦苛,羌率旧职。稼穑茂遂,神人燕安。俾我厘事告成,旧章不坠,虽荷帝祉,时惟乃功,宜因赐胙之恩,遂行进律之典。增大国邑,衍食真封,畴尔茂勋,劝我多士。于戏!公尔忘私,非独得君,亦以获佑于帝;宽而有制,非独善始,亦以克要厥终。及兹休成,同底至道,可特授依前官职,加食邑一千户,食实封四百户,勋封如故,主者施行。①

这些制词对吕大防极力褒扬,虽有溢美之嫌,但决非违心之作。而是体现了二苏对吕大防的一种认可。这种认可,是建立在对吕大防有一定了解的基础上。元祐之前,二人虽然交往不多,但应该互有声闻。嘉祐二年(1057),苏轼、苏辙兄弟同时登第,名震京师时,吕大防的弟弟吕大钧也于此年中进士乙科,因同年关系,或有过接触。治平年间,英宗亲擢吕大防为监察御史里行。后吕大防因议濮王称考事被黜,其忠直敢言的声名由此传开。此事在当时影响很大,时任殿中丞直史馆的苏轼应该对此事有所知闻。从后来苏轼在《司马温公行状》等文章中提到此事的态度看,他应该是赞成司马光、吕大防等人立场的。因此在制词中提到吕大防"擢自英祖,休有直声",苏辙亦云吕大防"早遇英祖,亟闻直谅之言","在英祖时,纳忠不回,为名御史",对吕大防在议濮王考事件中的忠直敢言进行了肯定。而对元祐期间的吕大防,苏轼称其"敦大直方"、"勤劳百为","德位惟允,人无间言"。苏辙则称其"综辖中台,百务咸举,甚和而理,处剧不烦",这些措辞是吕大防身为宰辅的中肯评价。

---

① 《明堂吕大防加恩制》,《栾城集》卷三十三,《文渊阁四库全书》影印本。

关于苏轼所撰吕大防拜相的制词，还有另外一种说法。宋胡仔《苕溪渔隐丛话》后集卷二十六引《东皋杂录》云：

> 东坡善嘲谑，以吕微仲丰硕，每戏曰："公真有大臣体，坤六二所谓直方大也。"后拜相，东坡当制，有云："果艺以达，有孔门三子之风；直方而大，得坤爻六二之动。"又尝谒微仲，值其昼寝，久之方见。便坐昌阳，盆畜一绿龟。坡指曰："此易得耳。唐庄宗时有进六目龟者，敬新磨献口号云：'不要闹，不要闹，听取龟儿口号。六只眼儿睡一觉，抵别人三觉。'"微仲不悦。

《东皋杂录》是宋徽宗时武学博士孙宗鉴所作的一部笔记，此时，元祐大臣大都已经作古，孙宗鉴所记多出自传闻，未必可信。宋理宗时张端义《贵耳集》卷上也记载了此事，但最后记吕大防的反应是"大笑"。可见此事流传甚广。吕大防与苏轼个性迥然有别。"自少持重，无嗜好，过市不左右游目，燕居如对宾客。"宋王得臣《麈史》卷三载："丞相吕大防，性凝重寡言。逮秉政，客多干祈，但危坐相对，终不发一谈。时人谓之'铁蛤蜊'。"吕大防年长苏轼十岁，又老成持重、不苟言笑，苏轼虽性谐谑，但当不至于和吕大防开如此过分的玩笑。

元祐年间的苏轼，虽然亦被重用，但其直言无忌、戏谑无度的性格却使他无意中树了很多政敌。元祐初，苏轼因不满司马光对新法的全盘否定，与德高望重的司马光公开争论。司马光虽然不悦，但对苏轼也是持包容态度。然而受司马光提拔的刘安世、刘挚等人，却因此对苏轼颇为反感。后来司马光去世，苏轼又因为一句玩笑得罪了一批人。朝中大臣参加完朝廷明堂祀典，准备去司马光府上吊唁，恪守古礼的程颐阻拦说："子于是日哭则不歌，岂可贺赦才了，却往吊丧？"有人说："孔子言哭则不歌，即不言歌则不哭。今已贺赦了却往吊丧,于礼无害。"苏轼于是戏谑程颐:"此乃枉死市叔孙通所制礼也。"①众皆大笑。程颐为一代大儒,门生众多,苏轼的玩笑被视为轻薄,程颐门人朱光庭、贾易等深为恩师不平,从此将苏轼视作眼中钉,一有机会就交章攻之。因此,苏轼在朝廷的日子颇不太平,几乎是非不断,常常被人弹劾。曾"两年之中,四遭口语"。每遇这种情况,宣仁太后和吕大防都出于爱才之心,尽力平息。元祐四年(1089),在苏轼一再请求下,准其以龙图阁学士出知杭州。元祐六年(1091)朝廷召其还朝,却又遭政敌群起围攻,不得不再次请外。而苏辙在仕途上则比其兄长要顺达得多,官位品阶高于其兄,元祐后期更步入执政行列,参与朝政,因此与身为宰辅的吕大防有较多的接触。一日,趁辅臣聚都堂议事之时,苏辙道其兄轼意于吕大防,希望苏轼外任能去陈州或颍州。于是,在吕大防等人的奏请下,苏轼知颍州,后又改知扬州。从此事来看,吕大防对二苏还是颇为关照的。当然这也可以理解为吕大防与苏辙之间的投桃报李,因为在此之前,吕大临秘书省正字的任命,吕大防也曾请苏辙为助。

苏轼在外任期间,与吕大防书信来往不断,多为讨论政事。《苏轼文集》卷四十八有苏轼在外任期间写给吕大防的两封信:《上吕仆射论浙西灾伤书》和《扬州上吕相公论税务书》。吕大防别集《吕汲公文录》早在宋元之际已经散佚,写给苏轼的信没有保存下来,但从苏轼回信"伏蒙手书,见谓勇于为义,不当在外。奖饰过分,悚息之至","顷者所论积欠,蒙示俞已有定议,此殆一洗天下疮痏也"之类的话来看,吕大防给苏轼的信中对苏轼多褒扬

---

① (宋)李焘:《续资治通鉴长编》卷三百九十三,中华书局1979年版,第9569页。

之语,为他不能留在朝中深表惋惜。而且对苏轼书信中所提到的积欠问题极为重视,在朝中积极活动,终至解决。在朝中时,由于政见相近,苏轼与吕大防也经常在一起交流,大到国计民生,小到刑事个案。如苏轼曾在一奏章中提到:"臣又曾建言乞行给田募役法,吕大防、范纯仁皆深以为便,方行下相度,而台谏争言其不可,更不得相度。至今臣每见大防、纯仁,皆咨嗟太息,惜此法之不行,但畏台谏不敢行下耳。"①《苏轼文集》卷五十《上吕相公一首》就是与吕大防讨论一宗民间刑事案件,感意犹未尽,又加以尺牍的。

苏轼门人李廌在《师友谈记》中还记载了下列一件事:

> 东坡云:国朝试科目,昔在八月中旬。顷与黄门公既将试,黄门公忽疾,卧病中自料不能及矣。相国韩魏公知之,辄奏上曰:"今岁召制科,诸士惟苏轼、苏辙最有声望。今闻苏辙偶病,未可试。如此人兄弟中一人不得就试,甚非众望。欲展限以俟。"上许之。黄门病中,魏公数使人问安否。既闻全安,方引试,凡比常例展二十日。自后,试科目并在九月,盖始于此。比者相国吕微仲语及科目何故延及秋末之说,东坡为吕相国言之。相国曰:"韩忠献其贤如此,深可慕尔。"

韩魏公是指宋仁宗朝宰相韩琦,此事应是李廌从苏轼处亲耳听闻,当为事实。吕大防对韩魏公的爱才行为深表倾慕,也显示了吕大防希望像前贤一样爱护苏轼等人才的初衷。其实,吕大防不但重视苏轼的才华,对苏轼的门人黄庭坚、秦观、张耒等人也能量才使用。吕大防提举编修《神宗实录》及后来修国史,就用了黄庭坚等人做编修。

---

① (宋)李焘:《续资治通鉴长编》卷四百十五,中华书局1979年版,第10080页。

吕大防与苏轼的交往当然也不限于政事方面。据宋邵博《闻见后录》卷十五载：

> 东坡于古人，但写陶渊明、杜子美、李太白、韩退之、柳子厚之诗。为南华写柳子厚《六祖大鉴禅师碑》，南华又欲写刘梦得碑，则辞之。吕微仲丞相作《法云秀和尚碑》，丞相意欲得东坡书石，不敢自言。委甥王谠言之，东坡先索其稿，谛观之，则曰："轼当书，盖微仲之文自佳也。"

苏轼不但文才特高，书法也是一绝，但轻易不给人写。吕大防本身也算得上书法家，其《私门帖》流传至今。他非常喜欢苏轼的书法，所以其《法云秀和尚碑》才想让苏轼书石，但他又很了解苏轼的性格，怕万一苏轼当面拒绝，自己面子上抹不开，所以让自己的女婿王谠向苏轼开口。苏轼果然没有立即答应，要求先看吕大防的稿子，看完之后，云："轼当书，盖微仲之文自佳也。"吕大防博学多识，有一定的文学才华。熙宁初，吕大防曾直舍人院，时欧阳修为小人所陷，攻以暧昧事，罢参知政事。吕大防对其深表同情，与其书云："巧言萋斐，徒成贝锦之文。雅行委蛇，奚玷素丝之节。"其措辞之谨严精确连欧阳修都深深叹服。① 晁公武《郡斋读书志》卷十九亦云："大防即拜相，常分其俸之半以录书，故所藏甚富。其在翰林，书命典丽，议者谓在元绛之上云。"遇到好的书画作品，苏轼、吕大防也往往相约共同鉴赏。如魏晋时期画家李成的《寒林图》、唐褚良临摹王羲之书法的《褚模禊帖》都有吕大防、苏轼共同鉴赏后留下的题名。可以说，正是吕大防本身的文学艺术修养使得其更能欣赏苏轼的绝世才华，也能为一向自视甚高的苏轼所接受。

---

① （宋）沈作哲：《寓简》卷八，《文渊阁四库全书》影印本。

苏辙因为元祐时期一直在朝中任高官,因此与吕大防在政事上的交往颇多。苏辙《龙川略志》中记载了很多元祐时期的政事,其中有多处涉及吕大防。苏辙也是一个自视甚高的人,有人甚至认为苏辙曾觊觎相位,想取代与吕大防并相的范纯仁。如朱熹却云苏辙"虽名简静,而实阴险。元祐末年规取相位,力引小人杨畏,使倾范忠宣公而以己代之。既不效矣,则诵其弹文于坐,以动范公。此岂有道君子所为哉!"①朱熹作为理学家,对苏辙当然也有他的偏见。但从客观上来看,苏辙与吕大防在朝中的相处还算和谐,虽然在很多事情的处理方式上意见不尽相同,苏辙甚至认为吕大防"直而暗"②,但因为出于共同政治利益的需要,所以苏、吕之间并没有本质上的矛盾和分歧。尤其是在废除新法、维护新法、防范新党复辟等方面,两人的意见基本都是一致的。而在其他一些具体事务上,针对苏辙的意见,吕大防也往往能从善如流,显示了一个宰相的胸怀大度。如在议定吏额事上,吕大防意识到自己激进方式的不可行,最终采纳了苏辙的意见。③ 在天子祭礼问题上,吕大防因为"好古学",未免拘于古礼,经苏辙"镌喻久之,乃听"④。但关于另外一些问题,如宋朝西部边防、朝廷与西夏的关系、对待边将武臣的态度等问题上,苏辙则更多文人的偏见。而苏辙对吕大防"调停"说的坚决反对,后人则评价不一。由于苏辙的意见最后得到太皇太后的支持,吕大防的"调停"说没有实施,因

---

① (宋)朱熹著,郭齐、尹波点校:《朱熹集》卷四十一《答程允夫》,上海古籍出版社、安徽教育出版社2002年版,第1862页。
② (宋)苏辙:《颖滨遗老传》,《栾城后集》卷十三,《文渊阁四库全书》影印本。
③ (宋)苏辙:《龙川略志》卷五《议定吏额》,中华书局1982年版。
④ (宋)苏辙:《龙川略志》卷八《天子亲祀天地当用合祭之礼》,中华书局1982年版。

此很难说一旦实施会有什么影响。但至少吕大防"调停"说出于缓和党争矛盾的初衷是正确的,而苏辙在这方面则未免囿于党见。

从吕大防与二苏的交往情况来看,更多的还是政治伙伴关系,而非私密朋友。因此,相互之间很少有什么诗词唱和。偶有唱和,也多与公务有关。元祐六年十月,哲宗驾幸太学,宰执侍从有吕大防、苏颂、韩忠彦、苏辙、冯京、王岩叟、范百禄、梁焘、刘奉世、范纯礼、孔仲武、顾临等三十六人。因为有此次贺幸太学的纪事唱和诗序碑流传,诸人唱和之诗得以保存。吕大防别集《吕汲公文录》已佚,现仅存诗六首。但这首《幸太学倡和》却得以幸存:"清晓金舆出建章,祠宫转仗指虞庠。三千逢掖裙如雪,十万勾陈锦作行。再拜新仪瞻鲁圣,一篇古训赞周王。崇儒盛世无云补,扈跸空惭集论堂。"①吕大防此诗写得雍容典丽,苏辙等人都进行了和作。苏辙的和作为:"未识吾君龙凤章,诸儒望幸久南庠。辇回原庙初移跸,鹭集西廱已著行。执爵稍前疑问道,献琛不日数来王。从官始悟熙宁意,遗我亲临见肯堂。"②苏辙集中,还有另外一首《次韵门下吕相公同访致政冯宣猷》,也是和吕大防所作。诗云:"懒从朝谒事骖騑,此去高眠罢倒衣。诏许敲门访耆旧,天教筑室俟来归。③ 肩舆尚肯追春色④,鼓缶何妨傲夕晖。所至成家即安隐,武昌谁乞钓鱼矶。"吕大防原作已佚。检《宋史》冯氏无称"宣猷"者。此"致政冯宣猷"应指冯京,宋仁宗朝状元、学士,在熙、丰年间曾

---

① 傅璇琮等编:《全宋诗》卷二百六十,北京大学出版社1999年版。
② (宋)苏辙:《栾城后集》卷一,《文渊阁四库全书》影印本。
③ 苏辙自注:"石公熙载旧宅,张氏顷加修完,公得之以成归计,类非偶然者。"张氏或指外戚张尧佐,冯京年少中举,自乡试至廷试皆为第一,张尧佐欲妻以女,曾倚势逼婚,冯京不为所动。
④ 苏辙自注:"公来春将往洛中看花。"

为执政,因反对王安石变法,后为吕惠卿所倾。元祐年间,拜保宁军节度使知大名府,后又改镇彰德。因年老,为中太一宫使兼侍讲,改宣徽南院使拜太子少师致仕。吕大防与苏辙同去拜访这位耆老,或亦出于公务需要。

元祐八年(1093),吕大防的弟弟秘书省正字吕大临去世,苏轼撰挽词:"言中谋猷行中经,关西人物数清英。欲过叔度留终日,未识鲁山空此生。论议雕零三益友,功名分付二难兄。老来尚有忧时叹,此涕无从何处倾。""二难兄"指吕大防及其兄长吕大忠,首联"言中谋猷行中经,关西人物数清英"其实是对吕大防兄弟的共同赞美。因同朝为官,二苏对吕氏兄弟都是有所了解的。苏辙在《乞黜降韩缜状》中即曾赞吕大忠在熙宁年间商量地界时"果悍有谋,坚执不与"①。而苏轼为吕大临亲撰挽词,并以"欲过叔度留终日,未识鲁山空此生"来说明对吕大临的景仰,也说明苏轼与吕大临有过接触,并且对吕大临的学问人品都有一定了解。而"老来尚有忧时叹,此涕无从何处倾"则不但是对吕大临个人的哀悼,也蕴含着苏轼对时局的担忧。此后不久,宣仁太皇太后驾崩,旧党的强大后台倒塌。年轻的哲宗开始亲政,尽管在此之前吕大防就预见到可能会发生的政局变化,向哲宗进呈《进祖宗家法劄子》希望哲宗能沿袭旧党的保守政策,但哲宗仍然被所谓的新党所利用,次年改年号曰绍圣,即要绍述神宗的变法事业。但此后的政局,却成了新党对旧党的疯狂打击报复。吕大防、苏轼、苏辙等大批元祐大臣被贬黜放逐,甚至连死去的司马光、吕公著等人也被削官夺谥。绍圣四年(1097),吕大防卒于贬途。徽宗靖国元年(1101),苏轼卒于放归途中。崇宁二年(1103),吕大防、苏轼、苏

---

① (宋)李焘:《续资治通鉴长编》卷三百六十九,中华书局1979年版。

辙的名字共同出现在"元祐党人碑"的长串名单上,著作被禁,子孙不得叙用。在恶劣的政治环境下,苏辙闲居颖昌十余年,于政和二年(1112)病逝。

若干年后,苏辙的孙子苏籀经过吕大防墓地,留下了《过故丞相吕汲公坟刹二首》:

> 元祐推谐弼,乾坤岂小康。曹参尚清净,萧傅性刚方。报国无遗恨,兴邦举旧章。累年公议白,名与日星光。
>
> 缠绵思旧赋,沉痛《八哀》篇。宇宙门人尽,谋谟国史传。高闶人莫及,何代独无贤。欲说源流远,还应笔似椽。①

《八哀》是杜甫哀悼李光弼、张九龄、李邕等人的组诗,苏籀此诗不但是缅怀吕大防,也同时缅怀自己的祖辈。对后人来说,吕大防和苏轼、苏辙都是一样"名与日星光"的。

二、吕大防与秦观

苏门的其他文人如秦观、晁补之等人与蓝田吕氏也有过一些交往。元祐六年(1091)十月的驾幸太学,此时秦观因在馆阁,也有和作。叶梦得《石林诗话》云:

> 元祐初,驾幸太学,吕丞相微仲有诗,中间押行字韵,馆阁诸人皆和。秦学士观一联云:"涵天璧水遥迎仗,映月深衣不乱行。"诸生闻之,亦哄然。观为人喜傲谑,然此句实迫于趁韵,未必有意也。②

秦观的和作见于现存《淮海集》,与《石林诗话》所引稍异:

> 原庙初更十二章,还与诏跸幸诸庠。法天辟水遥迎仗,应

---

① (宋)苏籀:《双溪集》卷一,《文渊阁四库全书》影印本。
② (清)何文焕:《历代诗话》,中华书局2004年版,第425页。

月深衣不乱行。风动四夷将遣子,礼行三舍遂宾王。前知此举追虞氏,果有球音发舜堂。①

秦观和作"不乱行"之句虽令诸生"閒然",但并未引起吕大防的反感。相反,吕大防对秦观一直是持爱护与赏识的态度。这里面应该有政治的因素在内。因为苏轼与吕大防同为旧党,政治思想接近,而秦观又是苏轼的得意门人。苏轼在吕大防面前替秦观美言应是意料之中的事。

元祐八年(1093)春正月,依翰林故事,秦观上帖子词《元日立春》三绝:

此度春非草草回,美人休着剪刀催。直须残腊十分尽,始共新年一并来。

发春献岁偶然同,新历观天最有功。头上两般幡胜影,一时飞入酒杯中。

摄提东直斗杓寒,骤觉中原气象宽。天为两宫同号令,不教春岁各开端。②

时苏轼、吕大临均有和作。苏轼和诗其三云:"好遣秦郎供帖子,尽驱春色入毫端。"暗示秦观前程有望。《苏诗合注》王文诰案:"时首相吕大防已有荐少游意。"而秦观对吕大防亦始终怀有深切的敬意。这从秦观现存两篇文章中可以看出。一是《贺门下吕仆射微仲启》:

伏审光奉明恩,进升左辅,伏惟庆慰。恭以某官,当世大儒,斯民先觉。毁誉莫为之损益,穷通靡得而变渝。北平如高山深林,人何可测?巨源若浑金璞玉、器孰能名?卓乎在搢绅

---

① (宋)秦观撰、徐培均笺注:《淮海集笺注》卷十,上海古籍出版社2000年版。
② (宋)秦观撰、徐培均笺注:《淮海集笺注》卷十,上海古籍出版社2000年版。

之中,屹然有公辅之望。果践西台之峻,遂跻端揆之崇。邸音喧腾,士类交庆。纳忠有素,讵须德裕之《六箴》?庆变无方,不止姚崇之十事。①

据《宋史·宰辅表》记载,元祐三年戊辰(1088)四月辛巳,吕大防自中书侍郎加太中大夫左仆射兼门下侍郎。这篇启当作于此时。但当时秦观为蔡州教授,似乎还无直接向执宰呈贺启的资格,应该是代当时的蔡州守向宗回所作。贺启中以北平郡王马燧之"高山深林"喻吕大防的"沉勇多智",以山巨源之"浑金璞玉"状吕大防之"朴厚恚直",均与《宋史》所载吕大防的性格特征相符,比喻如此贴切,当不仅为官场应酬文字,也表现了秦观个人对吕大防的了解和看法,认为其为相是众望所归。

秦观提到吕大防的另一篇文章是《曹虢州诗序》。文中称"左丞相汲郡吕公",周义敢、程自信、周雷编注的《秦观集编年校注》中认为此"左丞相汲郡吕公"指的是吕公著。但吕公著为吕夷简之子,《宋史》明载:"吕夷简,字坦夫,先世莱州人。祖龟祥知寿州,子孙遂为寿州人。"吕夷简一族为北宋衣冠最盛之大家族,累世为相,声名显赫,但其以郡望称东莱吕氏,以居地称寿州吕氏,与汲郡实无关联。而吕大防"字微仲,其先汲郡人。祖通,太常博士。父贲,比部郎中。通葬京兆蓝田,遂家焉"。"元祐元年,拜尚书右丞,进中书侍郎,封汲郡公。""三年,吕公著告老……超拜大防尚书左仆射兼门下侍郎"②,是为左丞相。因此"左丞相汲郡吕公"为吕大防无疑。曹虢州为秦观好友曹辅,字子方,出守虢州。

---

① (宋)秦观撰、徐培均笺注:《淮海集笺注》后集卷五,上海古籍出版社2000年版。

② (元)脱脱等:《宋史》卷三百四十,中华书局1977年版。

吕大防"引昌黎故事送之以诗",至虢后,曹辅因吕大防诗索序于秦观。秦观在序中说:"余未至虢,窃诵丞相之诗,已若幅巾杖屦,从子方于水竹之间。"①吕大防诗已佚,但从"窃诵"之举看,秦观对吕大防的诗是爱不释手的,说明秦观不但在政治上崇敬吕大防,对吕大防的文学才华,秦观也是心悦诚服的。

元祐八年(1093)七月,吕大防荐秦观为史院编修,秦观撰有《辞史官表》:"窃以史属之除,圣朝所慎。若非承父兄之教诏,世守其言;则必积师友之渊源,材充厥职。臣于二者,实无一堪。闻命若惊,抚躬增惧。重念臣少而愚贱,长更屯奇。积累岁时,尚虑人情之未与;超渝涯分,岂为物议之所容?以蕞尔不胜之材,处灼然非所居之地,必招官谤,上累恩私。况儒馆之中,资任高于臣者不少;班行之内,学术过于臣者甚多。与其容菲薄以滥居,不若择英豪而改授。伏望圣慈,追寝新命,检会臣近申三省,除臣一外任差遣。"黄㽦《山谷先生年谱》元祐八年七月:"按《国史》;七月壬寅,吕大防言:'神宗皇帝正史,限一年了绋契勘。昨修《两朝正史》,系差史官五员,今来止有三员,切虑猝难就绪。欲差前实录院检讨官黄庭坚、正字秦观充编修官。'从之。"②按:时参寥子赐号妙总禅师,亦吕大防所荐。《苏诗总案》卷三十六载,本年七月:"秦观始为正字,兼国史院编修官。"③《注》引东坡《与参寥书》云:"吕丞相为公奏,得妙总师号,见托寄上。……秦少游作史官,亦稍见公议,亦吕公荐也。"八月,秦观任史院编修官。

---

① (宋)秦观撰、徐培均笺注:《淮海集笺注》卷三十九,上海古籍出版社2000年版。
② (宋)黄㽦:《山谷年谱》卷二十六,《文渊阁四库全书》影印本。
③ (清)王文诰:《苏诗总案》卷三十六,《文渊阁四库全书》影印本。

三、秦观与吕大临

如果说吕大防与秦观因为年辈官职等原因,平等交流的机会较少,那么吕大临和秦观则不但年龄相仿,而且还曾同在馆阁任职。因此作为同僚,二人的交往更加密切。元祐六年(1091),时任左宣德郎的吕大临和时任秘书省校对黄本书籍的秦观曾同时迁为秘书省正字,虽然由于复杂的党争,秦观不久即被免正字,仍为校对黄本书籍,但二人的私谊却已经开始了。张耒《明道杂志》曾记载以下轶事:

> 吕与叔,长安人。话长安有安氏者,家得明皇骷髅,光作紫金色。其家事之甚谨,因尔家富数倍,甲于长安,遂为盛族。后其家析居,争骷髅,遂斧为数片,人分一片而去。余因谓之曰:"明皇生死为姓安人极恼。"全坐大笑。时秦学士观方为贾御史弹不当授馆职。余戏秦曰:"千余年前贾生过秦,今复尔也。"闻者以为佳谑。①

此事正是发生在秦观在秘书省时。贾御史即贾易,本为以程颐为首的洛党中人,程颐在党争中离京,贾易、朱光庭等人失其领袖,于是附朔党以干进,攻击以苏轼、苏辙为首的蜀党。秦观为苏轼门人,卷入党争在所难免。其正字之职被罢即是由于党人的攻诘。吕大防是反对党争的,曾力图调和党派之间的矛盾。其弟吕大临也并不因自己是洛党程颐的门生而党同伐异。由这段记载我们可以看到,在当时虽然党争已经复杂化,但吕大临与苏门弟子的关系还是相当不错。从他与张耒、秦观闲聊自己家乡见闻,而张耒借机开秦观玩笑可以看出,他们之间的关系是相当和谐随意的。

---

① (元)陶宗仪:《说郛》卷四十三下,《四部丛刊》本。

因同在馆阁,有时他们也写诗唱和。秦观的帖子词《元日立春》三绝,吕大临即有和作。此后不久,吕大临溘然而逝,令秦观伤感万分。其《吕与叔挽章》四首,表达了对吕大临深切的怀念之情:

举举西州士,来为邦国华。艺文尤尔雅,经术自名家。正有高山仰,俄成逝水嗟。贤人各有数,不独岁龙蛇。

数日音容隔,人琴遂已虚。门生应有谥,国史可无书?旧室悬蛛网,遗编走蠹鱼。定无封禅草,平日笑相如。

追惟献岁发春间,和我新诗忆故山。今日始知诗是谶,魂兮应已度函关。

风流云散了无余,天禄空存旧直庐。小吏独来开锁钥,案头尘满校残书。①

挽章表达了对吕大临学术人品的景仰及其英年早逝的痛惜:"艺文尤尔雅,经术自名家。正有高山仰,俄成逝水嗟。"音容宛在,而阴阳两隔,这是令人何等伤心!但秦观相信吕大临的人品学问终将照耀后世:"门生应有谥,国史可无书?"秦观是对的,依他对吕大临的熟悉和了解,他相信吕大临会青史留名,其学问也将由门生传承。事实证明了这一点。他也回忆到他们不久前的诗词唱和:"追惟献岁发春间,和我新诗忆故山。今日始知诗是谶,魂兮应已度函关。"吕大临的和诗我们已无法看到,不知其诗因何成谶。但从秦观的挽章中我们可以看出二人深厚的情谊。

四、吕大忠与晁补之

不同于秦观在元祐年间才与蓝田吕氏有接触。晁补之早在元

---

① (宋)秦观撰、徐培均笺注:《淮海集笺注》卷四十,上海古籍出版社2000年版。

丰年间即结识了吕大忠。吕大忠年长晁补之二十多岁,官职品阶也非晁补之所比,因此二者的交往并非同辈之间的平等交往,而是有着尊卑之别的。晁补之元丰二年(1079)进士及第后,曾在澶州司户任两年。在这期间,吕大忠为河北转运判官。澶州属河北道,因此,晁补之得以见到吕大忠。但因为官职低微,晁补之并不敢贸然向前,只随众人进退而已。但有一天,吕大忠突然注意到这个年轻晚辈,于是就关心地问晁补之的学业情况。晁补之受宠若惊,将自己的文章奉上,在《上河北漕吕进伯所业启》中,晁补之写道:

> 草木有荣,逢春乃耀。鸟虫含响,得气则鸣。物诚甚微,情乃如此。士有知识,志宜激昂,自怜孤生,误喜末学,执技不化,知己益消。寅缘官曹,统莅使部。窃以畏大人于早岁,事君子于一朝。向尘长趋,人进亦进,登堂危坐,众言则言。不图高明见假颜色,问讯所学,开扩其愚,昨成至言,所要知道。退念空语,滋不欲陈。然而殚废楮毫,弃滞箱簏,愤悱已吐,芜蔓莫删,犹望牛歌足观蝇墨,可缀察鄙心于宁子,成拙绘于曹生,则虽孔门未废由瑟,尚或有取,不为无庸。①

从这篇启中,可以看出晁补之对吕大忠的敬畏之情,当然也希望自己能由此获得吕大忠的赏识。吕大忠向来"待部吏如子弟",因此他对晁补之的关心是其一贯为人所致。元丰四年(1081),晁补之调为北京国子监教授。元祐元年(1085),入为秘书省正字。此前吕大忠亦进京任工部郎中。这段时间,因同在京城,晁补之与大忠子吕至山因为年纪相近,有所交往。元祐五年(1090),吕大忠为龙图阁直学士知秦州,至山亦随父上任。晁补之写下了《送吕承奉至山从吕龙图晋伯辟秦州机宜》送行:

---

① (宋)晁补之:《鸡肋集》卷五十八,《文渊阁四库全书》影印本。

去日剧奔骥,新交非橐图。怜君事业长,蔚若颐生须。表东海者谁,君世有显儒。端委论百揆,鞭弭雄千夫。二陈诗礼伯,八荀纨绮雏。尝闻达大家,可以济八区。功名望圣世,忠孝自吾徒。我昔拜秦州,词林炳于菟。见谓可与言,锄荒而破觚。刳中不宿秽,味道因有腴。斯文望若人,颠沛一手扶。白头远绥边,狐兔安足驱。汲黯在朝廷,永绝淮南觎。平叔不斗羌,事正今日须。今君撰杖屦,还向府中趋。问讯不弃捐,寄声亦疏迂。何当质疑义,卖剑老樵苏。①

诗中,晁补之对吕氏多有赞美,并回忆起元丰年间拜会吕大忠之事。盛赞对方家世和人才之美。"表东海"用《左传》典,谓吕家像姜尚显于东海一样在当地富有声望。"百揆"出《尚书》,"鞭弭"出《左传》,谓吕氏论起各种政务头头是道,实际政治才能也远超凡夫。"二陈"出《世说新语》、"八荀"出《后汉书》,谓对方家族人才济济。次十四句称颂大忠才干并表达自己的期望。"于菟"出《左传》,谓大忠词采高妙。"破觚"出《史记》,谓大忠政尚简易。"刳中不宿秽"化自柳宗元《东海若》一文,谓大忠能远众恶、得要道。"斯文"语出《论语·子罕》,"狐兔"语出扬雄《长杨赋》,谓大忠文武双全,靖边无难。"汲黯"事见《史记》、《汉书》,言黯好直谏守节死义,淮南王谋反时独忌黯,此谓大忠在朝能震奸佞。"平叔"事见《后汉书》卷四十六邓训传。训字平叔,为护羌校尉,以诚信仁义待诸羌,边塞大治。引此是希望大忠能以德靖边,不起兵戈。最后六句照应诗题,言至山赴秦州府,声讯难通,希望边事平定后,至山能与自己隐于山林,互相研习经书学问。

---

① (宋)晁补之:《鸡肋集》卷七,《文渊阁四库全书》影印本。

第四章　蓝田四吕著述考[①]

蓝田四吕学识渊博，著述宏富，内容遍及经、史、子、集，但由于党锢兵燹等影响，其著述散佚颇为严重。陈俊民先生曾花费五年时间，收集整理成《蓝田吕氏遗著辑校》（中华书局，1993 年）一书，但由于陈先生重在理学研究，所以其"所谓蓝田吕氏遗著，是指曾游学张程门下的蓝田三吕之遗著，而主要是指吕大临之遗著"。鉴于这种情况，本章根据有关史书、书目、方志等资料，对蓝田四吕的全部著述做一梳理、考辨，以便对四吕的学术成就有新的认识。

第一节　吕大忠著述考

吕大忠在蓝田四吕中著作最少，散佚也最为严重。经考查，有以下两种：

一、《前汉论》三十卷（佚）

衢本《郡斋读书志》卷七史部史评类著录吕大忠《吕氏前汉论》三十卷，云："予得其本于铜梁令吕肇修，汲公诸孙也。"[②]汲公

[①] 本章主要内容曾以论文形式发表于 2010 年第 5 期《古籍整理研究学刊》，题为《宋代蓝田四吕著述考》。文字稍有差异。

[②] （宋）晁公武著、孙猛校证：《郡斋读书志校证》，上海古籍出版社 2005 年版，第 305 页。

即曾封汲郡公的吕大防,晁氏所得为吕氏家传本,疑为稿本或抄本,没有刊刻。该书不见于现存其他书目著录,亦不见现存他人著作提及,疑南宋后亡佚。

二、《辋川集》五卷、《奏议》十卷(佚)

衢本《郡斋读书志》卷十九集部别集类著录吕大忠《辋川集》五卷、《奏议》十卷。李焘《续资治通鉴长编》记熙宁年间宋辽议地界事,因大忠曾参与此事,有多处据大忠集考证史实。可知大忠集曾有关于此事的亲历记载。大忠集当即指其《辋川集》。二程认为:"吕进伯可爱,老而好学,理会直是到底。"①晁公武称吕大忠"博极群书,为文尚理致,有益于用。章奏皆亲为之"②。惜此书不见后世书目著录,疑亡佚于宋元之际。《全宋文》收有散见于《续资治通鉴长编》、《宋名臣奏议》、《宋会要辑稿》等书中的吕大忠奏议二十一则,这些奏议主要是有关军事、外交、经济方面的,虽然数量不多,但多为有识之见。《全宋文》另据《说郛》录《吕氏乡约》一篇,但《吕氏乡约》实为吕大钧所作,《全宋文》误收。吕大忠诗仅存七律一首,收在《全宋诗》中。

第二节 吕大防著述考

吕大防在兄弟四人中官位最高,著作也较多,且内容广泛,下面对其著述考述如下:

---

① (宋)程颢、程颐著,王孝鱼点校:《二程集》,中华书局2008年版,第38页。
② (宋)晁公武著、孙猛校证:《郡斋读书志校证》,上海古籍出版社2005年版,第1010页。

一、《周易古经》二卷（存）

衢本《郡斋读书志》卷一经部易类著录《周易古经》二卷，云："吕大防微仲编。其序云：'彖、象所以解经，始各为一书。王弼专治彖、象，以为注，乃分缀卦爻之下，学者于是不见完经，而彖、象辞次第贯穿之意亦缺然不属。予因案古文而正之。'凡十二篇，别无解释。"此书成于神宗元丰五年（1082）七月，曾刻板置于成都学宫。晁公武所录，当即是此蜀本。《直斋书录解题》卷一经部易类著录此书为十二卷，云："丞相汲郡吕大防微仲所录。上下经并录，爻辞、彖、象随经分上下，共为六卷。上下系辞二卷，文、言、说序、杂卦各一卷。"①则是以一篇为一卷，故为十二卷。大防《周易古经》问世后，反响甚巨，继起者不断。晁说之、李焘、程回、薛季宣、吴仁杰、吕祖谦等人都在此基础上进行重编。但最符合《周易》原始面貌的仍属大防《周易古经》。故当吕祖谦不满于晁氏等人之作，重编《古周易》时，其内容次序竟与大防《周易古经》不谋而合。尤袤《与吴斗南书》即云："顷得吕东莱所定《古易》一篇，朱元晦为之跋，当以板行，乃与左右所刊吕汲公《古经》无毫发异，而东莱不及微仲尝编此书，岂偶然同邪？"②税与权在其《校正周易古经序》中也提出疑问："吕汲公元丰壬戌昉刻《周易古经》十二篇于成都学宫，景迂晁生建中靖国辛巳并为八篇，号《古周易》，缮写而藏于家。巽岩李文简公绍兴辛未谓北学各有师授，经名从吕，篇第从晁，而重刻之。逮淳熙壬寅，新安朱文公表出东莱吕成公《古文

---

① （宋）陈振孙撰，徐小蛮、顾美华校点：《直斋书录解题》，上海古籍出版社2005年版，第2页。

② （宋）尤袤：《梁溪遗稿》卷二，《文渊阁四库全书》影印本。

周易经传音训》，乃谓编古《易》自晁生始，岂二公或不见汲公蜀本欤？"①其实大防所定《周易古经》与吕祖谦所定《古周易》在篇目名称上有一点细微差别：吕大防《周易古经》篇目为上经第一、下经第二、上象第三至杂卦第十二，而吕祖谦本篇目则是上经、下经、象上传第一至杂卦传第十，但内容次序本末则完全相同。而祖谦本比大防本足足晚了一百年。由于朱熹对祖谦本的推崇，并在作《周易本义》时采用，加上吕祖谦本人的声名，祖谦本《古周易》广泛流传开来。而有创始之功的大防本《周易古经》流传渐少，宋元以后即不见著录，其单行本疑亡于宋末。但宋人吴仁杰编《集古易》时，附录了大防《周易古经》。吴仁杰《集古易》曾于宋理宗端平三年（1236）由吴人何元寿刊于湖广饷所，通志堂所收者即此本，但编目时误为吕祖谦《古周易》，其实吕祖谦《古周易》仅是《集古易》所收之一种。潘雨廷先生《读易提要》（上海古籍出版社，2006年）对此已做辨证。

二、《吕氏家祭礼》一卷（佚）

《直斋书录解题》卷六史部礼注类著录《吕氏家祭礼》一卷，云："丞相京兆吕大防微仲、正字大临与叔撰。"《宋史·艺文志》史部仪注类亦著录"吕大防、大临《家祭仪》一卷"。《宋史》本传称大防"与大忠及弟大临同居，相切磋论道考礼，冠昏丧祭，一本于古，关中言《礼》学者推吕氏"②，大临"通《六经》，尤邃于《礼》"③。《朱子语录》卷八十四曰："吕与叔集诸家之说补《仪礼》，以《仪礼》

---

① （宋）税与权：《古经传》，《文渊阁四库全书》影印本。
② （元）脱脱等：《宋史》卷三百四十，中华书局1977年版，第10844页。
③ （元）脱脱等：《宋史》卷三百四十，中华书局1977年版，第10848页。

为骨。"则此书当为兄弟合著，疑此书吕大临出力尤多，因大防为兄，故列姓名于前。该书亦不见于后世书目著录，疑亡于宋元之际。

三、《神宗实录》(《神宗朱墨史》)二百卷(佚)

袁本《郡斋读书志》前志卷二上史部实录类著录《神宗实录》二百卷，云："右皇朝吕大防等撰。起藩邸，止元丰八年三月，凡十九年。绍圣中，言者谓：'元祐间，吕大防提举《实录》，范祖禹等编修，刊落事迹，变乱美实，外应奸人诋诬之说。'命蔡卞改修。其后奏书，以旧录为本，用墨书，添入者用朱书，其删去者用黄抹，已而将旧录焚毁。宣和中，或得其本于禁中，遂传于民间，号《朱墨史》云。"衢本卷六史部实录类另著录《神宗朱墨史》二百卷，解题与此基本相似，则似应为一书。衢本所录应是晁公武定稿时所修订书名。此书因涉及党争问题，曾多次重修。陆游《老学庵笔记》卷十云："元祐、绍圣皆尝修《神宗实录》，绍圣所修既成，焚元祐旧本，有敢私藏者皆立重法。久之，内侍梁师成家乃有朱墨本，以墨书元祐所修，朱书绍圣所修，稍稍传于士大夫家。绍兴初，赵相鼎提举再撰，又或以雌黄书之目为黄本，然世罕传。"[①]则晁氏所藏应即绍圣改修本，已非吕大防元祐本原貌。李焘《续资治通鉴长编》多处引用《神宗朱墨史》资料，并以"墨史"、"朱史"、"墨本"、"朱本"字样相区别。其所引"墨史"或"墨本"资料应即出自大防该书原本。此书后世不见著录，疑亡佚于宋元之际。

四、《政目》(佚)

《政目》为吕大防所撰政务笔记，不见于诸家书目著录，但其

---

① （宋）陆游：《老学庵笔记》，中华书局1979年版，第129页。

为重要史料，李焘《续资治通鉴长编》引大防该书多达五百条。李焘在引《政目》时，曾提到"《政目》板数差错"、"板数错乱"①，则《政目》似曾刊刻。此后不见著作引用或提及，疑亡佚于宋元之际。从李焘所引用内容看，《政目》纪事时间跨度自元丰八年至元祐八年，基本涵盖了吕大防执政的整个时期，对这一时期朝廷政治、经济、军事等方面的举措以及人事变动都有所记录。《政目》体例是以日系事，简明扼要，应是其朝政日志，故其资料的真实性、准确性很高，这大概正是李焘大量引用《政目》资料的原因所在。

五、《长安图记》一卷（佚）

《直斋书录解题》卷八史部地理类著录《长安图记》一卷，云："丞相汲公吕大防知永兴军，以为正长安故图，著其说于上。今信安郡有此图，而别录其说为一编。"《玉海》卷一五引《中兴馆阁书目》也著录有吕大防《长安图记》一卷。由此可知，《长安图记》是吕大防《长安图》题记的单行本，而《长安图》则在信安郡有覆刻。宋赵彦卫撰《云麓漫抄》卷八有关于《长安图》的简略介绍，云："元丰三年正月五日，龙图阁待制知永兴军府事汲郡吕公大防，命户曹刘景阳按视、邠州观察推官吕大临检定。其法以隋都城大明宫并以二寸折一里，城外取容，不用折法。大率以旧图及韦述《西京记》为本，参以诸书及遗迹。考定太极、大明、兴庆三宫用折地法，不能尽容诸殿，又为别图。"②郑樵《通志》卷七二图谱略下分别著录吕大防《唐长安京城图》和《唐太极宫、唐大明宫、唐兴庆宫图》，

---

① （宋）李焘：《续资治通鉴长编》卷四百三十九，中华书局1979年版，第10585页。

② （宋）赵彦卫：《云麓漫钞》卷八，中华书局1998年版，第140页。

后者注云："三宫合为一图。"卷六六艺文略下又分别著录《唐太极、大明、兴庆宫图》一卷和《长安京城图》一卷。则吕大防《长安图》因为图幅巨大，是将总图和分图分卷刊行的。南宋程大昌《雍录》考订关中古迹，曾参考吕大防《长安图》，称为"吕图阁图"，是吕大防《长安图》绍兴秘书省传本。阁本在明代时还有流传，《永乐大典》曾采录。吕大防为了《长安图》能长久流传，曾在完成后刻碑，并将碑石立于京兆府衙，后几经战火，碑石被破坏，现今尚有《长安图》部分碑石残片，藏于西安碑林博物馆，惜所存已不足原图三分之一。近年已有学者对其进行复原研究。

六、《西铭解》（佚）

袁本《郡斋读书志》附志卷下集部语录类著录《二十先生西铭解义》一卷，云："右明道、伊川、吕大防微仲、吕大临与叔、杨时中立、游酢定夫、尹焞彦明、刘安节元承、鲍若雨商霖、李朴先之、张九成子韶、胡铨邦衡、许景衡少伊、郭雍子和、谢谔昌国、刘清之子澄、张维、祝禹圭、钱闻诗子言、张栻敬夫解横渠先生西铭之义也。"则大防曾著有《西铭解》，但其单行本不见于书目著录，疑流传不广。此《二十先生西铭解义》后世亦不见著录或引用，疑亡佚于南宋以后。

七、《杜诗年谱》一卷、《韩吏部文公集年谱》一卷（存）

《杜诗年谱》仅七百字，非常简略。是谱或仅题"年谱"两字，或题"杜诗年月"，或题"杜工部年谱"，或题"子美诗年谱"，杂乱不一。宋人则多称以"《杜诗年谱》"。如赵子栎《杜工部年谱序》称"吕汲公大防为《杜诗年谱》"，王得臣《麈史》称"故丞相吕公为《杜诗年谱》"，薛仲邕《翰林李太白年谱》亦称"《杜诗年谱》"。谱末有吕大防后记云:"予苦韩文、杜诗之多误,既仇正之,又各为《年谱》,以次第其出处之岁月,而略见其为文之时。则其歌时伤世、幽忧窈叹之意,粲然可观。又得以考其辞力,少而锐,壮而健,老而严,非妙于文章不足以至此。元丰七年十一月十三日,汲郡吕大防记。"①由此可知杜、韩年谱作于元丰七年(1084)吕大防知成都府时。吕大防当时先是对杜诗、韩文进行校勘,然后又分别编写年谱附于后。大防所校杜诗、韩文国内早已失传。日本福井亭崇兰馆藏有北宋刊本《昌黎先生文集》四十卷、《外集》十卷,据日本人涩江全善、森立之《经籍访古志》卷六著录:"唐李汉编。首有李序,题'昌黎先生文集序,门人李汉编并序',次《文录序》,题'天水赵德',次《韩吏部文公集年谱》,次《目录》。年谱后有吕大防识语云(略)。每半板口行行十八字,界长六寸九分,幅口寸口分。每卷有金泽文库印记。"②一般认为此本即是吕大防所校正过的北宋刊本。吕大防所作年谱因此后刊行的各种版本杜诗、韩文的转载在国内广泛流传至今。虽嫌简略,却开有宋一代年谱编撰之风,对后世亦影响深远。南海潘氏藏宋刊本《分门集注杜工部诗》卷首,即附有吕大防《杜诗年谱》,《四部丛刊》本即据此影印。《韩吏部文公集年谱》则因被收于宋魏仲举《韩文类谱》而广为流传。

八、《吕汲公文录》二十卷、《文录掇遗》一卷(佚)

衢本《郡斋读书志》卷十九集部别集类著录《吕汲公文录》二十卷,《文录掇遗》一卷。盖为大防别集。此书后世不见著录,疑

---

① (宋)吕大防等撰、徐敏霞校辑:《韩愈年谱》,中华书局2006年版,第6页。亦见于《四部丛刊》本《分门集注杜工部诗》附《杜工部年谱》卷末。

② 〔日〕涩江全善、森立之:《经籍访古志》,光绪十三年(1885)铅印本。

亡佚于宋元之际。晁氏云："大防即拜相,常分其俸之半以录书,故所藏甚富。其在翰林,书命典丽,议者谓在元绛之上云。"则此书中当收录有大防的书命奏议之类。朱熹在《答吕伯恭论渊源录》中称横渠墓表出自吕大防,内有"学者苦圣人之微而珍佛老之易入","(横渠)不必以佛老而合乎先王之道"①等语。朱熹对此深为不满,认为存之有害。此文吕大防别集中当有收录,亦随别集散佚。《全宋文》辑有吕大防文四十六则,其中多为奏议,但也有一些记、序、跋等。《全宋诗》辑其佚诗六首及残句三则。

第三节 吕大钧著述考

吕大钧著作主要有以下三种:

一、《蓝田吕氏祭说》一卷(佚)

《宋史·艺文志》史部仪注类著录吕大钧撰《蓝田吕氏祭说》一卷,不见录于其他书目,疑南宋以后亡佚。

二、《吕氏乡约》一卷、《乡仪》一卷(存)

袁本《郡斋读书志》附志卷上史部仪注类著录:"《吕氏乡约》一卷,《乡仪》一卷。"云:"吕和叔季明所定也,朱文公记于后。"陈振孙《直斋书录解题》卷六史部礼注类著录:"《吕氏乡约》一卷,《乡仪》一卷,吕大钧和叔撰。"此书流传至今,现主要有宋嘉定本、明正德五年本、明正德十四年本。宋嘉定本七行十四字,注双行十

---

① (宋)朱熹著,郭齐、尹波点校:《朱熹集》,上海古籍出版社、安徽教育出版社2002年版,第1532页。

六七字，白口，左右双栏。有淳熙二年朱熹序和李大有嘉定五年后序。现藏于国家图书馆。原为丁氏持静斋藏书，后归徐乃昌，徐氏曾将其刻入《随庵徐氏丛书》续编。明正德五年三原王承裕曾校勘《吕氏乡约乡仪》，并刻于弘道书院，此本现藏于国家图书馆，七行十四字，白口，四周单边。正德十四年李东将王承裕校勘本更名为《蓝田吕氏遗书》，刻于丹徒县。此本现存国家图书馆。九行十八字，白口，左右双边。卷首吕大钧名后题"三原王承裕校勘"。前有正德十五年杨一清序，后有正德十五年靳贵跋。明代两种正德本乃据宋本而来。

《吕氏乡约》、《乡仪》原题作者为"吕大忠"，且在《乡仪》卷末，有吕大忠记曰："人之所赖于邻里乡党者，犹身有手足，家有兄弟，善恶利害皆与之同，不可一日而无之。不然，则秦越其视何与于我哉？大忠素病于此，且不能勉，愿与乡人共行斯道。惧德未信，动或取咎，敢举其目先求同志。苟以为可，愿书其诺，成吾里仁之美，有望于众君子焉。熙宁九年十二月初五日汲郡吕大忠白。"①朱熹序云："此篇旧传吕公进伯所作，今乃载于其弟和叔文集，又有问答诸书，如此知其为和叔所定不疑。篇末著进伯名，意以其族党之长而推之，使主斯约故尔。"②朱熹意见影响很大，故南宋后《吕氏乡约乡仪》刊本署名均为吕大钧。吕大钧曾屏居乡里十余年，以移风化俗为己任，其做《乡约》、《乡仪》合情合理。然《宋史·吕大防传》称吕大防亦"尝为《乡约》。"细考吕大钧《答伯兄》、《答仲兄》之文，实际情况应是吕大钧起草《乡约》，然后征求兄长意见，最后定稿，以吕大忠之名义公之于乡党予以推行。

---

① （宋）吕大钧：《吕氏乡约乡仪》，《随庵徐氏丛书续编》本，第8页。
② （宋）吕大钧：《吕氏乡约乡仪》，《随庵徐氏丛书续编》本，第14页。

吕大钧《吕氏乡约》影响很大,不但在国内有很多传本,而且还流传到国外。现韩国国会图书馆、高丽大学就藏有朝鲜宣祖七年(1574)乙亥字本,全州府刊。① 但此书并非吕大钧原本,而是经朱熹增损过的。

另:明彭大翼撰《山堂肆考》卷一百二十二《吕氏乡约》条云吕大钧所著"有《四书注》及《乡约》"。"四书"之名乃南宋朱熹所定,吕大钧不可能撰《四书注》,作者当有误。但现存一些有关《诗经》著作如《吕氏家塾读诗记》中,有个别地方引用了吕大钧的解释,疑吕大钧曾注解过《诗经》,但在南宋后散佚。

三、《诚德集》三十卷(佚)

《郡斋读书志》卷十九集部别集类著录吕和叔《诚德集》三十卷,云:"皇朝吕大钧,字和叔。嘉祐二年中进士第,大防仲弟也。终于宣义郎、鄜延路漕司属官。师张厚之。赡学博闻,无所不该,其文章非义理不发。"是书为大钧别集。大钧卒后,其友范育表其墓曰:"诚德君子",疑《诚德集》得名于此。如是,则此别集为大钧逝世后由他人编成,非其自定。此书南宋时尚有流传,朱熹在《答吕伯恭》中言:"欲烦就汪丈处借吕和叔集,检看有《西铭解》否?有望录示也。"② 以后书目不见著录,疑亡于宋元之际。《全宋诗》收其佚诗一首,《全宋文》收其佚文十篇。

---

① 巩本栋:《宋集传播考论》,中华书局2009年版,第195页。
② (宋)朱熹著,郭齐、尹波点校:《朱熹集》,上海古籍出版社、安徽教育出版社2002年版,第1452页。

第四节　吕大临著述考

吕大临在兄弟四人中年齿最幼,享年最短,但著述最多,学术成就亦最高。据有关文献记载,除前及与兄长合撰之著述外,吕大临还有以下十几种著作:

一、《吕氏易章句》一卷(佚)

衢本晁公武《郡斋读书志》卷一经部易类著录《吕氏易章句》十卷,云:"皇朝吕大临与叔撰。其解甚略,有统论数篇。"袁本晁志作《芸阁先生易解》一卷,云:"皇朝吕大临与叔撰。有统论数篇,无诠次,未完也。"《宋史·艺文志》经部易类著录为一卷,当以一卷为是。度正《跋吕与叔〈易章句〉》言:"豫章罗传之,坚甫得之,刻之阳安之学宫。"豫章罗,指人称豫章先生的罗从彦,为杨时弟子。朱熹在《答曹立之》中云:"熹近得蜀本吕与叔先生《易说》,却精约好看。方此传写,或未见,当转寄也。"①尤袤《遂初堂书目》亦著录有"吕与叔《易传》"。所谓《易解》、《易说》、《易传》当都为《易章句》之别名。南宋冯椅《厚斋易学》附录"先儒著述"列《芸阁解》,并以小字注云:"蜀本三家解之一。"②可见此书在南宋时影响很大。惜后世不见著录,疑亡佚于宋元之际。清纳兰成德据宋陈友文《大易集义》和曾穜编撰《大易粹言》二书合辑成《合订删补大易集义粹言》一书,其义多引吕说。现《大易粹言》仍有传

---

① (宋)朱熹著,郭齐、尹波点校:《朱熹集》,上海古籍出版社、安徽教育出版社2002年版,第2500页。

② (宋)冯椅:《厚斋易学》附录一,《文渊阁四库全书》影印本。

本,但无吕说。则吕说应出自《大易集义》。但该书《系辞》以下皆无吕注,疑其来源即为晁志所云"未完"之本。陈俊民先生《蓝田吕氏遗著辑校》以《通志堂经解》原刊本《合订删补大易集义粹言》为底本,以《四库全书》重刊本作校本,又据吕祖谦编《晦庵先生校正周易系辞精义》辑出《系辞》以下吕注若干条,成《易章句》辑本,收入《蓝田吕氏遗著辑校》一书。但从其辑本来看,并没有所谓"统论数篇",说明辑本较之原书,还是有不少的差异。

二、《书传》十三卷(佚)

衢本《郡斋读书志》卷一经部书类著录《书传》十三卷,题"吕大临与叔撰"。但袁本《郡斋读书志》作一卷,不载传人,云:"盖为程正叔之学者,疑诸吕所著也。"《郡斋》衢本优于袁本,故衢本所著录应为正确。① 此书亦不见于后世书目著录,疑亡于南宋后。

三、《诗传》,卷数不详(佚)

此书不见于诸家书目著录。因此,不论是刘毓庆的《历代〈诗经〉著述考》还是郝桂敏《宋代〈诗经〉文献研究》都没有提到吕大临的这部著作。陈俊民《蓝田吕氏遗著辑校》也没有对此进行辑佚。但《伊洛渊源录》载吕大临:"有《易》、《诗》、《礼》、《中庸说》、《文集》等行世。"②宋度正《跋吕与叔〈易章句〉》亦云:"余家旧藏吕与叔文集、《礼记解》、《诗传》而未见《易章句》。"③则可证明吕大临确曾有《诗传》一书。南宋时期吕祖谦撰《吕氏家塾读诗

---

① 孙猛:《〈郡斋读书志〉衢袁二本的比较研究——兼论〈郡斋读书志〉的成书过程》,《文史》第20辑。
② (宋)朱熹:《伊洛渊源录》,《文渊阁四库全书》影印本。
③ (宋)度正:《性善堂稿》卷十四,《文渊阁四库全书》影印本。

记》其卷前所列集注姓氏中即有"蓝田吕氏",而且其中引"吕氏曰"的内容颇多。当然吕祖谦集注姓氏中还列了"荥阳吕氏",即吕希哲,但因为吕希哲是吕祖谦同宗先人,因此其书中常以"荥阳公"相称。而所谓的"吕氏曰"则为引吕大临注。这一点为明清时人的共识,因为其所引与吕祖谦《吕氏家塾读书记》"吕氏曰"相同的内容都直接称"蓝田吕氏曰"或"吕大临曰"。朱熹《诗集传》中也有引"吕氏曰"者,亦为吕大临语。其所引吕祖谦说是标为"东莱吕氏曰"以相区别的。《诗传》疑亡佚于宋元之际,因为就目前所存有关《诗经》文献来看,元明以后人的《诗经》学著作所引吕大临注基本不出吕祖谦《吕氏家塾读诗记》和朱熹《诗集传》所引范围,当是转引自吕、朱之书。笔者据《吕氏家塾读诗记》和《诗集传》等书辑出吕大临《诗传》佚文,附录于后。

四、《芸阁礼记解》十六卷(佚)

衢本《郡斋读书志》卷二经部礼类著录《芸阁礼记解》四卷,云:"皇朝吕大临与叔撰。与叔师事程正叔,礼学甚精,《中庸》、《大学》,尤所致意也。"《直斋书录解题》卷二经部礼类著录为十六卷,题解云:"秘书省正字京兆吕大临与叔撰。案《馆阁书目》作一卷,止有《表记》、《冠》、《昏》、《乡》、《射》、《燕》、《聘义》、《丧服四制》凡八篇,今又有《曲礼》上下、《中庸》、《缁衣》、《大学》、《儒行》、《深衣》、《投壶》八篇。此晦庵朱氏所传本,刻之临漳射垛,书坊称《芸阁吕氏解》者,即其书也。《续书目》始别载之。"《文献通考》卷一百八十一经部礼类亦著录为十六卷。《宋史·艺文志》著录为"《礼记传》十六卷"。则此书以十六卷为是。南宋卫湜撰《礼记集说》引用吕氏解说,在《集说名氏》下云:"蓝田吕氏,字与叔,《解》十卷。案《中兴馆阁书目》止一卷,有《表记》、《冠义》、《昏义》、《乡饮酒义》、《射义》、《燕义》、《聘义》、《丧服四制》八篇而已。今书坊所刊十卷，又有《曲礼》上下、《孔子闲居》、《中庸》、《缁衣》、《深衣》、《儒行》、《大学》八篇。"①则其说与陈氏书目所云卷数、篇目都有出入，疑南宋时所传《礼记解》已非吕大临所著原貌。吕大临《礼记解》后世不见著录，朱彝尊亦云"未见"，恐早在宋元之际已亡佚。清末民初，蓝田学者牛兆濂思复吕氏旧著，据《通志堂经解》本卫湜《礼记集说》辑出《蓝田吕氏礼记传》十六卷，于宣统三年(1911)刻版于蓝田芸阁学舍，后收入《清麓丛书续编》。陈俊民先生《蓝田吕氏遗著辑校》也参考牛本有所辑校，可参看。

五、《编礼》三卷（佚）

衢本《郡斋读书志》卷二经部礼类著录《编礼》三卷，云："吕大临与叔编。以《士丧礼》为本，取《三礼》附之。自始死至祥练各以类分，其施于后学甚悉。尚恨所编者五礼中特凶礼而已。"此书袁本《郡斋读书志》载为三卷，疑误。朱彝尊《经义考》亦载为三卷，云"未见"。疑南宋以后已经散佚。

六、《吕与叔论语解》十卷（佚）

衢本《郡斋读书志》卷四经部论语类著录《吕与叔论语解》十卷，云："吕大临与叔撰。与叔虽程正叔之徒，解经不尽用其说。"《宋史·艺文志》经部论语类著录"吕大临《解》十卷"。后世书目不见著录，疑南宋以后亡佚。朱熹撰《论语精义》曾引用吕大临

---

① （宋）卫湜：《礼记集说·集说名氏》第117册，《文渊阁四库全书》影印本，第12页。

解,陈逸民《蓝田吕氏遗著辑校》以宝诰堂重刻白鹿洞原本《论孟精义》作底本,参以《四库全书》本与日本景享保十四年(1729)和刻本辑佚,但略有疏漏。如《里仁第四》:"子游曰:事君数斯辱知,朋友数斯疏矣。"吕解:"数,亟改也。事是君而不忠,又改事一君,至于数,则君不信,所以取辱。朋友亦然,至于数,亦不信,所以取疏也。"陈书即漏辑。

七、《孟子讲义》十四卷(佚)

《宋史·艺文志》子部儒家类著录吕大临《孟子讲义》十四卷,但不见于后世书目著录,疑在南宋以后亡佚。陈俊民《蓝田吕氏遗著辑校》据《论孟精义》辑有《孟子解》。

八、《大学解》一卷(佚)

《宋史·艺文志》经部礼类著录吕大临《大学》一卷,但不见于后世书目著录,疑亡佚于南宋以后。其零星语句散见于程、朱及有关《大学》论著中,待辑。

九、《中庸解》一卷(存)

《宋史·艺文志》经部礼类著录吕大临《中庸》一卷。宋尤袤《遂初堂书目》礼类著录"吕与叔《中庸再解》"。据现存吕大临《中庸后解序》一文,吕大临为太学博士时作《中庸后解》以为太学讲义。疑尤袤所著录《中庸再解》即吕大临《中庸后解》。朱彝尊《经义考》著录:"吕氏大临《中庸解》一卷,存,疑即《二程全书》中所载本。"[1]又著录:"《中庸后解》,宋志一卷,佚。"《中庸解》与《中

---

[1] (清)朱彝尊:《经义考》卷一百五十一,中华书局1998年版,第794页。

庸后解》是吕大临解《中庸》的两个版本,朱熹称为旧本与改本。旧本即吕大临太学讲堂之本,也即吕大临《礼记解》中的《中庸第三十一》。改本世人误为明道先生程颢所作,有陈瓘序。对此朱熹曾多次加以辨析,其在为石墪所作《中庸集解序》中即云:"明道不及为书,今世所传陈忠肃公(瓘)之所序者,乃蓝田吕氏所著之别本也。"①在《中庸或问》中又进一步说明:"是则愚尝闻之刘、李二先生矣。旧本者,吕氏太学讲堂之本也。改本者,其后所修之别本也。陈公之序,盖为传者所误而失之,及其兄孙几叟具以所闻告之,然后自觉其非,则其书已行而不及改矣。近见胡仁仲所记侯师圣语,亦与此合。盖几叟之师杨氏,实与吕氏同出程门,师圣则程之子内弟,而刘、李之于几叟,仁仲之于师圣,又皆亲见而亲闻之,是岂胸臆私见、口舌浮辩所得而夺哉!若更以其言考之,则二书详略虽或不同,然其语意实相表里……"②朱熹所云"胡仁仲所记侯师圣语"即指胡宏《题吕与叔中庸解》:

> 靖康元年,河南门人河东侯仲良师圣自三川避乱来荆州,某兄弟行从之游。议论圣学,必以《中庸》为至。有张焘者,携所藏明道先生《中庸解》以示之,师圣笑曰:"何传之误!此吕与叔晚年所为也。"焘亦笑曰:"焘得之江涛家,其弟云然。"
>
> 按河南夫子,侯氏之甥,而师圣又夫子犹子也。师圣少孤,养于夫子家,至于成立,两夫子之属纩,皆在其左右。其从夫子最久,而悉知夫子文章为最详。其为人守道义,重然诺,言不妄,可信。

---

① (宋)朱熹著,郭齐、尹波点校:《朱熹集》,上海古籍出版社、安徽教育出版社2002年版,第3956页。

② (宋)朱熹著,黄珅点校:《四书或问》,上海古籍出版社2001年版,第53页。

后十年,某兄弟奉亲,南止衡山,大梁向沆又出所传明道先生解,有莹中陈公所记,亦云此书得之涛。某反复究观词气,大类横渠《正蒙》书,而与叔乃横渠门人之肖者。征往日师圣之言,信以今日已之所见,此书与叔所著无可疑明甚,惜乎莹中不知其详,而有疑于行状所载,觉斯人明之书皆未及之语耳。虽然,道一而已,言之是,虽阳虎之言,孟轲氏犹有取焉,况与叔亦游河南之门大本不异者乎?尊信诵习,不敢须臾忘勇哉!

莹中之志,某虽愚,请从其后。①

由此可知,早在靖康年间,吕大临《中庸解》即被误为程颢所著。衢本《郡斋读书志》卷二经部礼类著录《明道中庸解》一卷,应即是吕大临所著误为明道者。朱熹的说法来源有自,令人信服。因此,现在一般学者都认为今《二程集》中所收《中庸解》即是吕大临所著。将《二程集》中的《中庸解》与吕大临《礼记解·中庸第三十一》文字进行比对,也可以得出二者为同一人所著。故陈俊民将《二程集》中的《中庸解》收入其《蓝田吕氏遗著辑校》一书。

附:《朱子语类》卷一百一云:"吕与叔《中庸义》典实好看,又有《春秋》、《周易解》。"则吕大临似尚解《春秋》,无其他资料佐证,存疑。

十、《吕氏老子注》二卷(佚)

衢本《郡斋读书志》卷十一子部道家类著录《吕氏老子注》二卷。解题云:"吕大临撰。其意以老氏之学合有无谓之玄,以为道之所由出,盖至于命矣。其言道体,非独智之见,孰能臻此?求之

---

① (宋)胡宏著、吴仁华点校:《胡宏集》,中华书局2009年版,第189页。

终篇,谬于圣人者寡,但不当以圣智仁义为可绝弃。"此书亦不见于他书著录,疑亡于宋元之际。

十一、《西铭解》,卷数不详(佚)

《直斋书录解题》卷九子部儒家类著录《西铭集解》一卷,曰:"张载作《订顽》、《砭愚》二铭,后更曰《东、西铭》。其《西铭》即《订顽》也。大抵发理一分殊之旨,有赵师侠者,集吕大临、胡安国、张九成、朱熹四家说为一篇,刻之兴化军。"则吕大临曾有《西铭解》之作。程泌《书张子西铭解义后》云:"横渠《西铭》,其门人吕大临与叔解释甚明。"①则吕大临《西铭解》南宋末尚存,但后世不见著录,疑亡佚于宋元之际。现存宋王霆震编《古文集成》收录了张载《西铭》,并附有朱熹、张九成、吕大临解,可以辑佚。

十二、《考古图》十卷(存)

衢本《郡斋读书志》卷四经部小学类著录《考古图》十卷,解题云:"吕大临与叔撰。裒诸家所藏三代秦汉尊彝鼎敦之属,绘之于幅,而辨论形制文字。"可见晁氏注意到《考古图》在辨论形制文字方面的价值,故将其列入经部小学类。《直斋书录解题》则在卷八史部目录类亦著录《考古图》十卷,云:"汲郡吕大临与叔撰,其书作于元祐七年,所纪自御府之外凡三十六家,所藏古器物皆图而录之。"陈氏着重于其古器物图录的性质,故将其列入史部目录类。《宋史·艺文志》经部小学类亦著录"《考古图》十卷"。

《考古图》著录古器之多、之详,在同类图录书中前此无比。全书共录官私所藏古器248件,基本上是按器物类型编排,同时也

---

① (宋)程泌:《洺水集》卷九,《文渊阁四库全书》影印本。

顾及时代先后。该书于每器皆定其名称,摹绘图形、款识,记录尺寸大小、容积、重量,并附铭文考释,对出土地点及收藏家之可考者亦加说明;然后征考文献,以按语形式,讨论作器时代、器物名义、形制、用途、相关史实和礼制,以及铭文释读的难点和疑点等,间引他家释读及论说,有时还附入他书所载与本书有异的款识摹印件。

《考古图》传本较多,以清代天都黄氏亦政堂本较为常见。亦政堂本出自明宝古堂本,宝古堂本又出自明泊如斋本,明泊如斋本则出自元大德刊本。宝古堂本、泊如斋本都是明刻本中刊印较佳者。《四库全书》据钱曾影抄宋本录有《考古图》十卷,《续考古图》五卷,《释文》一卷,其提要辨明《续图》非吕大临所作,乃南宋人续大临之书而佚其名氏。四库馆臣用影宋本与泊如斋系统本对校,发现影宋本有十五处优点。《四库全书存目》另著录元大德刊本《考古图》十卷,经元罗更翁考订,有陈才子序。无《续图》及《释文》。王重民《中国善本书提要》著录《考古图十卷》(北图),题"元大德刊本"。容庚《考古图述评》云其在1926年曾借观"北京图书馆黑字本,谓是元刻,图识皆极劣",有陈才子序,器目前有"默斋罗更翁考订"字样。王、容所见应为同一版本。钱曾所见北宋本及其影宋本都已不见,元刻本亦无从寻觅,疑已亡佚。但今人亦有疑钱曾本非影宋本者[①],其根据是书中多处屡入南宋以后按语及引语,此意见似有一定道理,但其亦承认影宋本为目前所知最佳之版本,可能是真正的元大德刊本,而王、容二氏所见则可能并非真正的元刻。

---

① 李玉奇:《〈考古图〉钱曾藏本非影宋本考》,《古籍整理学刊》2001年第5期。

十三、《玉溪集》二十五卷、《玉溪别集》一十卷（佚）

衢本《郡斋读书志》卷十九集部别集类著录《玉溪集》二十五卷，《玉溪别集》一十卷。则该书为大临别集。《遂初堂书目》别集类著录则为"吕与叔《芸阁集》"。朱熹著作中多处提及吕大临别集，则南宋时吕大临别集应有刻本流传，但后世不见著录，疑亡佚于宋元之际。有些篇章因收入其他著作而流传至今。由吕大临记录整理的吕、程谈话问答记录《东见录》和《论中书》，被编入《二程全书》，前者收入《程氏遗书》卷二，后者则收入《程氏文集》卷九。陈俊民据中华书局点校本《二程集》将此二篇录出，收入《蓝田吕氏遗著辑校》。《全宋诗》辑有吕大临诗十一首，《全宋文》收文三十二篇，但仍有遗漏，如朱熹《楚辞集注》所附吕大临《拟招》一篇。此外，陕西西安市出土吕大临撰《宋故清河县君张氏夫人墓志铭》为《全宋文》所未收，此石现藏西安市文物保护考古所，陕西省古籍整理办公室藏有拓本，《陕西碑石精华》（三秦出版社，2006年）一书中收录。

第五章　重要学术著作及其贡献

蓝田四吕知识渊博，著述宏富，有着多方面的学术成就。与其理学思想有关的著述，哲学界学者已经有比较深入的研究，对四吕在其他方面的学术成就，人们却有所忽略，或没有引起足够的重视。本章即选择几种重要的学术著作进行分别论述，以见其在文学、社会学、金石学、地理学等方面的学术贡献。

第一节　吕大防韩、杜年谱

吕大防是位政治家，自二十二岁登第走上仕途，投身宦海，直至去世。除期间为父守丧三年外，大部分的时间都政务缠身。但他从政之余，不辍读书。晁公武云："大防即拜相，常分其俸之半以录书，故所藏甚富。其在翰林，书命典丽，议者谓在元绛之上云。"他还喜欢收集古本善本书籍，并加以整理刊印。如他曾在宋次道、王仲至家发现古文《尚书》三册，并用来校陆德明《经典释文》，并将此古文《尚书》刊刻流传。元丰六年（1083）至元丰八年（1085），吕大防知成都府。成都在宋代是著名的刻书中心，文化事业发达。大防既颇知书，又为地方长官，进行文化活动自然也有便利条件。《周易古经》就是在这一时期编撰并刊刻的。他不但重视经学文本，对文学也非常重视。而其一生中最重要也是对后世影响最大的文学研究活动就是在成都期间对杜诗、韩文进行校勘整理并编撰了杜诗、韩文年谱。他还在杜甫故居"复作草堂于旧址,而绘像于其上"①。

一、吕大防韩、杜年谱的编撰

前文已经提到,吕大防是在校勘韩文、杜诗的基础上编撰韩、杜年谱的。吕氏所校韩集,北宋时曾刊刻流传,今国内已无传本。日本崇兰馆藏有北宋刊本《昌黎先生文集》四十卷,《外集》十卷,即吕大防所校韩集。从《经籍访古志》所著录的情况来看,吕大防对韩集的校勘是依据唐李汉所编的本子,但同时也参考了其他本子,如其《外集》十卷当即是受嘉祐蜀本《昌黎先生集》的影响②。其所撰《韩吏部文公集年谱》则排在该书目录之前,李汉序和天水赵德序之后。

吕大防所编韩愈年谱内容非常简略,仅二十六条,八百余字。系年也稍嫌粗疏。现存魏仲举《韩文类谱》所载吕大防《韩吏部文公年谱》中,有十五条按语纠正原有系年之误。如贞元二十年甲申条:

是年移江陵掾,以四门博士征。

按公移江陵掾在明年,未尝以四门博士征也。不知何所本。

又如元和八年癸巳条:

拜比部郎中、史馆修撰。时有《答元侍御书》、《与刘秀才论史书》。

---

① 胡宗愈:《成都新刻草堂先生诗碑序》,见仇兆鳌《杜诗详注》附编,中华书局 2004 年版,第 2243 页。

② 刘真伦:《韩集宋元传本研究》,中国社会科学出版社 2004 年版,第 273 页。

按公是年三月拜史馆修撰,《答元书》盖踰年九月也。书云"前岁辱书",是踰岁后答书也,当附来岁。

按语与前文观点不一,明显是纠正前文错误。肯定不是吕大防原谱所有,应为后人所加。据清人陈景云跋语考证云:

《类谱》中有附录六十余条,如引韩子《寄赠三学士》及《岳阳楼》诗,证阳山之贬乃为韦、王之党所排,谓都官之除在己丑六月十日,皆莆田方崧卿《增考年谱》之文,朱子采入《考异》可据,余亦疑悉出崧卿谱。虽不著其姓名,然由朱子所采可以推,且玩其文体,亦诸条无异耳。又方考亦有别见《考异》而是谱未采者,盖谱之所录,尚非共全。①

则方崧卿原有关于韩愈的《增考年谱》之作,朱熹著《韩文考异》曾加采入;魏仲举编《韩文类谱》,也采录若干条编入吕谱的有关部分。现方崧卿《增考年谱》已佚,这些按语当即是方氏佚文。

吕大防所校勘的杜甫诗集已经失传,无从得其面貌。似乎不仅对杜诗进行了校勘,而且还对杜诗进行了简单的注释。现存宋黄希原本、黄鹤补注的《补注杜诗》,其注解多有引用前人处。卷前列"集注杜诗姓氏"有"吕氏:大防,撰年谱"字样。此外并未列其他吕氏。该书不但在卷前《年谱辨疑》中对吕撰年谱进行了多处辨证,而且正文中也有引吕氏注者,标明"吕曰"。则其所谓"吕曰",应该即是引吕大防注。但黄本引吕注并不多,仅有五处②,分别如下:

卷二《桥陵诗三十韵因呈县内诸官》中"飘摇凌浊泾"一句

---

① （宋）吕大防等撰、徐敏霞校辑:《韩愈年谱》前言,中华书局2006年版,第223页。

② 据（宋）黄希、黄鹤:《补注杜诗》,《文渊阁四库全书》影印本。

后注：

> 吕曰："《诗》：'泾以渭浊。'"

"暮途涕泗零"句后注：

> 吕曰："汉主父偃曰：'日暮途远，吾故倒行而逆施。'《诗》：'涕泗滂沱。'"

卷三《石壕吏》一诗"存者且偷生"句后注：

> 吕曰："李陵曰：'陵岂偷生之士？'"

《新婚别》一诗"何以拜姑嫜"句注：

> 吕曰："陈琳《饮马长城窟行》云：'善事新姑嫜。'此姑嫜字所出也。"

卷五《后出塞五首》其一"召募赴蓟门"句注：

> 吕曰："召募字出《吴志》：'中郎将周祗乞于鄱阳召募。'盖召谓自隐度而应募为召募也。"①

从这几条注释来看，都是引经据典说明诗句出处。所引既有《史记》、《吴志》等史书，也有《诗经》、汉乐府、《文选》等文学作品，显示了吕大防博学多识的特点，与晁公武所云"博极群书"相合。

吕大防所编杜甫年谱和韩谱一样也非常简略，仅十八条，八百余字。而且其最明显的一个错误是将杜谱中的干支纪年统统往后错了一年。杜甫出生的"睿宗先天元年"按干支纪年法本应为"壬子"年，大防却误为"癸丑"年，因此后面的干支纪年也都依次错了一年。可能是吕大防在推算时失误。但因为其年号纪年法并没有错，所以也并不影响我们对其所编杜甫年谱的理解。吕大防所编杜甫年谱虽较简略，但准确度还是较高的。如关于杜甫的卒年，吕

---

① （宋）黄希原本、黄鹤补注：《补注杜诗》，《文渊阁四库全书》影印本。

大防在"大历五年辛亥（应为庚戌）"条云："是年夏，甫还襄汉，卒于岳阳。"其后蔡兴宗作杜甫年谱，采用《新唐书》的说法，认为杜甫以牛肉白酒，卒于耒阳。后来鲁訔作杜甫年谱，云："其卒当在衡岳之间，秋冬之交。但衡在潭之上流，与岳不相邻，舟行必经潭，然后至岳。当云在潭岳之间，蔡谱以史为是，以吕为非，盖未之考耳。"后人多认同鲁氏说法，而吕大防不轻信史书的做法也给后人以很大启发。

吕大防所撰韩、杜年谱中对韩愈、杜甫事迹的考证自然为后人进一步深入研究韩愈、杜甫打下了基础，但由于吕大防所撰韩、杜年谱非常简略，因此在韩愈、杜甫生平行事研究上的资料意义并不太大，其所撰年谱更大的意义其实还是在于他开创了年谱这一新的形式，为人物研究开创了一个新的方法。他将谱主的生平记载按年月顺序进行排列整理。其年代是以年号纪年和干支纪年相结合。对谱主事迹采取有则记录无则阙如的方式。但或许为了纪年的准确性，吕大防将谱主生活年代每个年号的第一年和最后一年都列了出来，即使该年没有谱主事迹可记。对谱主的某些作品，也做了系年。其后的年谱基本沿袭了这一体例。只不过在内容上越来越丰富。今人所编年谱，有些甚至一部年谱即是一部皇皇巨著。但不管年谱内容如何丰富，吕大防所开创的基本体例并没有太大变化。在年谱的纪年方面今人多在年号纪年和干支纪年后面又增加了公元纪年。

自从吕大防韩、杜年谱刊行后，年谱之作就如雨后春笋般不断地涌现出来。韩愈年谱之后有程俱《韩文公历官记》、洪兴祖《韩子年谱》、樊汝霖《韩文公年谱》、方崧卿《韩文年表》等。杜甫年谱有赵子栎《杜工部年谱》、洪兴祖《杜诗年谱》、蔡兴宗《杜工部年谱》、鲁訔《杜工部草堂诗年谱》、黄鹤《杜工部年谱》等。这些后出年谱对吕谱虽有辨证，但从不讳言是受了吕谱的影响和启发。如黄鹤《补注杜诗工部年谱辨疑后序》（嘉定九年序，《文渊阁四库全书》本附）云："吕汲公年谱既失之略，而蔡、鲁二谱亦多疏卤，遂更为一谱，以继于后。"说明其编撰杜甫年谱是受到吕大防的启发。事实上，不但韩愈、杜甫年谱的编撰是受了吕大防影响，而且韩愈、杜甫以外的文人年谱编撰也明显是受了吕大防的启发。如清王琦注《李太白全集》附录《年谱》中云："《翰林李太白年谱》一帙，宋薛仲邕所编集也。薛，关中人，宋绍兴间为右奉议郎。薛以吕大防为《杜诗年谱》，韩、柳二公亦有年谱，而太白之集无之，因采唐史及李阳冰、曾巩诸序，参校诗文而为此。"可见，薛仲邕正是因为有吕大防韩、杜年谱的存在，才想到为同为唐代大诗人的李白编撰年谱。因此，吕大防年谱虽极简略，但筚路蓝缕之功不可没。这一点，也得到后世的广泛认可。钱大昕《归震川先生年谱序》（《潜研堂文集》卷二六）说："年谱一家，昉于宋。"周采泉则说："今世所存北宋人所著年谱，恐以汲公杜、韩两谱为滥觞，则此不仅为杜甫年谱之第一种，亦为我国所有年谱之第一种。"①将吕大防《杜诗年谱》不仅在杜甫年谱方面而且在中国所有年谱中定位为始祖。

吕大防开创年谱的意义还不仅于此。晁公武《郡斋读书志》卷一七关于蔡兴宗所编的《重编少陵先生集》二十卷（佚）、赵彦材（字次公）所编的《新定杜工部古近体诗先后并解（赵次公集注杜诗）》五十九卷（残存二十六卷）说过这样一段话：

> 皇朝自王原叔（洙）以后，学者喜观甫诗，世有为之注者数家，率皆鄙浅可笑。……吕微仲在成都时，尝谱其年月。近时有蔡兴宗者，再用年月编次之。而赵次公者，又以古律诗杂

---

① 周采泉：《杜诗集录》，上海古籍出版社1986年版，第805页。

次第之,且为之注。

蔡兴宗"用年月编次之"的诗集,是以编年方法编排的杜甫诗集,书后附有《重编杜工部年谱》。赵彦材所编诗集,"先后并解",是将作品按年代顺序编排并加以注释的。此外,鲁訔编纂的《编次杜工部集》也是按编年顺序将杜诗编排并加以注释的,书后附有鲁訔所编杜甫年谱。还有黄希及其子黄鹤所编的《黄氏补千家集注杜工部诗史(黄氏补注杜诗)》也是编年诗集。杜诗编年诗集的大量出现,无疑也是受到吕大防"谱其年月"的编年意识的影响。

吕大防韩、杜年谱所树起的编年意识,不仅影响了其后杜诗的编撰,对其他人的诗文集编年也有深刻的影响。宋陈鹄《西塘集耆旧续闻》卷三谈到黄庭坚诗集的编撰情况:

> 黄鲁直少有诗名。未入馆时,在叶县、大名、吉州太和、德平,诗已卓绝。后以史事待罪陈留,偶自编退听堂诗,初无意尽去少作。胡直孺少汲,建炎初师洪州,首为鲁直类诗文为《豫章集》,命洛阳朱敦儒、山房李彤编集,而洪炎玉父专其事,遂以退听为断。以前好诗皆不收,而不用吕汲公老杜编年为法,前后参错,殊牴牾也。反不如姑胥居世英刊《东坡全集》殊不叙,又绝少舛谬,极可赏也。庐陵守陈诚虚中刊欧阳公《居士集》,亦无伦次,盖不知编摩之体耳。①

陈鹄批评洪玉父编黄庭坚诗文集不用"吕汲公老杜编年为法",并认为陈诚刊欧阳修《居士集》"亦无伦次,盖不知编摩之体耳",可见其所谓"编摩之体"即是"吕汲公老杜编年之法"。因此,日本学者浅见洋二认为:"吕大防的杜甫年谱及其在此基础上的

---

① (宋)陈鹄:《西塘集耆旧续闻》卷三,中华书局2002年版,第313页。

杜诗编年对于此后编年诗文集的编纂已成为一种典范。"①

二、吕大防杜、韩年谱体现的文学观

在众多唐代文人流传下来的作品中,吕大防独取杜诗、韩文进行校勘,虽然可能由于杜甫、韩愈都是儒家思想坚定的信仰者,更容易引起同样信奉儒家思想的吕大防之共鸣,但无疑也体现了吕大防独到的文学眼光及文学思想。因为验之后世,杜诗、韩文的影响最为深远而广泛。而且,从其所撰年谱末的自记也可以看出,吕大防更为关注的其实还是杜诗、韩文在文学艺术风格上的表现和意义。

吕大防在所撰韩、杜年谱后自记云:

> 予苦韩文、杜诗之多误,既仇正之,又各为《年谱》,以次第其出处之岁月,而略见其为文之时。则其歌时伤世、幽忧窃叹之意,粲然可观。又得以考其辞力,少而锐,壮而健,老而严,非妙于文章不足以至此。

这段后记虽然只有寥寥几句,但却言简义丰,不但表明了吕大防编纂年谱的目的以及通过年谱所获得的信息,而且体现了吕大防的文学观念,这种观念得到后人广泛的认可,因此影响很大。

吕大防编纂年谱的目的,是为了弄清诗人创作的"出处"、"岁月",从而了解其创作的时代背景。从其作品创作的"时"、"世",来把握诗人"歌时伤世、幽忧窃叹"的"意"。这种"意",指的是诗歌表面文辞下所蕴含的作者的思想、感情、寓意。而以时代为纵向

---

① 〔日〕浅见洋二:《文学的历史学——论宋代诗人年谱、编年诗文集及"诗史"说》,见《距离与想像——中国诗学的唐宋转型》,上海古籍出版社2005年版,第300页。

坐标来考察诗人的作品,则可以发现诗人一生中的创作历程和创作风格的变化。他将诗人的创作分为"少"、"壮"、"老"三个阶段,在这三个阶段中,诗人的创作表现出不同的特征,针对这三个阶段的不同创作特征,吕大防分别以"锐"、"健"、"严"三字来概括。这个概括非常恰当。诗人少年时代意气风发,作品也充满了年轻的锐气;壮年随着人生阅历的增加,创作经验的丰富,作品呈现出老健的特征。而晚年"渐于诗律细",则形式更为严谨缜密。大防这种观点是对孟子"知人论世"观点的进一步发挥,将文人一生分为不同的人生阶段和创作阶段,从而更有益于用发展的眼光来看待作家的创作变化。这种方法深深启发了后人用同样方法对其他文人进行的研究。如,文安礼在为柳宗元文编年的《柳文年谱》的后序(绍兴五年序)中说:"予以先生文集与唐史参考,为时年谱,庶可知其出处与夫作文之岁月,得以究其辞力如何也。"①胡柯在欧阳修年谱后记(庆元二年记)中说到前人薛齐谊、孙谦益、曾三异所作的欧阳修年谱,"每岁列其著述,考文力之先后"②。洪咨夔在《豫章外集诗注序》中谈到任骥所作黄庭坚外集的诗注:"考年谱以推出处。……然使学者尽见前辈少壮至老之作,以观日新日化之力。"③另外,陈晔为其父陈襄编文集《古灵先生文集》时也同时编纂了年谱,其跋云:"家君俾晔次第年谱以冠之,庶几生平游宦岁月之先后,与夫壮志晚节,诗文之辞力,晓然可见。"④这种以年谱来反应谱主从少年经壮年至老年"辞力"变化的方式和观念明显是受到吕大防韩、杜年谱的影响。

---

① (宋)吕大防等:《韩柳年谱》卷八,《丛书集成》本。
② (宋)欧阳修:《欧阳文忠公集》附,《四部丛刊初编》本。
③ (宋)洪咨夔:《平斋文集》卷一〇,《四部丛刊续编》本。
④ (宋)陈襄:《古灵先生文集》附,北京图书馆《古籍珍本丛刊》本。

前引吕大防记不仅影响了年谱及诗文集的编撰,而且其影响还波及文论或诗论。如吴可《藏海诗话》在谈论杜诗时说:

> 杜诗叙年谱,得以考其辞力,少而锐,壮而肆,老而严,非妙于文章不足以致此。如说华丽平淡,此足造语也。方少则华丽,年加长渐入平淡也。①

吴可认为杜诗变化、发展的轨迹是由"华丽"向"平淡"转化的。其中就借用了吕大防自记中的话,由此可以看出吕大防年谱的影响之大。《苕溪渔隐丛话后集》也有引吕大防语发表议论的:"吕丞相跋杜子美年谱云:……余观东坡自南迁以后诗,全类子美夔州以后诗,正所谓'老而严'者也。"②谈的虽是苏轼诗风的变化,但此种议论可说也是在将苏轼文学纳入吕大防年谱所构架的框架中审视的时候才出现的。

第二节　吕大临《诗传》

《宋史·吕大临传》称其"通六经,尤邃于礼。"《诗经》作为六经之一,也是吕大临用心研究的一个对象。《诗经》既是经学作品,也是文学作品,因此吕大临对《诗经》的研究不仅具有经学上的意义,也具有文学上的意义。吕大临的《诗传》因为散佚较早,因此后人很少关注。明代刘毓庆《历代诗经著述考》收录先秦至元代有关《诗经》的著述达 564 种,但对吕大临《诗传》却只字未提。当代学者陈俊民《蓝田吕氏遗著辑校》亦没有辑佚收录。其

---

① 丁福保辑:《历代诗话续编》,中华书局 2006 年版,第 328 页。
② (宋)胡仔纂集、廖德明校点:《苕溪渔隐丛话》后集,人民文学出版社 1981 年版,第 226 页。

实,吕大临《诗传》在南宋时影响还是比较大的。当时一些著名的《诗经》著作如吕祖谦《吕氏家塾读诗记》、朱熹《诗集传》等都受到吕大临《诗传》的影响。吕祖谦《吕氏家塾读诗记》在卷前姓氏中列了"蓝田吕氏"和"荥阳吕氏","荥阳吕氏"即吕希哲,为吕祖谦的宗祖,书中称"荥阳公"。"蓝田吕氏"即吕大临,书中称引为"吕氏曰",即吕大临《诗传》佚文。朱熹《诗集传》注解多处引述"东莱吕氏曰"和"吕氏曰"。所谓"东莱吕氏曰"是引述吕祖谦的解释,而"吕氏曰"亦是引述吕大临《诗传》。笔者据有关《诗经》著作,对吕大临《诗传》进行了辑佚,所辑佚文作见本书附录一。

从《诗传》佚文来看,吕大临对《诗经》的解释是采用的诂、训、传结合的复合体式。既包括对具体语境中的具体词义进行考释,也包括对语句表达方式的语言解释。而更多的则是借《诗经》所反映的内容,联系其他儒家经典,发挥其中的伦理道德意义。这一点直接影响了南宋朱熹和吕祖谦对《诗经》的阐释。总起来说,吕大临的《诗传》包括以下几方面内容和特点:

一、字句训诂,以经解经

对《诗经》的字句进行训诂解释,早在汉代时就开始了。但吕大临的《诗传》在字句训诂上并没有完全沿袭前人,而是有着自己独立的见解。而他所采用的解释方法最为人称道的是"以经解经",不人云亦云,而是从《诗经》本身寻找证据,纠正前人的错误看法。例如《周南·卷耳》"嗟我怀人,寘彼周行"句,毛传曰:"怀,思。寘,置。行,列也。思君子,官贤人,置周之列位。"将"行"字解释为"列位"。郑玄笺云:"周之列位,谓朝廷臣也。"[1]吕大临的

---

[1] 《毛诗正义》,中华书局《十三经注疏》影印本,第277页。

解释与此不同,吕氏曰:"周行,周道也。《大东》诗曰:'佻佻公子,行彼周行。''行'亦'道'也。"①将"行"解释为道路,并且举出《大东》诗的类似句型作为证据。这种解释为后人所普遍认可。吕祖谦、朱熹都采取了这个解释,只是朱熹进一步将"周行"解释为"大道"。吕祖谦则曰:"毛氏以'周行'为'周之列位',自左氏以来其传旧矣。然以经解经,则不若吕氏之说也。"②肯定了吕大临"以经解经"的做法。

吕大临的"以经解经"不仅包括以《诗经》本身的字句即内证来解释,而且也广泛运用其他经典来解释《诗经》。如《将仲子》一诗:"将仲子兮,无逾我墙,无折我树桑。"吕大临曰:"《孟子》曰'树墙下以桑',则桑在墙下也。"③引用《孟子》中的话来说明古人习惯在墙下栽桑树,对诗句所涉及的具体环境做出了说明,有益于作者对该诗的理解。朱熹曰:"古者树墙下以桑。"明显是沿用了吕大临的解释,只是没有如吕大临一样注明出处。又如《小雅·鱼藻》,吕大临曰:"《鱼藻》之诗,与《孟子》所谓惟'贤者而后乐此,不贤者虽有此,不乐也。'及《王制》'旱干水溢,民无菜色,然后天子食,日举以乐'之义同。"④是联系《孟子·梁惠王上》及《礼记·王制》中的内容来说明该诗的主旨。这样的解释更合理学家们所推崇的圣贤之意,因此为吕祖谦所沿袭。

吕大临"尤邃于礼",对礼学最有造诣。在其《诗传》中,除用礼学经典来发明诗旨外,也可看到其利用礼学经典来解释《诗经》中所反映的生活场景。如《著》:"俟我於庭乎而,充耳以青乎而,

---

① (宋)吕祖谦:《吕氏家塾读诗记》,《文渊阁四库全书》影印本。
② (宋)吕祖谦:《吕氏家塾读诗记》,《文渊阁四库全书》影印本。
③ (宋)吕祖谦:《吕氏家塾读诗记》,《文渊阁四库全书》影印本。
④ (宋)吕祖谦:《吕氏家塾读诗记》,《文渊阁四库全书》影印本。

尚之以琼莹乎而。"吕氏曰:"此《昏礼》所谓壻道妇'及寝门,揖入'之时也。""俟我于堂乎而,充耳以黄乎而,尚之以琼英乎而。"吕氏曰:"升阶而后至堂,此《昏礼》所谓'升自西阶'之时也。"①以《仪礼》中《士昏礼》的记载来解释《著》中诗句,使读者明白《著》所反应的正是古代亲迎的场面。吕祖谦解释此诗云:"《昏礼》,壻往妇家亲迎,既奠雁,御轮而先归,俟于门外,妇至则揖以入。时齐俗不亲迎,故女至壻门,始见其俟已也。"②明显是直接受了吕大临的影响。朱熹注释此诗时则将二人说法同时采入。

二、借诗讲道,阐明义理

理学家常常通过阐发传统儒家经典来表述自己的理学思想。这时,经典中的内容就成了其理学思想的论据和注脚。他们总能在经典中找到自适合阐发自己思想观点的内容。这样,《诗经》中鲜活的生活内容在理学家的眼里就成了道学教材。吕大临《诗传》在对《诗经》的阐释之中,也不免时时露出理学家的习气。如《唐风·无衣》,吕大临解曰:"义理有所未安,虽食不饱,虽衣不暖。"③就明确是借《诗经》谈义理了,认为如果事情不合"义理",即使衣食不缺,亦不感觉饱暖。又如《都人士》,吕大临认为:"都人士者,即《丧服》传所谓都邑之士,所以别野人也。""君子女者,贵人之女,所以别民女也。""礼不下于庶人,则长民者所齐,野人有不与也。"④联系《礼记·丧服》来解释"都人士",反映了吕大临源于《礼记》的等级观念和维护礼教的思想。又如《召南·小星》,

---

① (宋)朱熹:《诗集传》,凤凰出版社2007年版,第68页。
② (宋)吕祖谦:《吕氏家塾读诗记》,《文渊阁四库全书》影印本。
③ (宋)吕祖谦:《吕氏家塾读诗记》,《文渊阁四库全书》影印本。
④ (宋)吕祖谦:《吕氏家塾读诗记》,《文渊阁四库全书》影印本。

吕大临注曰："夫人无妒忌之行，而贱妾安于其命，所谓上上好仁而下必好义者也。"这种解释以"夫人无妒忌之行"为"仁"，以"贱妾安于其命"为"义"，体现的则是其维护封建尊卑等级制度和男尊女卑的婚姻制度的思想本质。但这样的解释却得到吕祖谦、朱熹等学者的一致认同，说明这是当时社会历史条件所造成的思想局限，我们也不应对此过多苛求。

《菁菁者莪》，毛传认为乃长育人才之诗，吕大临继承了这个观点，并且对此作了发挥，认为："长育人才之道固多术矣，而莫先于礼仪。礼仪者，内外兼养，非心过行无所从入。此人才所以成也。故曰'菁菁者莪'，废则无礼仪矣。"①这个观点明显反映出吕大临作为一个理学家注重礼教的一面。《柏舟》"威仪棣棣，不可选也"，吕大临解曰："以威仪为可，简则无礼，故不敢改其度也。"②为了达到教化目的，吕大临在解诗时，亦往往不忘宣扬封建纲常和伦理道德。如《殷其雷》，吕大临解曰："'振振君子，归哉归哉'，劝以义也。再言归哉者，欲慎其归以复命也。远行从役，不辱君命，然后可以言归。"③

有些诗歌的解释也体现了吕大临的政治观念。如《民劳》，吕大临认为："《民劳》皆谏辞也。"并说："五章章之始皆言'民亦劳止''惠此中国'者，欲王息民而固根本也。中言'无纵诡随''式遏寇虐'者，欲王谨察小人将以害政也。言末之言，皆丁宁反复，劝王之辞，使之去危即安，去恶从善也。"④这种解释反映了吕大临"息民固本"的政治思想。

---

① （宋）吕祖谦：《吕氏家塾读诗记》，《文渊阁四库全书》影印本。
② （宋）吕祖谦：《吕氏家塾读诗记》，《文渊阁四库全书》影印本。
③ （宋）吕祖谦：《吕氏家塾读诗记》，《文渊阁四库全书》影印本。
④ （宋）吕祖谦：《吕氏家塾读诗记》，《文渊阁四库全书》影印本。

三、吕大临《诗传》的文学阐释

虽然吕大临作为理学家,着重从经学角度解释《诗经》,但《诗经》毕竟还是文学作品,吕大临在进行阐释时也不可避免要涉及《诗经》的文学特质。

《诗经》最重要的文学表现艺术手法,是"赋、比、兴"的运用。"赋、比、兴"和"风、雅、颂"合称为"六诗"或"六义"。《周礼·春官·大师》云:"大师教六诗:曰风,曰赋,曰比,曰兴,曰雅,曰颂。"《诗大序》云:"诗有六义焉,一曰风,二曰赋,三曰比,四曰兴,五曰雅,六曰颂。"关于"六诗"或"六义"的含义,孔颖达认为:"然则风、雅、颂者,诗篇之异体。赋、比、兴者,诗文之异辞耳。大小不同而得并为六义者,赋、比、兴是诗之所用,风、雅、颂是诗之成形。用彼三事,成此三事,是故同称为义。非别有篇卷也。"[①]吕大临基本认同孔颖达的说法,并对"六义"之含义及特征做了进一步的阐释。他认为:"赋者,叙事之由,以尽其情状。"这正是从文学的角度对"赋"这种表现手法的解释。认为"雅者,正言也,无所抑扬"。"颂者,称美之词也,无所讽议。"指出了"雅"、"颂"之间的区别。同时,他认为风、雅、颂三体并不是泾渭分明、孤立存在的。而是"得风之体多者为国风,得雅之体多者为大小雅,得颂之体多者为颂。风非无雅,雅非无颂也"。

吕大临关于"六义"的解释,对朱熹启发影响很大。如朱熹"赋者,敷陈其事而直言之者也"[②]、"雅者,正也,正乐之歌也"[③]的

[①] 《毛诗正义》卷一,《十三经注疏》本。
[②] (宋)朱熹:《诗集传》,凤凰出版社2007年版,第3页。
[③] (宋)朱熹:《诗集传》,凤凰出版社2007年版,第115页。

解释就和吕大临一脉相承。又如《朱子语类》载:

> 或问《诗》六义,注"三经三纬"之说。曰:"三经是赋、比、兴,是做诗底骨子,无诗不有。才无,则不成诗。盖不是赋,便是比。不是比,便是兴。如风、雅、颂,却是里面横串底,都有赋、比、兴,故谓之三纬。"①

朱熹这种认为风、雅、颂有赋、比、兴在"里面横串"的看法,其实和吕大临"风非无雅,雅非无颂"的观点是一致的。

在对《诗经》中的诗句解释时,朱熹往往直接指出是赋、比还是兴。就所辑佚文来看,吕大临虽未明确点明赋、比、兴的运用,但却能通过诗句字面的意思,揭示出其隐含的比兴含义。如《邶风·柏舟》,吕大临解作:"如舟泛泛无所依。"这样虽未明确指出是比兴手法的运用,但已经点出了其比兴的含义。《桧风·隰有苌楚》,吕大临曰:"苌楚始生,犹能自立,然枝干柔弱。至于长,则引蔓于草上。则既长不如初生之自立,故引以为喻。"说明了之所以借苌楚为喻的原因。又如《杕杜》诗:"有杕之杜,有睆其实。王事靡盬,继嗣我日。日月阳止,女心伤止,征夫遑止。"吕大临解曰:"杜之有实,秋冬之交也。岁将暮矣,犹叹其未至也。"点出了诗歌比兴手法的运用在渲染诗歌主题上的作用。"有杕之杜,其叶萋萋。王事靡盬,我心伤悲。卉木萋止,女心悲止,征夫归止。"吕大临曰:"卉木亦萋然有叶,则春将暮矣。岁暮之期,既不至,将至春之暮,犹未归也。"对诗歌利用比兴手法将主人公感情层层推进的表现方法体会得非常到位。

对有些诗歌的主旨,吕大临也能摆脱理学窠臼,从实际内容出

---

① (宋)黎靖德编、王星贤点校:《朱子语类》卷八〇,中华书局1986年版,第2070页。

发来进行分析。如《豳风·七月》,吕大临解曰:"此章终始农事,以极忧勤艰难之意。"这个解释是与《七月》的思想内容相符合的,得到吕祖谦、朱熹的一致认同。

第三节 《吕氏乡约》的制订和影响

一、《吕氏乡约》的制订过程

《吕氏乡约》后有吕大忠记云:

> 人之所赖于乡党者,犹身有手足,家有兄弟,善恶利害皆与之同,不可一日而无之。不然,则秦越其视,何与于我哉!大忠素病于此,且不能勉,愿与乡人共行斯道。惧德未信,动或取咎,敢举其目,先求同志,苟以为可,愿书其诺,成吾里仁之美,有望于众君子焉。熙宁九年十二月初五日汲郡吕大忠白。①

周扬波《宋代士绅结社研究》认为这段话出于吕大钧,误标为"大忠"的。② 这种推断没有文献学根据。虽然《乡约》的主要撰稿人如朱熹所辨为吕大钧,但其兄弟也参与了意见。尤其是吕大忠,对《乡约》之事是很支持的,又因其为长兄,最后由他出面来公布《乡约》是合情合理的事。

熙宁十年(1077)十二月初五日,是《乡约》开始公布实行的日期。而其具体制订,当在此日期之前。熙宁七年(1074)六月,四吕之父吕蕡卒。此后两年多,四吕均在家守丧。《乡约》的草创时间应该就在其为父守丧期间。熙宁九年(1076)七月以后,大防、

---

① 陈俊民辑校:《蓝田吕氏遗著辑校》,中华书局 1993 年版,第 567 页。
② 周扬波:《宋代士绅结社研究》,中华书局 2008 年版,第 19 页。

大忠相继回朝廷复职。大钧仍然致力于《乡约》的制订和推行。关于《乡约》之事,兄弟之间在书信中屡有讨论。现存《吕氏乡约》后附有吕大钧写给兄长大忠、大防和友人刘平叔的信,从这些信中,可以看出《乡约》的制订和推行在当时是很有一番波折的。

吕大钧写给其长兄吕大忠的《答伯兄》,非常简短,只有几句话:

> 乡约中有绳之稍急者,诚为当。已逐施改,更从宽。其来者亦不拒,去者亦不追,固如来教。

由此看来,吕大钧在制订乡约时曾征求长兄吕大忠的意见,大忠认为有些地方"绳之稍急",大钧采纳了大忠意见,对惩罚措施和出入约的规定放宽,给改过自新的人以机会,出入乡约自由。从这儿也可以看出,吕大忠是支持吕大钧制订乡约的,并参与了意见。

与大忠相比,吕大防对《乡约》的制定表示了怀疑,他的主要担心是舆论方面。一是认为行事要"取在上者之言为然",在朝廷没有号召的情况下做这样一件事是有很大风险的。恐怕很难为众人接受,徒致纷纭,因此建议改为《家仪》,只在家庭内部实行,或改为《乡学规》只作教授弟子之用,别人就不好说什么了。其二也是更重要的原因,是当时朝廷新旧党派已径然分别,大钧这样公然实行乡约,大防生怕有人别有用心,以党事相攻。故以"汉之党事"相戒。对仲兄的这些担心,吕大钧一一进行了反驳:

> 《乡约》事,近排祭人回,已具白。人心不同,故好恶未尝一,而俱未可以为然。惟以道观之,则真是真非乃见。若止取在上者之言为然,则君子何必博学?所欲改为《家仪》,虽意在逊避,而于义不安。盖其间专是与乡人相约之事,除是废而不行,其间礼俗相成,患难相恤,在家人岂须言及乎?若改为

《乡学规》,却似不甚害义,此可行也。所云置约正、直月,亦如学中学正、直日之类,今小民有所聚集,犹自推神头、行老之目。其急难自于逐项内细说事目,止是遭水灾、盗贼、死丧、疾病、诬枉之类,亦皆是自来人情所共恤,法令之所许。(敕条:水火盗贼,同村社自合救捕。鳏寡孤遗,亦许近亲收恤。至于问疾吊丧,并流俗常行。)约中止是量议损益,劝率其不修者耳。(今流俗凡有率敛济人,皆行疏聚集,并是常事。)汉之党事,去年李纯之有书已尝言及。寻有书辨其不相似,今录本上呈。党事之祸,皆当时诸人自取之,非独宦者之罪。不务实行,一罪也;妄相称党傲公卿,二罪也;与宦者相疾如雠,三罪也;其得用者遂欲(上阙),四罪也。不知《乡约》有何事近之?①

由这封信看来,吕大钧对仲兄的意见并不以为然。坚持认为自己所做是合乎道义的,因此也是正确的。《乡约》内容是针对乡人之间关系所订的,改为《家仪》则失去了意义。倒是改为《乡学规》还可以接受。其实《乡约》中的规定都是合乎法令的。但将《乡约》与党事相联想,并不仅仅是吕大防的担心。"去年李纯之有书已尝言及。"可见在吕大钧与大防通这封信时,乡约已经实行差不多一年了。其友人李纯之已经写信提醒过。吕大钧对此进行了一一辩解,认为《乡约》与党事并无任何相似之处。

但吕大钧的解释并没能使吕大防释然。也许,作为四吕中最早登上仕途的一个,他太了解宦海暗波、政治风险了。弟弟吕大钧对《乡约》的坚持,让他非常担心,因此仍然一遍遍地劝导,甚至以

---

① (宋)吕大钧:《答仲兄一》,见曾枣庄等编《全宋文》卷一七〇四,巴蜀书社1993年版,第195页。

兄长的身份命令弟弟听从劝告，放弃《乡约》，出来做官。吕大钧深知兄长的用心，但仍然不为所动，在给兄长的回信中，他写道：

《乡约》事，累蒙教督甚切，备喻尊意。欲令保全，不陷刑祸，父兄之于子弟，莫不皆然。而在上者若不体悉子弟之志，必须从己之令，则亦难为下矣。盖人性之善则同，而为善之迹不一。或出或处，或行或止，苟不失于仁，皆不相害，又何必以出仕为善乎？又自来往复之言辞多抑扬，势当如此，惟可以意逆之，则情意可得，若寻文致疑，则不同之论，无有已时。（如谓杀身成仁者，盖孔子谓时多求生害仁者。既难得中庸之人，且得杀身成仁者，犹胜求生害仁之人，岂谓孔子务为杀身以成仁乎？前书行老、神头之说亦类此，向蒙开喻，志诸侯之说亦类此。）处事有失，已随事改更，殊无所惮。即今所行《乡约》，与元初定甚有不同，乡人莫不知之，亦难为更一一告喻流传之人耳。①

信中，吕大钧拒绝了兄长入仕的建议，认为只要不害于仁，与人为善，无论做不做官都是一样的。至于《乡约》中处事失当的地方，已经及时地进行了变更，因此没有什么可害怕的。这些更改，与当初所订已经有很大不同，乡人都已知道，只是无法一一向外边流传的人解释而已。

不仅是兄长担心，一些好友听闻传言，也来信相问。吕大钧在《答刘平叔》中，对好友做了耐心的解释：

乡人相约勉为小善，顾惟鄙陋，安足置议？而传闻者以为异事，过加论说，以谓强人之所不能，似乎不顺；非上所令而辄

---

① （宋）吕大钧：《答仲兄二》，见曾枣庄等编《全宋文》卷一七〇四，巴蜀书社1993年版，第196页。

行之,似乎不恭。退而自反,固亦有罪。盖为善无大小,必待有德有位者倡之,则上下厌服而不疑。今不幸出于愚且贱者,宜乎訾謷之纷纷也。虽然,遂以为不顺与不恭,则似未之察耳。凡所谓强人所不能者,动作由礼,皆人所愿。虽力不中勉,莫不爱慕。今就其好恶,使之相劝相规而已,安有强所不能者乎?凡所谓非上所令而辄行,谓上之所禁,俗之所恶,犹聚萃群小,任侠奸利,害于州里,挠于官府之类。至于礼俗患难,人情素相问遗赒恤,间有惰而不修,或厚薄失度者,参酌贫富所宜,欲使不废。且所约之书,亦非异事。今庠序则有学规,市井则有行条,村野则有社案,皆其比也,何独至于乡约而疑之乎?况诸州犹有文学助教之官,其职事亦是此类,但久废不举耳。或有举之者,安得为非所令乎?以愚贱言则不敢逃责,或大人君子不以人废言,则似亦可恕。或谓其间条目宽猛失中,繁简失当,则有之矣。明识忠告,安敢不从?又闻流言过实,及于左右,虽素相亮,亦恐不能无疑。聊致此意,幸冀详照。①

从这封信来看,大防对弟弟的劝诫确实是事出有因的。《乡约》作为一个原来没有出现过的新生事物,不可避免地引起了很多人的注意和议论。这些议论发生在朝野士绅之间,有的认为《乡约》是强人所难,是为不顺,有的认为"非上所令而辄行之",是为不恭。大钧承认《乡约》条款有不尽如人意之处,但坚定地认为《乡约》本身并非异事,如学有学规,行有行规一样,《乡约》不过是一个民间自发的组织,只不过正是其非为"有德有位者"倡之,而

---

① (宋)吕大钧:《答刘平叔》,见曾枣庄等编《全宋文》卷一七〇四,巴蜀书社1993年版,第197页。

是来自民间的自觉行为,所以才会惹得议论纷纷,诋毁不断。由此可见,吕大钧在制订和推行《乡约》的过程中,是遭受了很大阻力的。

二、《吕氏乡约》的内容

《吕氏乡约》不是普通的文人著述,而是一个民间自治组织的章程。吕大钧既是这个章程的撰稿人,也是这个名为"乡约"的民间组织的发起人。

《吕氏乡约》共两千余字。分为"德业相励"、"过失相规"、"礼俗相交"、"患难相恤"四部分。每部分又分若干条目,对行为举止、仪态服饰、长幼秩序均作了规定。"德业相励"是总纲,提出为人处世的一系列道德原则,也反映了作者的道德评价标准。其文曰:

> 德谓见善必行,闻过必改。能治其身,能治其家,能事父兄,能教子弟,能御僮仆。能肃政教,能事长上,能睦亲故,能择交游,能守廉介,能广施惠,能受寄托,能救患难。能导人为善,能规人过失,能为人谋事,能为众集事。能解斗争,能决是非,能兴利除害,能居官举职。业谓居家则事父兄,教子弟,待妻妾;在外则事长上,接朋友,教后生,御僮仆。至于读书、治田、营家、济物、畏法令、谨租赋,如礼、乐、射、御、书、数之类皆可为之,非此类皆为无益。①

这一纲领可以说是《大学》"修身、齐家、治国、平天下"的具体化、道德规范化。

作为民间自治组织的章程条文,《吕氏乡约》规定了组织形式

---

① 陈俊民辑校:《蓝田吕氏遗著辑校》,中华书局1993年版,第567页。

和活动内容。乡约设"主事"负责管理事务,分"约正"和"直月"。"约正一人或二人,众推正直不阿者为之,专主平决赏罚当否。直月一人,同约中不依高下,以长少轮次为之,一约一更,主约中杂事。"①"直月"的选举原则"不以高下,依长少输次为之"。乡约采取定期聚会的活动方式,每月一小聚,每季一大聚。聚会的有关准备事宜由直月负责。乡约的吸收对象主要是乡人,"来者亦不拒,去者亦不追",实行自愿加入的原则。乡约中人有了德业条列举的善行就会在聚会时记录在案,以示鼓励;犯了错误同样被记录在案,并会受到惩罚。

《乡约》所规定的过失具体分为犯义之过六种,犯约之过四种,不修之过五种。犯义之过指,酗博斗讼、行止逾违、行不恭逊、言不忠信、造言诬毁、营私太甚六种,犯约之过则是指违反乡约四项主要精神的行为,即德业不相劝、过失不相规、礼俗不相成、患难不相恤四种行径,不修之过指个人修养上的缺失,共分交非其人、游戏怠惰、动作无仪、临事不恪、用度不节五种。有人犯以上过失,也在聚会时记录于册,作为实施惩罚的依据。礼俗相交是指对日常生活中人际交往的礼节加以规范,具体包括以下几点:凡婚姻丧葬祭祀之礼,以《礼记》所载为准则,如果难以立即施行,则先使用家传旧仪作为权宜,过于鄙陋不经的习俗务必去除;凡乡人应酬书问的礼节,由约中人共同商定施行;凡遇约中人庆吊之事,每家只家长和同约者往赴,书问规格相同,至于所助之事和所赠之物,则由乡约临时聚议,根据各自财力高下和关系亲疏量度而行;凡遇婚嫁庆贺以及丧葬所需的赠品,按照古礼明确规定具体所赠何物,赠值范围;庆吊助事,婚嫁则借助器物,丧葬则借助人力。第四方面

---

① 陈俊民辑校:《蓝田吕氏遗著辑校》,中华书局1993年版,第568页。

的患难相恤指同约中一人有难,他人有义务对之进行援助,其中明确规定了需要援助的七种急难之事:水火、盗贼、疾病、死丧、孤弱、诬枉、贫乏。凡遇以上七种急难之事,同约中人都有义务提供财务、器用、车马、人仆进行援助,但其中非必需品以及不便出借的东西可以不借助,但如果援救人可借而不借,以及受助人借物逾期不还或损坏器物,都将受到约中惩罚。乡约同时也规定了凡乡人有患难之事,即使其人非入约者,约中人也应当对之进行救恤。惩罚作为约束机制,在乡约中也做了明确而细致的规定。其中犯义之过,罚五百钱,程度较轻者可减至三到四百钱。不修之过和犯约之过,均罚一百钱,程度重的可增到二至三百。凡较轻之过,经过约中人规劝改正,或能够自己主动揭发者,可以免除惩罚,只是将之记录于册以示惩戒。但如果是二次犯错者,不属免除之列。凡犯错不听劝阻,或经规劝改正后复犯,以及犯过情节较重者,一律立即实施惩罚。犯过程度为士论所不能容忍者,以及累犯重罚而不改者,乡约将聚会对之进行商讨,如果确定绝对不可容忍,则将之逐出乡约。而对于德业善行所作的奖赏,则是以记录于册的方式对之进行精神鼓励。

由此可见,《吕氏乡约》作为一个民间组织章程,既规定了其活动主旨,也有合理的组织形式和赏罚机制,因此是较为切实可行的。而吕大钧之所以要制定这样一个《乡约》条文,是把儒家的伦理道德规范转化为具体的行为规则,使纲常礼教通过礼仪形式发挥其社会作用。在这里,礼仪成为道德观念的外在表现形式,承担着协调人际关系,稳定社会秩序,巩固等级名分的社会职能。礼仪在原始氏族社会就已产生,作为风俗习惯,千百年来一直在社会生活中起着重要作用,它以社会群体的习惯心理作为基础,并通过舆论压力保证其实施,因而具有强大的传统力量。把道德规范礼仪化,能够很大程度地强化道德的社会作用,并使之保持久行不衰的效力。宋明理学的一个显著特征,就是把哲学化的伦理说教和现实的礼仪形式相结合,通过礼仪这一中间环节,对社会各阶层进行道德禁锢。在这方面,吕大钧是一个首开其端的人物,具有典型性和代表性,在宋明理学和中国伦理学史上都具有重要地位。①

三、《吕氏乡约》对后世的影响

《吕氏乡约》之所以在制订之初就被"传闻者以为异事,过加论说",是因为它前此未有的开创性。"就中国古代社会而言,其社会组织的特点是以血缘纽带维系的宗法制度。它由父系氏族社会的家长制、家族制演变而来,并由宗法分封制推扩到宗法君主制,构成了家庭政治化、国家家族化的家国同构的帝制社会。"②而《吕氏乡约》联结起来的民间组织,却并非基于血缘关系或宗族纽带,而是来自乡里交往这样的地缘关系。但它制订的目的却是试图通过一系列的赏罚措施来对乡村社会进行教化或控制。而这一目的原本是应通过国家权力来实施的。虽然封建家长也承担着这样的任务,但其影响却仅限于宗族内部。而吕大钧在制订《乡约》时并非政府委派管理乡村的官吏,而仅是一个有着较高文化修养、有过仕宦经历的士绅。因此它所体现的是民间士绅阶层的权力场域,是民间士绅自发以礼治教化为手段所形成的基层控制形式。这种自发的基层控制因为与中央集权的君主专制权力生成机制不同,所以很可能会造成二者之间的矛盾。这也就是其兄吕大防建

---

① 李晓东:《论吕大钧〈吕氏乡约〉在理学史上的地位》,《西北大学学报》1987年第2期。

② 许结:《新编中国文化史》,凤凰出版社2007年版,第30页。

议将《乡约》改为《家仪》的根本原因。

《吕氏乡约》因为吕大钧的过早去世并没有维持多长时间,但它却在南宋时期得到理学大师朱熹的高度重视。朱熹认识到乡约的重要作用,淳熙乙未(1175)年对《吕氏乡约》做了增损修订。如在"德业相劝"条中增加了"畏法令,谨租赋"一项内容。这项内容的增加意义重大,因为将遵守国家法令、完成国家税收作为一项重要的德业加以约定,反映出乡约向国家政令靠拢的企图,为乡约获取国家政权的支持迈出了重要的一步。另外,朱熹还"削去书过行罚之类,为贫富可通行者",使乡约的适用范围扩大,为乡约组织的发展奠定了基础。但朱熹虽然修订了《吕氏乡约》,但并没有进行实际推行,因为他深知《乡约》作为一个新生事物,时机未到,其推行绝不是一件简单的事情。在《答张敬夫》的书信中,朱熹曾明确说:"《乡约》之书,偶家有藏本,且欲流行,其实恐亦难行,如所喻也。"①

但《乡约》虽未在朱熹手中施行,但由于他的增损修订,《乡约》却逐渐开始流行起来。如"程永奇,字次卿,休宁人。受业朱子。居家尝仿伊川宗会法以合族人。又举行《吕氏乡约》,冠婚丧祭悉用朱氏礼,乡族化之"。朱熹的再传弟子吴昌裔曾撰有《乡约口义》。

明清以后,随着程朱理学官方地位的确立,经朱熹增损过的《吕氏乡约》更为流行,并且逐渐得到政府的支持。乡约组织得到了很大发展,这些组织或直接采用《吕氏乡约》作为活动章程,或仿《吕氏乡约》自制乡约。不但其版本一再被刊刻,效仿之作也越来越多。如明正德五年(1510),三原县王承裕刻此《吕氏乡约》于

---

① (宋)朱熹:《晦庵集》卷三十一,《文渊阁四库全书》影印本。

弘道书院,并云:

> 承裕既得《乡约》以传,复得《乡仪》篇,末载晦庵先生题识。三复读之,因叹儒先欲善乡俗之意有如此!近世乡俗视此书所列多不类,岂非无人以讲求之哉?承裕无似而欲乡俗之复于古,其意固在,乃戒以学之士以此,此书刻梓将遍遗我乡人,期相与讲求而行之焉。①

可见,王承裕刊刻并讲求《吕氏乡约》的目的是看中了其教化意义。正德十五年(1520),靳贵将《吕氏乡约》更名为《蓝田吕氏遗书》刊刻。

效仿之作如南康胡泳兄弟订有《胡氏乡约》,"推其施之家者,而达之乡,其有补于风教大矣"②。莆田陈亦则有《仰止书堂乡约》,规定同约之人要"德行相规"、"事业相勉"、"过失相规"、"礼俗相接",并要求"同约之人各有进修,互相规劝。主约一人,直月一人。每月会集之人,直月抗声读一遍,仍推说其意,遇众所当举之事,直月为之纠集而程督之,有善者众推之,书于集,有过者直月纠之,甚者听其出约"③。

在一些学者士绅将《吕氏乡约》重行刊刻以广流行并在小范围内讲求的同时,一些官僚则力图将《乡约》与政府权力相结合以促进其实施。如莫如忠(1508—1588)就主张把乡约和保甲制度相结合,以达到乡村控制的目的。他说:

> 为今之计,欲行保甲,莫如寓保甲于乡约,而损益吕氏之议,稍以礼乐节文之顺导斯民,以动其乐,趋之愿,则风俗日归

---

① (宋)吕大忠:《吕氏乡约》,《关中丛书》第9册,陕西通志馆印。
② (宋)黄幹:《勉斋集》卷二二《跋南康胡氏乡约》,《文渊阁四库全书》影印本。
③ 陈宓:《复斋先生龙图陈公文集·拾遗·仰止书堂乡约》。

于厚,而保甲之法可不令而行矣!①

温州知府文林(长洲人,成化进士)则主张把乡约与宗范相结合以达到教化的目的。他说:

夫乡约,所以秩德,族范所以敦礼,秩德则风俗可醇,敦礼则法守鲜败,入邑则闻约,归族则守范,远近皆同。②

而对明代乡约制度影响最大的则是王守仁(世称阳明先生)。正德十五年正月,时任南赣、汀、漳等处巡抚、右佥都御史的王守仁以正三品大员之尊公布了三千余言的《南赣乡约》。"今特为乡约,以协和尔民",这样的措辞已失去了乡约作为自发民间组织的原有意义,而成为靠政府权力推动参加的半官方组织。

明嘉靖、万历年间的刑部左、右侍郎吕坤则将乡约与保甲制度相结合,制订成《乡甲约》,并且在全国范围开展了推广实行。这样,皇权就介入到乡约这种民间组织之中。约正成为帝王的臣属,宣讲圣谕也成了其必须履行的职责。这种乡约与保甲制度结合的乡村控制模式一直到清末民初,还在一些地方的基层组织中存在。③

第四节　吕大防《长安图》及《长安图记》

一、吕大防《长安图》及《长安图记》的刊刻和流传

《直斋书录解题》卷八史部地理类著录《长安图记》一卷,云:"丞相汲公吕大防知永兴军,以为正长安故图,著其说于上。今信

---

① 莫如忠:《崇兰馆集》卷十七,《四库全书存目丛书》集部104册,第711页。
② 文林:《文温州集》卷八,《四库全书存目丛书》集部40册,第350页。
③ 胡庆钧:《从蓝田乡约到呈贡乡约》,《云南社会科学》2001年第3期。

安郡有此图,而别录其说为一编。"《玉海》卷一五引《中兴馆阁书目》也著录有吕大防《长安图记》一卷。由此可知,《长安图记》是吕大防《长安图》题记的单行本,而《长安图》则在信安郡有覆刻。郑樵《通志》卷七二图谱略下分别著录吕大防《唐长安京城图》和《唐太极宫、唐大明宫、唐兴庆宫图》,后者注云:"三宫合为一图。"卷六六艺文略下又分别著录《唐太极、大明、兴庆宫图》一卷和《长安京城图》一卷。则吕大防《长安图》因为图幅巨大,是将总图和分图分卷刊行的。

宋程大昌的《雍录》"考订关中古迹,以《三辅黄图》、《唐六典》、宋敏求《长安志》、吕大防《长安图记》及绍兴秘书省图(案:书中称阁图者,即秘书省图。)诸书互相考证,于宫殿山水都邑皆有图有说"①。绍兴秘书省图其实即为吕大防的《长安图》,程大昌称为"吕图阁图",云:"元丰三年,吕大防知永兴军,检案长安都邑城市宫殿故基,立为之图。凡唐世邑屋宫苑至此时已自不存,特其山水地望悉是亲见。今故本而言之,若与古记不合,亦加订正,其称阁图者,即绍兴秘书省本也。"②因此,程大昌所参考的"阁图"其实就是吕大防《长安图》的绍兴秘书省藏本。

明代时编《永乐大典》,曾经采录《阁本太极宫图》、《阁本大明宫图》、《阁本兴庆宫图》,可能阁本在明代还存在,但后来散佚。清嘉庆年间,徐松从《永乐大典》中抄出《阁本太极宫图》、《阁本大明宫图》、《阁本兴庆宫图》,前两幅图现藏北京图书馆,后一幅图则不知所终。

《长安图》题记的单行本《长安图记》南宋以后即不见著录或

---

① 《钦定四库全书总目》卷七十。
② (宋)程大昌:《雍录》卷一,《文渊阁四库全书》影印本。

提及，疑亡佚于宋元之际。

吕大防为了让《长安图》长久流传，在完成后即将其刻石上碑，立于京兆府衙。李好文《长安志图》卷上录有邳邦用的《长安图》跋语：

> 此图旧有碑刻，在京兆府公署，兵后失之。有雷德元、完颜椿者访得碑本，订补复完，命工镂梓，附于《长安志》后。壬子年中秋日合口邳邦用跋。

邳邦用为金哀宗正大元年（1224）进士，其所云兵难，应指金哀宗正大八年（1231）元兵破凤翔，金弃京兆府，迁民于河南一事。这次迁徙给长安城造成很大的破坏。元人为宋张礼《游城南记》所作续注称："正大迁徙，寺（指慈恩寺）宇废毁殆尽，唯一塔俨然。"吕大防《长安图》碑当亦毁于此次兵难。① 因此邳邦用言"兵后失之"。这时虽然碑已佚失，但碑本还有流传，雷德元、完颜椿访得碑本，并进行了订补，附在宋敏求《长安志》的后面刊行。

残存的碑片在后来出土。清朝末年，叶昌炽云："近新出残石数十片，余尝从西估得拓本，离合句贯，不能得其斗笋之处。"②这些拓本已下落不明。由于民国时期的战乱，虽然不断有人对碑石或拓片进行搜集整理，但或失而复得，或得而复失，现有二十一块残碑收藏于西安碑林博物馆。

二、《长安图》及《长安图记》的内容

吕大防的《长安图》和《长安图记》刊本早已失传，碑石也毁于

---

① 此据《考〈长安志〉〈长安志图〉的版本——兼论吕大防〈长安图〉》，《古代文献研究集林》1992年第2集。
② 《语石》卷五《地图》。

战火。但通过其他有关文献的记载或引用，以及留存下来的碑石残片或部分拓本，我们仍然能够获得关于这份珍贵地图及其题记的有关信息。

《长安图》碑共分为三个部分，第一部分是长安城的总图，包括隋唐长安城的全部城坊宫市以及汉故长安城及终南山、渭河等周围地区。此部分即《通志》所著录《唐长安京城图》。第二部分为太极宫、大明宫和兴庆宫的分图，即《通志》所云《唐太极宫、唐大明宫、唐兴庆宫图》。《云麓漫抄》所云"考定太极、大明、兴庆三宫用折地法，不能尽容诸殿，又为别图"即指此部分。第三部分是吕大防的文字题记部分，即《直斋书录解题》和《玉海》所引《中兴馆阁书目》所著录的《长安图记》。

残存的《长安图》碑石或拓片大约仅有原碑的四分之一，保留了汉唐长安城的重要部分。总图中有汉都城、太极宫、大明宫、兴庆宫、北郊禁苑、皇城及城内东北部二十多个里坊，终南山麓仅存一长条石碑。分图部分的太极宫、大明宫，都已佚失，仅有兴庆宫的残碑。碑文部分仅存左下角一片，约有四百多字①。

吕大防《长安图记》单行本虽然已佚，但从宋赵彦卫《云麓漫抄》和元李好文《长安志图》所引佚文中可以得知其大致内容。

据《云麓漫抄》卷八载：

> 《长安图》：元丰三年五月五日，龙图阁待制知永兴军府事汲郡吕公大防，命户曹刘景阳按视、邠州观察推官吕大临检定。其法以隋都城大明宫并以二寸折一里，城外取容，不用折法。大率以旧图及韦述《西京记》为本，参以诸书及遗迹考定。太极、大明、兴庆三宫用折地法，不能尽容诸殿，又为别

---

① 刘家信：《宋碑〈长安图〉考》，《地图》1992年第4期。

图。汉都城纵广各十五里，周六十五里。十二门，八街，九陌。城之南北曲折，有南斗北斗之象。未央、长乐宫在其中。未央在西直便门，长乐在东直社门。隋都城外郭纵十五里一百七十五步，广十八里百十五步，周六十七里，高一丈八尺。东西南北各三门，纵十一街，横十四街。当皇城朱雀门南北九里一百七十五步，纵十一街，各广百步。皇城之南，横街十，各广四十七步。皇城左右，各横街四，三街各六十步，一街直安福延喜门，广百步。朱雀街之东市，一坊五十五，万年治之。街之西市，一坊五十五，长安治之。坊之制，皇城之南三十六坊，各东西二门，纵各三百五十步。中十八坊，广各三百五十步，外十八坊，广各四百五十步。皇城之左右共七十四坊，各四门，广各六百五十步。皇城左右之南六坊，纵各五百五十步。北六坊，纵各四百步。市居二坊之地，方各六百步，四面街各广百步，面各二门。皇城纵三里一百四十步，广五里一百一十五步，周十七里一百五十步。纵五街，横七街，百司居之。北附宫城，南直朱雀门，皆有大街，各广百步。东西各二门，南三门。太极宫城广四里，纵二里四十步，周十三里一百八十步，高三丈五尺。东一门，西二门，南六门，北三门。宫城之西有大安宫，唐大明宫城在苑内，广二里一百四十八步，纵四里九十五步，东北各一门，南五门，西二门。禁苑广二十七里，纵三十里，东一门，南二门，北五门。西内苑广四里，纵二里，四面各一门。东内苑广二百五十步，纵四里九十五步，东一门。以渠道水入城者三：一曰龙首渠，自城东南导浐至长乐坡，洒为二渠，一北流入苑，一经通化门兴庆宫由皇城入太极宫。二曰永安渠，导交水自大安坊西街入城，北流入苑注渭。三曰清明渠，导坑水自大安坊东街入城，由皇城入太极宫。城内有六高冈横列如干之六爻。初隋建都,以九二置宫室,九三处百司,九五不欲令民居,乃置玄都观兴善寺。右汉隋唐宫禁城邑之制,而《西京记》云:"街东西各五十四坊。"《六典》注:"两市居其中,四坊之地凡一百一十坊。"今除市居二坊外,各五十五坊,当以六典注为正。又《六典》:"西上合之西延英。"李庚赋:"东则延英耽耽。"当以庚赋为正。又《西京记》:"大兴城南直子午谷。"今据子午谷,乃汉城所直,隋城南直石鳖谷西。又《唐志》:"大明宫纵一千八百步,广一千八十步。"今实计纵一千一百一十八步,广一千五百三十五步,此旧说之误也。

唐高宗始营大明宫于丹凤,后南开翊善、永昌二坊,各为二外郭。东北隅永福一坊,筑入苑。先天以后,为十六王内宅。又高宗以隆庆坊为兴庆宫附外郭,为复道,自大明宫经过通化门,蹬道潜通,以达此宫,谓之夹城。又制永嘉坊,西百步入宫,外郭东南隅一坊,始建都城,以地高不便,隔在郭外。为芙蓉园,引黄渠水注之,号曲江。明皇增筑兴庆宫夹城,直至芙蓉园。又武宗于宣政殿东北筑□曰望仙,今人误以为蓬莱山。武宗又修未央宫为通光亭,宣宗修宪宗遗迹于夹城中,开便门自芙蓉园北入至青龙寺,俗号新开门。自门至寺,开敦化以北四坊,各为二,此迁改之异也。大抵唐多仍隋旧,故吕公爱其制度之密,而伤唐人冒,疾史氏没其实,遂刻而为图,故志之。①

元代李好文的《长安志图》引用吕大防《长安图》题记:

隋氏设都虽不能尽循先王之法,畦分棋布,闾巷皆中绳

---

① (宋)赵彦卫:《云麓漫钞》卷八,中华书局1998年版,第140页。

墨。坊有墉，墉有门，逭亡奸伪，无所容足，而朝廷、宫寺、民居、市区不复相参，亦一代之精制也。唐人蒙之以为治，更数百年不能有改，其功亦岂小哉。隋文有国才二十二年，其划除不庭者非一国，兴利后世者非一事，大趣皆以惠民为本，躬决庶务，未尝逸豫，虽古圣人夙兴待旦，殆无以过。惜其不学无术，故不能追三代之盛。予因考证长安故图，爱其制度之密，而勇于敢为，且伤唐人媢，疾史氏没其实，聊记于后。元丰三年五月五日，龙图阁待制知永兴军府事汲郡吕大防题。京兆府户曹参军刘景阳按视，并州（据碑石应为邠州）观察推官吕大临检定，鄜州观察使石苍舒书。

残存碑文主要为题记的后面部分，基本不出《云麓漫抄》和《长安志图》的引用范围。只在最后比《长安志图》所引题记"鄜州观察支使石苍舒书"后多"工张佑画，李甫安、师民、武德诚镌"一行字。程大昌对吕大防《长安图记》的引用，不出《云麓漫抄》摘录的范围。通过对以上资料进行比对可知，《云麓漫抄》已经包括了《长安图记》的大部分中心内容，只是将《长安志图》所引后记，以"大抵唐多仍隋旧，故吕公爱其制度之密，而伤唐人冒，疾史氏没其实，遂刻而为图，故志之"概括。而碑文中多出的画工和刻工姓名则是碑文中所特有，单行本《长安图记》中所无的。

根据吕大防这些题记我们知道，《长安图》完成于元丰三年（1080）五月五日，时吕大防知永兴军。绘制此图的原因，是有感于隋长安城的设计之严密，"畦分棋布，闾巷皆中绳墨。坊有墉，墉有门，逭亡奸伪，无所容足，而朝廷、宫寺、民居、市区不复相参，亦一代之精制也"。因此，以"长安旧图"为基础，除韦述《西京记》外，吕大防还参考了《唐六典》、《唐志》等文献资料，并对遗迹进行实地勘察，综合考证之后绘制完成的。

这样一幅浩大的工程当然非吕大防一人所为，而是由刘景阳按视，吕大临检定，即在刘景阳和吕大临的帮助下，经过实地考察绘制成功的。并由石苍舒书石。刘景阳，生平不详，由该题记当时任京兆府户曹参军，是吕大防的下属，吕大临有诗《送刘户曹》，应即是写给此人的。石苍舒为宋代著名的书法家，因此，吕大防请他来书石刻碑。

三、《长安图》的学术价值

《长安图》具有多方面的学术价值。

第一，《长安图》的史学价值。《长安图》的史学价值首先在于它的史料价值。吕大防以严谨的态度经过考证和实地勘察，描绘出汉、隋、唐三代古长安的面貌，并配以文字说明，介绍了长安城内一些建筑的历史沿革，是研究古代城市发展史和古代建筑史的绝佳资料。很多历史地理学著作都将其作为重要的参考资料。如程大昌的《雍录》，李好文的《长安志图》，毕沅《关中胜迹图志》等。由于《长安图》比较全面准确地反映了古代长安城的地理位置、建筑布局，有益于我们更好地理解史书中所记载的有关历史事实或用来考证与古代长安有关的历史事件的发生地。如程大昌《雍录》卷十"香积寺"条云：

> 吕图在子午谷正北微西。郭子仪肃宗时收长安，陈于寺北。唐本传云："距丰水临大川。"大川者，沉水交水，唐永安渠也。盖寺在丰水之东，交水之西也。吕图云："在镐水发源之北。"则近昆明池矣。子仪先败于清渠，至此循南山，出都城，后据地利以待之也。

阅读历史文献，如果不能知道当时的地理情况，就会造成理解上的困难。而《长安图》的存在使发生在古代长安的历史事件更加明晰。元胡三省在注《资治通鉴》时,其《唐纪》部分有十几处参考了吕大防的《长安图》。如唐德宗兴元元年五月,"乙未,李晟移军于光泰门外米仓村",胡三省注曰:"吕大防《长安图》:光泰门者,京城东门,大明宫东苑之东。"其他一些著作,如《论总闻》、《陕西通志》、《长安志》、《雍绿》、《汴京遗迹志》、《太平御览》、《玉海》、《说郛》等,在考证长安旧址细柳仓、兰池、饮马桥、芳门、莲花洞、横门及横桥、七里渠、高望堆等时无不以《长安图》作为基本依据,显示出学者们对《长安图》史料价值的重视。除了珍贵的史料价值,《长安图》也体现了吕大防的历史观念。他制作《长安图》的目的之一,就是"伤唐人娟疾史氏没其实",指出名满天下的唐代长安城,其实是得益于隋文帝的设制,"唐人蒙之以为治,更数百年不能有改",肯定了隋文帝的历史功绩,对隋文帝予以高度评价。

第二,《长安图》在地理学上的价值。《长安图》在地理学上的价值体现在人文地理和自然地理两个方面,而尤以人文地理方面的价值最大。长安城是古代文化名城,是人类城市建设史上的一朵奇葩。长安城的建置体现了浓厚的人文气息,"畦分棊布,间巷皆中绳墨。坊有墉,墉有门,逋亡奸伪,无所容足,而朝廷、宫寺、民居、市区不复相条",这对今天的城市规划和建设也有很大的启示。另外,由于《长安图》在反映城市布局的同时,对周围的山川河流也有所反映,而且"其山水地望悉是亲见",非常可靠,这就为研究长安城的自然地理环境及变化提供了依据。如程大昌即根据吕大防《长安图》得出水道改移的结论:

> 吕图曰:"《西京记》云:大兴城南直子午谷。"今据子午谷,乃汉城所直,隋城南直石鳖谷则已微西,不正与子午谷对也。古今水道有移改,山无移改也。此语盖吕氏亲见之详,可

据也。①

第三,《长安图》在地图学上的价值。《长安图》是现存最早的城市地图,体现了高超的绘制技术,因此在地图史上占有重要地位。中国古代的地图方向定位并不一致,但《长安图》的方向定位采用的却是与现代地图标准方向定位相一致的"上北下南,左西右东"。其比例尺为"二寸折地二里",约合今天的比例尺 1:9000,为了增加图的容纳,城外用了更小的比例。今人经考古勘察,发现其绘制已经达到了较高的精度②,准确地反映了汉唐都城的格局和长安城内外各地物间的相对关系,完整地展现了古长安博大无比的地理景观。而对长安城的重要建筑太极宫、大明宫、兴庆宫,因"折地法不能尽容诸殿",所以又用较大的比例尺别图绘制。《长安图》所绘内容丰富,既有宫室建筑,又有坊市街道,还有山川河流等等,为了科学恰当地表现这些内容,吕大防采用了一百多种标注符号,使地图层次分明。另外,吕大防还用文字加注记和题记,标明人工建筑和自然山川的名称,对表现内容予以介绍。这就使《长安图》更加明晰易读。

第四,《长安图》的艺术价值。《长安图》即具有珍贵的资料价值,也具有很高的审美价值。《长安图》绘图精美,布局和谐。整个图中长安街道纵横,宫院寺庙亭台楼塔星罗棋布,在建筑的绘画上把平面精度与立体造型结合起来,还采用了街道对景手法,把高大的建筑物组织到街道空间中去,使塔、坊、亭、台、楼、阁、园林错落有致。给人以庄重、规整、生动的美感。是一幅生动形象的城市

---

① (宋)程大昌:《雍录》卷三《唐西内太极宫(隋大兴宫)》,《文渊阁四库全书》影印本。
② 石磊:《宋吕大防〈长安图〉及后世复原图研究》,陕西师范大学 2007 年硕士论文。

画卷。而其题记文字为当时的著名书法家石苍舒所书,他擅长草书,苏轼、苏辙都曾题其《醉墨堂》称赞他。苏轼云:"君于此艺亦云至,堆墙败笔如山丘。兴来一挥百纸尽,骏马倏忽踏九州。"①苏辙云:"石君得书法,弄笔岁月久。经营妙在心,舒卷功随手。"②其所书《长安图》题记,为与图相应,没有用草书而是用楷体书写。但因出自名家之手,也弥足珍贵。

第五节　吕大临《考古图》

一、吕大临《考古图》的写作缘起与成书过程

比起吕大临的其他著述的散佚严重,其《考古图》能流传至今也是幸事。元大德本《考古图》前有陈才子序云:"汲郡吕公汇诸大家所藏尊、卣、敦、盂之属,绘为巨编,兵后多磨灭","兵后"当指宋元之际的战火。由此可知《考古图》的宋本在元代已不多见,幸陈氏重修才流传至今。但由于现存传本都是元代以后刊本,宋本原貌已不可见,所以《考古图》虽在明清两代流传较广,但因其间有错讹矛盾之处,引起后世学者的争议和误解。

关于吕大临《考古图》的写作时间,陈振孙《直斋书录解题》在其所著录的《考古图》题解中明确说:"其书作于元祐七年。"但著名学者容庚提出另外的看法。他在《学术研究》(广东)一九六三年第六期刊载的《宋代吉金书籍述评》中说:

> 吕书"卷八"《琥》按语引《复斋漫录》谓元祐八年(公元一〇九三年),伯时仕京师,居红桥,子弟得陈峡州马台石,斫

---

① (宋)苏轼:《东坡全集》卷二《石苍舒醉墨堂》,《文渊阁四库全书》影印本。
② (宋)苏辙:《栾城集》卷三《石苍舒醉墨堂》,《文渊阁四库全书》影印本。

石为沼,号曰洗玉池。所谓玉者,几十有六。伯时既没,池亦湮晦。徽宗曾即其家访之,得于积壤中。十六玉惟鹿卢环从葬龙眠,余者咸归内府。此书自序作于元祐七年,而所记乃及徽宗取玉事,若非后人所增,则其成书乃在作序十年以后矣。

容庚先生因为《考古图》传本中有徽宗时事,因此推测"若非后人所增,则其成书乃在作序十年以后",这个推测其实是说《考古图》要么有后人增补的内容,要么就是在吕大临作序十年以后。但这个结论被一些学者误解并坐实,学界遂有《考古图》成书在"作序十年"以后之说①。

容庚先生所说吕大临所作自序,其实是指现存多种《考古图》前所附吕大临所作《考古图记》,其文如下:

> 庄周氏谓儒者逐迹丧真,学不善变,故为轮扁之说,刍狗之谕,重以《渔父》、《盗跖》、《诗》、《礼》发冢之言,极其诋訾。夫学不知变,信有罪矣;变而不知止于中,其敝殆有甚焉。以学为伪,以智为凿,以仁为姑息,以礼为虚饰,荡然不知圣人之可尊,先王之可法,克己从义,谓之失性;是古非今,谓之乱政;至于坑杀学士,燔爇典籍,尽愚天下之民而后慊,由是观之,二者之学,其害孰多?尧、舜、禹、皋陶之书,皆曰"稽古",孔子自道,亦曰"好古敏以求之"。所谓古者,虽先王之陈迹,稽之好之者,必求其所以迹也。制度法象之所寓,圣人之精义存焉,有古今之所同然,百代所不得变者,岂刍狗、轮扁之谓哉?汉承秦火之余,上视三代,如更昼夜梦觉之变,虽遗编断简,仅存二三,然世移俗革,人亡书残,不复想见先王之绪余,至人之

---

① 夏超雄:《宋代金石学的主要贡献及其兴起的原因》,《北京大学学报》(社科版)1982年第1期。

譽欤。不意数千百年后,尊、彝、鼎、敦之器,犹出于山岩、屋壁、田亩、墟墓间,形制文字,且非世所能知,况能知所用乎?当天下无事时,好事者畜之,徒为耳目奇异玩好之具而已。噫,天之果丧斯文也,则是器也,胡为而出哉?予于士大夫之家,所阅多矣,每得传摹图写,寖盈卷轴,尚病寡启,未能深考。暇日轮次成书,非敢以器为玩也;观其器,诵其言,形容仿佛,以追三代之遗风,如见其人矣。以意逆志,或探其制作之原,以补经传之阙亡,正诸儒之谬误,天下后世之君子,有意于古者,亦将有考焉。元祐七年二月汲郡吕大临记。①

这篇记曾经被吕祖谦选入《宋文鉴》,但题目为《考古图后记》而不是《考古图记》。张勋燎先生据此认为这篇文章虽列在《考古图》卷首,但不是"序",而是作于成书之后的"后记",只是《文鉴》按统一体例删去了末尾"元祐七年二月汲郡吕大临记"一句。由此反驳了成书于"作序十年以后"之说,确定《考古图》的成书在元祐七年。并以吕大临卒于元祐末及《复斋漫录》的成书时间相佐证。

张勋燎先生的意见基本是正确的,但关于吕大临的这篇自记还有一个问题目前未见有学者提出来。那就是在《四库全书》据钱曾藏本抄录的《考古图》有两篇吕大临自记,一篇置于卷首,称《考古图记》,一篇位于《考古图》卷末,称《考古图后记》,奇怪的是这两篇记除个别地方显属抄录时的文字衍脱外,内容完全一致。如前文"田亩墟墓间",后文为"垄亩墟墓之间"。只是末尾题署前篇为"元祐七年二月汲郡吕大临记",而后篇为"元祐七年岁在壬申三月上巳汲郡吕大临记"。吕大临本人不可能先在元祐七年二月写了一篇记作为《考古图》的序,又在三月上巳将该篇记重新抄

---

① (宋)吕大临:《考古图》,《文渊阁四库全书》影印本。

录作为《考古图》的后记。因此，这篇记同时在该书首尾出现，仅题署时间有差异的情况应该是出于书商的作伪。从《宋文鉴》的收录时称为《考古图后记》的情况来看，该记确应为《考古图》的后记，实作于"元祐七年三月上巳"，最初是放在卷后的。书商为利于销售，将其列于卷首，并将卷末的题署时间前提。而且不管是吕大防《长安图》、韩、杜年谱的后记，还是吕大忠为《吕氏乡约》所写的后记，其题署时间都具体清楚地标明了年月日，因此吕大临"元祐七年三月上巳"的题署也更符合吕氏兄弟写后记的题署习惯，是真正的《考古图后记》，是吕祖谦收录入《宋文鉴》时的原貌。而后世的传本如明泊如斋本、清亦政堂本删去后记，保留了所谓"元祐七年二月"的前记，其实是去真存伪。李玉奇在《〈考古图〉钱曾藏本非影宋本考》一文中，以令人信服的证据得出钱曾藏本不但非北宋本而且也非南宋本，而是出于元大德本的结论。但他没有提到这篇记的问题。此亦可作为钱曾藏本非宋代藏本，但为较好的元代传本的证据之一。

在《考古图后记》中，吕大临云："予于士大夫之家，所阅多矣，每得传摹图写，寖盈卷轴，尚病欹启，未能深考。暇日轮次成书。"可见吕大临该书的写作并非一朝一夕之功。而是经过长期的收集资料，并对资料进行考证之后写作成书的。

二、《考古图》的内容与体例

吕大临《考古图》共十卷，另有《考古图释文》一卷，未署作者姓名，《籀史》记载"赵九成著《吕氏考古图释》"，故清人认为此书为赵九成著。而据现今学者考证，当为吕大临所撰。[1] 我们倾向

---

[1] 容庚：《宋代吉金书籍述评》，《容庚文集》，中山大学出版社2004年版。

于吕大临原著而赵九成增补这种说法。①《考古图》是我国现存最早而有系统的古器物图录著作。该书著录了当时皇室和私人收藏的商周秦汉铜器及玉器等,目列二二四器,实收二三四器。由于所收古器物较多,吕大临根据器物形制与铭识对其进行了大体的分类。卷一,鼎属;卷二,鬲、甗、鬶;卷三,簋属;卷四,彝、卣、尊、壶、罍;卷五,爵属、豆属、杂食器;卷六,未表总目,包括盘、匜、盂等;卷七,钟、磬等乐器;卷八,玉器;卷九、卷十,秦汉器。这个分类基本是以器类统属器物的,但由于有些器物数量较少,就将用途相近者统属于一大类中。如卷二主要为烹饪器,卷三主要为盛食器,卷四主要为酒器,但最后又赘以秦汉器,则又按时代统属器物,造成前后标准不完全一致。虽然在分类上面有瑕疵,但《考古图》在著录古器物图录体例方面却颇有建树:每件器物都摹绘图形和款识,记录尺寸、重量和容量,并进行考证。如《晋姜鼎》:"径尺有七寸四分,高尺有二寸半,深七寸六分,容四斗二升。"器物图以线描方式绘出形状及纹饰,线条流畅,图画精美,有真实感和立体感。"很成功地用图像摹绘代替文字描写。"②凡出土地和收藏地可考的,也都加以说明。在编排上注意器物出土时的共存关系,并能依据器物的形制、铭识和出土地考证年代。如《考古图》记载了出土于河南河清(今孟县)的一组器物,并加说明云:"按此器与商癸彝相似,必有提梁,今不存。初,河滨岸崩,闻得十数物。今所存者,此彝外尚有五物,形制多不同,今列于后,皆曰单作从彝,疑五物者,为此彝陪设,故谓之从彝,以器铭不著其名,故皆附于后。"书中所

---

① 张富祥:《宋代文献学研究》,上海古籍出版社2006年版,第458页。
② 李济:《中国古器物学的新基础》,转引自吴继明《中国古代图学中的一颗耀眼明珠》,《湖北大学学报》(自然科学版)1988年第1期。

定器名及相关考证虽有可商榷之处，但大多态度严谨，言之有据。《考古图》卷一著录有《庚鼎》、《辛鼎》、《癸鼎》等铭，吕大临根据《史记》夏商没有谥法，皆以天干命名，遂以为商器，是很有道理的。又如《考古图》卷七著录有《楚邛仲妳南和钟》，吕大临考证以为："按《类篇》云：'媵，送女也。'妳，姊也。盖楚之送女之器。"通过对铭文文义的考求，认为这是嫁女陪嫁之器，得到后世学者的普遍认可。

《考古图释文》从《考古图》所著录的 85 器铭文中，摘录出单字 821 个，按《广韵》四声编排。吕大临题词末注云："凡与《说文》同者，训以隶字，及加反切。其不同者，略以类例文义解于下。所从部居可别而音读无传者，各随所部收之，以备考证。"这是说，所录单字，凡是按《说文》能够判明为某字且写法基本相同者，即先写出隶字，并注明反切读音及以此分韵，然后在隶字下分别摹录见于各器的金文原字，字下各注所在器名；有些原字与《说文》的写法不同，而按类例和文义可以知道为某字者，亦按所知归入，并说明与《说文》字形的异同；有些原字可以看出其部首而不知其读音者，即按部首归类，以待考证其读音。另外，还有约七十个不认识的字，作者分为"疑字"、"象形"、"无所从"三类，附于卷末。这些做法，都是为了给阅读金文提供方便，约略相当于专用的金文小字典。

《考古图释文》前有吕大临序云：

> 古文，三代之书名也。书名所起，将记言于简策。象物形而画之，故厥初以象形为主，不取笔画之均正。又有无形可象之言，然后会意、假借、形声、指事、转注之文生焉。至周之兴，尚文。书必同文，其笔画稍稍均正。（据今所传商周器可见）周衰益盛。窃意周宣王太史籀所作大篆已有修正，故与古文

多异。至秦李斯、程邈之徒，又有省改，谓之小篆，即今许氏《说文》是也。小篆兴而古文亡。至汉鲁恭王坏孔子宅，得壁中书，及张苍献古《春秋左氏传》，鲁三老献古《孝经》及郡国于山川得鼎彝之铭，然后古文复出。孔安国以伏生口传之书训释壁中书，以隶古定文，然后古文稍能训读。其传于今者，有古《尚书》《孝经》、陈仓石鼓及郭氏汗简、夏氏集韵等书，尚可参考。然以今所图古器铭识考其文义，不独与小篆有异。而有同是一器、同是一字而笔画多寡、偏旁位置左右上下不一者。如伯百父敦之"百"字、"宝"字、"蕲"字，叔高父簋之"簋"字，晋鼎之"作"字，其异器者如彝尊"寿""万"等字，器皿笔画皆有小异，知古字未必同文，至秦始就一律。故非小篆所能该也。①

这段序论对古文字的发展过程作了简要的回顾分析，并根据自身研究得出结论，其中不乏真知灼见。如其认为古器铭识，"不独与小篆有异。而有同是一器、同是一字而笔画多寡、偏旁位置左右上下不一者。"并举出具体例证，言之有据，从而得出"古字未必同文，至秦始就一律。故非小篆所能该"的结论。吕大临的这段论述，首次从金文与小篆的比较上，提出了一套以笔画多寡、偏旁位置及形象、义类等识别文字的具体方法，从而打通了以金石资料考证古文字的途径，为古文字研究提供了新的方法。故《四库全书总目》赞其为"通论"。

三、《考古图》的学术价值

作为我国现存最早的一部古器物图录专书，《考古图》在金石

---

① （宋）吕大临：《考古图释文》，《文渊阁四库全书》影印本。

学上的价值向为学者所重。王国维评价《考古图》:"既据史传以考遗刻,复以遗刻还正史传,其成绩实不容蔑视也。"①吴其昌则云:"吉金文字,可称自与叔立其基。""盖吕叔定吉金文字书籍之体例,亦犹太史公定断代为史之体例,后世不能外也。"②《考古图》在器物著录和文字考释方面都有很大的功绩。为后代著录古器物提供了很好的范例。不但清人多沿用其例,甚至当今古器物著录书也基本遵从其法。

《考古图》在古文字学上也具有重要意义。胡朴安云:"吕大临之《考古图》,无名氏之《续考古图》,宣和《博古图》,绘古器物之形象,摹其铭文由实物逐为摹本,虽不能毫发无误,然可以据此认识古器物文字之形式矣。"③《考古图释文序》总结出若干辨识金文的原则,如"笔画多寡,偏旁位置左右、上下不一"。据吕氏的经验,从小篆考古文,只能得三四,其余有的以象形推得,有的从义类推得,有的笔画省于小篆,有的笔画繁于小篆,有的则左右、反正、上下不同。有的知道偏旁部居而无从考得音义,这样又可考其六七。他用这种方法,考识了四百余字的金文,其中有三百余字现在已证明是确凿无误的,这是一个空前的古文字考释成果。因此《考古图释文》可以说是给古文字学开辟了一条道路,被唐兰先生誉为"古文字学里的第一本书"④。后来王楚的《钟鼎篆韵》,薛尚功的《广钟鼎篆韵》,元杨鉤的《增广钟鼎篆韵》,都是对此书的延伸和扩大之作。

---

① 王国维:《宋代之金石学》,见傅杰校编《王国维论学集》,中国社会科学出版社1997年版,第201—206页。
② 吴其昌:《王观堂先生学术》,《国学论丛》1928年第3期。
③ 胡朴安:《中国文字学史》,中国书店1983年版,第158页。
④ 唐兰:《中国文字学》,上海古籍出版社2005年版,第15页。

第六章　四吕的文学观念与文学创作

四吕并不以文学家知名,但这并不是说他们在文学上毫无创见,事实上,尽管他们的著述很多都已经散佚,但是从目前保存下来的零星材料中,我们仍然可以发现他们在文学方面的造诣,只不过其政治家或理学家的身份掩盖了他们在文学上的成就。

第一节　蓝田四吕诗歌考论

由于蓝田四吕的别集都已散佚,现已无从了解其诗文创作的全貌。只能从其现存作品中管窥其创作特点与成就。

一、蓝田四吕存诗考

《全宋诗》收录四吕现存的诗歌大约只有二十首。收录情况如下:

姓名	篇数	篇目	备注
吕大忠	1	《送程给事知越州》	
吕大防	6	《和母同州丁巳吟》《飞赴山》《西园辨兰亭》《万里桥》《送朱寿昌迎母东归》《幸太学倡和》	另有残句三则
吕大钧	1	《曾点》	
吕大临	12	《北效》《送刘户曹》《南溪淡真阁闲望》《春静》《探春》《礼》《寒食道中》《蓝田》《克己》《经筵大雪不罢讲》二首《效尧夫体寄仲兄大防微仲》	其中《礼》《经筵大雪不罢讲》二首与吕希哲诗重出

除上表所列诗歌外,《全宋诗》还收有一首吕寅伯的《夜过吴江忆华终之》,作者小传云:"吕寅伯,一说寅伯为字,名不可考,乃吕大防兄。"此作者小传是根据清陆心源《宋诗纪事补遗》卷一三:"吕寅伯,大防兄。史称吕蕡子六人,五人登第。大防、大钧、大临、大忠知名,余二人不见于史。大忠字晋伯,大防字仲微(应为微仲),大钧字和叔,大临字与叔,寅伯必居其一,名不可考耳。"①从本文第一章的世系考中我们已经知道,吕大防排行第二,吕大忠是其唯一的兄长,字晋伯,而非寅伯。吕蕡另二子名大受、大观,排行较幼,按古人习惯,"寅伯"不可能为其字。故陆心源《宋诗纪事补遗》所言有误。而且,吕大忠的生平仕履多在西北一带,未见其有"夜过吴江"的踪迹,交游中也未见有名为"华终之"的友人,故此吕寅伯决非吕大忠,亦非吕大防兄,而是另外一位吕姓诗人所作。

蓝田四吕中吕大临存诗最多,《全宋诗》收录12首,但这12首中,有三首与吕希哲诗重复收录。一首是《礼》,另以《绝句》为题收录于吕希哲名下。另外两首为《经筵大雪不罢讲》二首,另以《绝句二首》为题收录于吕希哲名下。那么这三首诗到底是吕大临还是吕希哲的作品呢?

首先,我们来看《礼》的来源与出处。因为吕大临和吕希哲的别集都已失传,所以其作品都是根据后人转引流传下来的。《全宋诗》将《礼》诗收于吕大临名下,是据金履祥《濂洛风雅》。金履祥(1232—1303)为宋末元初人,《宋元学案》称其:"凡天文、地形、礼乐、田乘、兵谋、阴阳、律历之书,靡不毕究。已向濂、洛之学,事

---

① (清)陆心源:《宋诗纪事补遗》卷一三,《续修四库全书》本。

同郡王鲁斋,从登何北山之门。自是讲贯益密,造诣益邃。"①但《濂洛风雅》并非现存最早收录《礼》一诗的文献。在金履祥之前,由宋熊节编,熊刚大注的《性理群书句解》亦收录了此诗,题为《礼仪》,作者署为"蓝田吕先生"②。熊刚大为南宋嘉定年间(1208—1224)进士,生活时代较金履祥为早,因此其所录资料应比较可靠。"蓝田吕先生"应即是对吕大临的尊称。

《全宋诗》将《礼》诗录入吕希哲名下,是根据吕希哲的《吕氏杂记》卷上。但吕希哲的《吕氏杂记》早已失传,《全宋诗》所据其实为四库馆臣据《永乐大典》辑出的佚文。《四库全书总目》卷一百二十《吕氏杂记》提要云:"是书《宋志》不著录,《通考·岁时类》中有吕原明《岁时杂记》二卷。考陆游《渭南集》有《岁时杂记跋》,称:'太平无事之日,故都节物及中州风俗人人知之,若不必记。自丧乱来七十余年,遗老凋落无在者,然后知此书之不可阙。'则当如《梦华录》之类。又周必大《平园集》有《岁时杂记序》称:'上元一门,多至五十余条。'则分门辑类之书,与此不合。惟《文渊阁书目》载吕原明《杂记》一册,盖即此本。其中所载诗话,如王逵赠蔡襄作、元绛贺王安石作、吕公弼游东园作诸篇,厉鹗《宋诗纪事》皆未采入,知近代久无传本。今以《永乐大典》所载,裒合成帙,编为二卷。间有吕氏他书之文,而《永乐大典》误标此书者,疑以传疑,亦并录之,而各附案语订正焉。"可见,《吕氏杂记》据《永乐大典》的辑文并不完全可靠。而且《永乐大典》在引用原书时割裂原文处甚多,此诗为孤立的一段,无上下文可寻,恐《永乐大典》所引有误,或将吕希哲引用的吕大临诗误为吕希哲本

---

① (清)黄宗羲、全祖望:《宋元学案》卷八十二《北山四先生学案》。
② (宋)熊节编、熊刚大注:《性理群书句解》卷四,《文渊阁四库全书》影印本。

人所作。因该诗在《吕氏杂记》中并未标明题目,故《全宋诗》以《绝句》名之。

通过以上梳理分析,笔者认为,《礼》诗归入吕大临名下,所据材料时代更早,更为可信。而且究其诗之思想内容,也与吕大临"通六经,尤邃于礼"的学术特点和"曲礼三千目,躬行四十年"的生平行事更为契合。而与吕希哲思想的驳杂不符。因此,《礼》诗应为吕大临所作,而非吕希哲作品。

至于《经筵大雪不罢讲》二首,笔者认为则应为吕希哲作品,而非吕大临所作。此二诗见于晁说之《晁氏客语》:

> 吕原明元祐间侍讲,大雪不罢讲,讲《孟子》,有感哲庙一笑,喜为二绝云:"水晶宫殿玉花零,点缀宫槐卧素屏。特敕下帘延墨客,不因风雪废谈经。""强记师承道古先,无穷新意出新编。一言有补天颜动,全胜三军贺凯旋。"①

晁说之(1059—1129)生活时代与吕大临、吕希哲接近,其记载应最为可靠。而《全宋诗》将其列于吕大临名下,所据是南宋末金履祥《濂洛风雅》,时代较晚,恐为讹误。另外,从诗的内容来看,讲的是大雪侍讲的事情。而吕大临终其一生并未做过侍讲,虽然元祐七年(1092)范祖禹曾荐其为讲官,但"未及用而卒"。而吕希哲则在元祐七年(1092)六月为崇政殿说书②,至元祐八年(1093)二月改为右司谏③。其任侍讲时间曾历一冬,所以大雪侍讲之事与其身份经历非常符合,故应为吕希哲所作。作诗时间则应在元祐八年(1093)正月。剔除了吕希哲的这两首诗,吕大临存

---

① (宋)晁说之:《晁氏客语》,《文渊阁四库全书》影印本。
② (宋)李焘:《续资治通鉴长编》卷四百七十四,中华书局1979年版。
③ (宋)李焘:《续资治通鉴长编》卷四百八十一,中华书局1979年版。

诗则仅有十首。

二、四吕诗歌的思想内容

四吕之中,吕大忠和吕大钧都仅存诗一首。吕大忠仅存一首《送程给事知越州》:

> 飞诏平明走玉珂,夕郎持节越山阿。西风旗鼓催行色,南国蓴鲈助醉歌。邻寇未销谋可尔,部氓犹困政如何。番禺今得长城利,推此求功曲突多。①

程给事指程师孟,熙宁十年(1077)五月以给事中、集贤殿修撰知越州。当时作诗送行者甚多,流传至今的就有王安石、曾孝宽、章衡等十几人。吕大忠此作则独具特色。诗的首联点题,说明程给事奉诏知越州。"玉珂"为马络头上的装饰物,此处代指马。晋张华《轻薄篇》诗云:"文轩树羽盖,乘马鸣玉珂。""夕郎"为黄门侍郎的别称。汉时,黄门郎可加官给事中,故亦称给事中为夕郎。此处指程给事。诗的颔联对偶工整,颇具豪气。颈联"邻寇未销谋可尔,部氓犹困政如何"则显示了吕大忠忧国忧民的情怀,"番禺今得长城利,推此求功曲突多"则是对程给事的赞美和期望,希望他在越州任上能保国卫民,建功立业。整首诗叙议结合,风格豪放,具有较高的艺术水平。惜仅此一首。

吕大防存诗六首及残句三则。其中《西园辨兰亭》、《万里桥》可以确定是作于元丰年间成都府任上。虽然我们不能据此说成都府时期是吕大防文学创作的黄金时期,但联系其整理韩文杜诗也在这个时期,则吕大防这一时期的文学活动确实是比较多的。有时,和朋友诗酒唱和;有时,和友人游山玩水,作诗以纪。我们先看

---

① 傅璇琮等编:《全宋诗》,北京大学出版社1995年版,第7346页。

其所作七律《西园辨兰亭》:

> 手种丛兰对小亭,辛勤为访正嘉名。终身服佩骚人宅,举国传香楚子城。削玉紫芽凌腊雪,贯珠红露缀春英。若非郢客相开示,几被方言误一生。①

此诗为吕大防在西园辨兰亭边与李大临、李之纯诗酒唱和时所作。李大临(1010—1086),字才元,成都华阳人。神宗熙宁年间为知制诰,因反对附新党以干进的李定除御史而封还词头,拒绝制词,以此贬官,与宋敏求、苏颂并称"熙宁三舍人"。元丰三年(1080)致仕,故与吕大防有所往来。李之纯是苏门词人李之仪的从兄,时为成都路转运使,与吕大防为同僚。大防发现蜀地有一种草,当地人称为"石蝉",但楚人认为是兰。吕大防根据有关文献记载,又专门请教了在楚地做官的朋友,确认此草即为《离骚》中所说的石兰,因蝉、兰音近致误。于是在府治西园修建了一个小亭,亭旁栽种了这种兰草,将亭命名为"辨兰亭",并作《辨兰亭记》及此诗以纪事。大防此诗首联叙辨兰亭之来历。中间两联先暗用《离骚》典故,赞美兰草的高洁清香,又实写兰草颜色姿态,对偶工整,用词精当。末联与首联相呼应,点明曾因方言对兰草造成误解。是一首富有生活情调和知识趣味的咏物诗。李大临和诗:

> 沙石香丛叶叶青,却因声误得蝉名。骚人佩处惟荆渚,识者知来遍蜀城。消得作亭滋九畹,便当入室异群英。非逢至鉴分明说,泪没人间过此生。②

李之纯和诗:

---

① 傅璇琮等编:《全宋诗》,北京大学出版社1995年版,第7395页。
② 宋扈仲荣等编:《成都文类》卷七,《文渊阁四库全书》影印本。

> 绿叶纤长间紫茎,蜀人未始以兰名。有时只怪香盈室,此日方传誉满城。恩意和风扬馥郁,光荣灏露滴清英。庭阶若不逢精览,何异深林静处生。①

这两首和诗步吕大防之韵,赞美兰草及吕大防的至鉴精览,但艺术上都不如吕大防原作。

再看吕大防七绝《万里桥》:

> 万里桥西万里亭,锦江春涨与堤平。挐舟直入修篁里,坐听风湍漱骨清。②

诗前有小序云:

> 万里桥西有僧居曰圣果,后瀕锦江,有修竹数千竿。僧辩作亭于竹中,予与诸公自桥乘舟,溯流过之,因名亭曰万里。盖取其发源注海,与桥名同而实异。作小诗识之。

说明此诗是吕大防在成都时与友人拜访僧辩时所作。此诗风格清雅,意境空灵,颇有一些唐诗的韵味。

吕大防的五绝《飞赴山》也能看出唐诗的影响:

> 最盛西峰下,林梢四望亭。江山观掌握,梁益布丹青。③

飞赴山与残句所咏三十六峰(天仓三十六,寒拥翠微宫)、六时水(岩晖万古照,泉漏六时飞)、天师粟(树向仙山老,枝经汉水蟠)都在成都府青城县,该诗与残句同为五言,风格相似,应为同一时期的作品。若非嘉祐年间吕大防为青城令时所作,则定是知成都府时故地重游时作。这些诗句写景状物,平淡自然,不加雕饰,可以看出唐代山水诗的影响。

---

① 宋扈仲荣等编:《成都文类》卷七,《文渊阁四库全书》影印本。
② 傅璇琮等编:《全宋诗》,北京大学出版社1995年版,第7394页。
③ 傅璇琮等编:《全宋诗》,北京大学出版社1995年版,第7394页。

吕大防生活的时期,正是宋代诗歌由沿袭唐风到自成面目的转捩时期。在吕大防仅存的这几首诗中,有的酷肖唐诗,有的则已露宋调。如其《幸太学倡和》:

> 清晓金舆出建章,祠宫转仗指虞庠。三千逢掖裾如雪,十万勾陈锦作行。再拜新仪瞻鲁圣,一篇古训赞周王。崇儒盛世无云补,扈跸空惭集论堂。①

诗的前半部分写得雍容华贵,令人想起王维的《和贾至舍人早朝大明宫》的盛世气象。但后半部分却归于瞻圣崇儒,露出些许道学面目。

而其《和母同州丁巳吟》:

> 行高名并美,命否数皆狙。嗟尔百君子,贤哉二丈夫。世当敦薄俗(自注:邵尧夫乐道不仕),谁复距虚无(自注:张子厚论佛老之失)。望道咸瞠若,修梁俱坏乎。密章燔汉绶,环经泣秦儒。赖有诸良友,能令绍不孤。②

此诗乃为同一年去世的张载、邵雍所作,此诗不但以议论为主,而且押虚词韵,已经全无唐诗的意象和韵味。

吕大防还有一首《送朱寿昌迎母东归》:

> 去年谪守豫章南,楚岸方舟鹢首衔。君使得亲夸彩服,我方违养苦征帆。春来重到青山郭,膝下同荣□绮衫。尤爱中条更相类,板舆时可到西岩。③

这首诗应是吕大防熙宁五年(1072)春知华州时所作。熙宁四年(1071),吕大防因宣抚司事落职知临江军,故诗中有"去年谪

---

① 曾枣庄等编:《全宋文》,巴蜀书社1993年版,第7394页。
② 傅璇琮等编:《全宋诗》,北京大学出版社1995年版,第7395页。
③ 傅璇琮等编:《全宋诗》,北京大学出版社1995年版,第7395页。

守豫章南"之说。朱寿昌为当时著名的孝子,据《东都事略》载:

> 朱寿昌,字康叔,扬州天长人也。……寿昌生七岁,父守长安,出其母刘氏,嫁民间,母子不相知者五十年。寿昌既仕,而念母之不见也。行四方,求之不已。饮食罕御酒肉,与人言辄流涕。以浮屠法灼臂烧顶刺血写佛书,冀遂其志。熙宁初,弃官入秦,与家人诀,誓不见母不复还。行次同州得焉。刘氏时年七十余矣。由是天下皆知其孝。①

吕大防应是在朱寿昌弃官入秦寻母时与其相识。这首诗将自己与朱寿昌对比,道出了人在仕途、身不由己的复杂心情。语言浅白晓畅,较富真情实感,有一定的艺术水平。

吕大钧留下的唯一一首诗是《曾点》:

> 函丈从容问且酬,展才无不至诸侯。可怜曾点推鸣瑟,独对春风咏不休。②

颜回和曾点是北宋理学家最推崇的孔门弟子。程颐曾说:"颜子默识,曾子笃信,得圣人之道者二人也。"③认为孔门弟子中颜回、曾点是最得"圣人之道"者。大钧此诗当作于师从二程之后。"程门四弟子"之一的谢良佐在其《上蔡语录》中,曾将吕大钧此诗与吕大临《送刘户曹》诗并称,云:"晋伯兄弟中皆有见处。一人作诗咏曾点事曰:'函丈从容问且酬,展才无不至诸侯。可怜曾点唯鸣瑟,独对春风咏不休。'一人有诗曰:'学如元凯方成癖,文到相如反类俳。独立孔门无一伎,只传颜子得心斋。'"④的确,这两首诗在思想内容风格上都非常相似,是典型的理学家之诗。前者咏曾

---

① (宋)王称:《东都事略》卷一百十七,《文渊阁四库全书》影印本。
② 傅璇琮等编:《全宋诗》,北京大学出版社1995年版,第8004页。
③ (宋)程颢、程颐著,王孝鱼点校:《二程集》,中华书局2008年版,第119页。
④ (宋)谢良佐:《上蔡语录》卷一,《文渊阁四库全书》影印本。

点,后者赞颜回。全诗出于议论,缺乏诗的意境和韵味,体现的是理学家们最推崇的"曾点意思"和"孔颜乐处"。前者可视为《论语·选进》"子路、冉有、曾晳、公西华侍坐"章的读后感,是对曾点"浴乎沂,风乎舞雩,咏而归"和孔子"吾与点"的理解。后者则体现了吕大临重道轻文、心仪颜回的思想。

吕大临十首诗表现的内容和手法有所差异,但基本都是理学家之诗,而非诗人之诗。其中有一首《效尧夫体寄仲兄大防微仲》:

> 治非知务功何有,见必先机义始精。饭放不应论齿决,水来安可病渠成。高才况自当名世,大业终期空太平。可惜良时难再得,东山应不负苍生。①

尧夫指的是邵雍。邵雍字尧夫,谥康节,是北宋著名的理学家。邵雍极喜作诗,其《伊川击壤集》存诗多达一千五百余首,是宋代理学家中存诗最多的。所谓的"尧夫体",指的是理学家邵雍特有的诗歌创作模式。邵雍作诗并不在于"吟咏情性",而是要表达对某种人生哲理或道德境界的体认,因此其诗歌就"成了演绎道理的学术论著或宣扬教化的讲义,不过是以韵文的形式而出现罢了"②。如邵雍《偶得吟》:

> 集大成人不肯模,却行何异弃金车。便言天下无难事,岂信人间有丈夫。天意顺时为善计,人情安处是良图。天人之际只些子,过此还同隔五湖。③

邵雍的诗歌对南宋以后理学家之诗影响甚大。严羽《沧浪诗话》

---

① 傅璇琮等编:《全宋诗》,北京大学出版社1995年版,第11760页。
② 莫砺锋:《朱熹文学研究》,南京大学出版社2001年版,第40页。
③ (宋)邵雍:《击壤集》卷七,《文渊阁四库全书》影印本。

称其诗为"邵康节体"①。莫砺锋《朱熹文学研究》、张文利《魏了翁文学研究》、陈书录《明代诗文的演变》等著作都提到邵雍诗歌对后世的巨大影响。从现存资料来看，吕大临是最早提出"尧夫体"这一概念的。因此将吕大临诗与邵雍诗相比，确实可以看出二者的相似之处。不论是形式体制，还是思想内容。而吕大临明确说明是"效尧夫体"，则看出吕大临对邵雍有意的模仿和学习。因此在邵雍和南宋以后的理学家之间，吕大临可以说是一个传播中介。他对邵雍诗歌的学习无疑促进了后世对邵雍诗歌的接受和继承。而且吕大临的理学诗在当时也曾有过广泛的传播，如金王若虚就曾说到吕大临《送刘户曹》诗"一时好事者争讽诵之"②。又如其《克己》：

克己功夫未肯加，吝骄封闭缩如蜗。试于清夜深思省，剖破藩蓠即大家。③

朱熹曾有同题之作，思想内容相近。明代吕柟称："吕与叔诗云'剖破藩篱即大家'，有见之言也。"④吕大临这类诗歌的流行，并不在于其文学价值，而是因为其是"有见之言"，在于其所包含的理学意义。

除了这些近乎有韵语录的诗歌外，吕大临还有一些作品，能通过描写自然景物来抒发哲理，体现出宋诗特有的理趣。如《探春》："摇曳风头欲振枯，柳梢垂发不胜梳。从来轻薄才先发，谁记

---

① （宋）严羽：《沧浪诗话》，见（清）何文焕《历代诗话》，中华书局 2006 年版，第 690 页。
② （金）王若虚：《滹南集》卷五，《文渊阁四库全书》影印本。
③ 傅璇琮等编：《全宋诗》，南京大学出版社 1991 年版，第 11760 页。
④ （明）吕柟：《泾野子内篇》卷二十四，《文渊阁四库全书》影印本。

秋霜坠叶初。"①又如《南溪淡真阁闲望》："栏外溪光溪外峰,重重平远杳连空。长将两眼安高处,扰扰都归俯视中。"都是借风物描写,来说明一定的道理。

吕大临还有一些诗,则纯属写景状物,并无多少深刻的道理在内。如《春静》写幽静的春天景象:"花气自来深户里,鸟声长在远林中。班班叶影垂新荫,曳曳丝光入素空。"

除《全宋文》所收上述诗歌作品外,在朱熹所编《楚辞集注》中,还收有吕大临的一篇《拟招》:

上帝若曰:哀我人斯,资道之微!肖天之仪,神明精粹。降尔德兮,予无汝欺。视听食息,皆有则兮,予何敢私?顾弱丧以流徙,返故居兮谬迷。圈豚放驰,散无适归。蚁慕羊膻,聚附弗离。予哀若时,魂莫予追。乃命巫阳,为予招之。阳拜稽首,敢不祗承上帝之耿命!退而招之以辞。辞曰:魂兮来归魂无东!大明朝生兮启群蒙,万物摇荡兮隐以风,迁流正性兮失厥中。魂兮来归魂无南!离明独照兮万物瞻,文章焕发兮不可缄,夸淫侈大兮志弗厌。魂兮来归魂无西!日入昧谷兮草木萎,实落材成兮虽有时,志意雕谢兮与物衰。魂兮来归魂毋北!幽都暗黯兮深蔽塞,归根独有兮专静默,有心独藏兮吝为德。魂兮来归魂无上!清阳朝彻兮文惚恍,绝类离群兮入无象,杳然高举兮极骄亢。魂兮来归魂毋下!素位安行兮以时舍,沉浊下流兮甘土苴,固哉成形兮不知化。魂兮来归反故居!盍归休兮复吾初?范博厚以为宫兮,戴高明以为庐。植大中以为常产兮,蕴至和以为厨。动震雷以鼓昕兮,守艮山以止隅。秉离明以为烛兮,御巽风以行车。守吾坎以御侮兮,开

---

① 傅璇琮等编:《全宋诗》,南京大学出版社1991年版,第11762页。

吾兑以进趋。资粮械器惟所用兮，何物之不储？四方上下惟所之兮，何适而非涂？虽备物以致用兮，廓吾府而常虚。纵奔骛以终日兮，燕吾居而晏如。惟寞惟寂，疑有疑无。其尊无对，其大无余。曷自苦兮一方拘？魂兮来归反故居！①

吕大临的这篇《拟招》明显是模仿楚辞《招魂》的形式，但其所反映的思想内容却完全是另外一番。《招魂》表现的是召唤灵魂回到亲人身旁，因此充满了人世间最真实亲切的情感。但吕大临《拟招》中的招魂却并非是召唤亲人灵魂，而是召的儒道之魂，是要召唤流遁之心归于仁义。理学家认为江山辈有圣贤出，只在灭情任性，由情入理，便可做圣贤。吕大临让灵魂"返故居"其实指的是灭掉情欲，返归天理，进入仁者境界。因此《招魂》中四方上下的险恶在吕大临此赋中变而为失于中正之道的淫放、出世、独藏、志意等各种流遁情形。如写东方："万物摇荡兮隐以风，迁流正性兮失厥中。"南方："文章焕发兮不可缄，夸淫侈大兮志弗厌。"吕大临还以《周易》中各卦之旨来代指各种中正的品德，指出在归于仁义的过程中升堂入室的门径："动震雷以鼓听兮，守艮山以为止隅。秉离明以为烛兮，御巽风以行车。守吾坎以御侮兮，开吾兑以进趋。"这种以卦旨明性理的文字实际上是从张载《横渠易说》发挥而来，这反映了吕大临为学之旨归，与其说是一篇文学作品，毋宁说是一篇理学教义。虽然他巧妙地将五行说当中关于四方的特性与各种流遁心性相比附，具有婉转附物、比喻新奇的特点，语言也摇荡多姿，但其思想内容毕竟充满了太多的理学教义。朱熹在《楚辞后语》中的评价可谓是深中其奥旨："大临受学程、张之门，其为此词盖以寓夫求放心复常性之征意，非特为词赋之

---

① （宋）朱熹注：《楚辞集注》，上海古籍出版社1979年版，第304页。

流也。"

第二节　蓝田四吕的散文创作

《全宋文》共收录蓝田四吕各体文章一百多篇,这些文章有些保存较完整,有些则仅为从其他书籍中辑出的残篇。具体收录情况如下表所列:

	奏议	序记	传状	书信	其他	总计
吕大忠	21					21
吕大防	56	9	1	2		68
吕大钧	6			5		11
吕大临	10	9	3	8	2	32

从上表可以看出,现存蓝田四吕的文章绝大部分为实用性或议论性文字,这一方面与蓝田四吕经世致用的文学观念相适应,另一方面也与其别集散佚,而奏议文字由于在史书中保存较多得以辑出有关。占四吕散文绝大部分的奏议文章,反映了蓝田四吕的政治、军事、经济等方面的思想。总体来看,其思想趋于保守,但在一些具体问题上则不乏真知灼见。有不少奏议写得非常出色,被录入《宋名臣奏议》、《历代名臣奏议》、《宋文鉴》等选集中。如吕大忠的《论养兵奏》、吕大防的《上神宗论御臣之要》、吕大钧《上神宗答诏论彗星上三说九宜奏》、吕大临《论选举六事奏》等都是奏议中的名篇。

一、吕大忠的散文创作

前表所列,未将《吕氏乡约》计入。前章已说到《吕氏乡约》为

吕大钧作品,但末后吕大忠记:

> 人之所赖于乡党者,犹身有手足,家有兄弟,善恶利害皆与之同,不可一日而无之。不然,则秦越其视,何与于我哉!大忠素病于此,且不能勉,愿与乡人共行斯道。惧德未信,动或取咎,敢举其目,先求同志,苟以为可,愿书其诺,成吾里仁之美,有望于众君子焉。熙宁九年十二月初五日汲郡吕大忠白。①

《全宋文》没有录入,但实应出于吕大忠之手。这是吕大忠唯一一篇奏议之外的文字,因为是告乡亲书,所以语言朴实,诚恳亲切,有一定的感染力。

《全宋文》所收吕大忠21篇奏议,基本是从《续资治通鉴长编》、《宋史》、《宋会要辑稿》、《续资治通鉴》等史书中辑出,并非全貌,有些仅为断章残句。晁公武言其"为文尚理致,有益于用,章奏皆亲为之"。从现存文章来看,确以经世致用的文章为主。其奏议内容涉及边防、外交、军事、经济、民事等各个方面。由于具有深厚的忧患意识,对国家兴盛和朝廷政治得失有很强的责任感,所以吕大忠的这些奏议在行文风格上语言平正切实,感情深沉激切。如其《论养兵奏》:

> 臣闻天下之患,终在腹心,而始在边鄙,边鄙之患,轻在御敌,而重在养兵。汉以匈奴,千里转饷,而天下困;唐以藩镇,耗竭国用,而人心离。则是今日养兵之弊,终为他日腹心之大患,不可不察也。夫养兵所以制敌,将使边鄙安靖,而腹心受其赐也。今养之太冗,而处之无法,朘削腹心以供其费,而犹不足,虽能胜敌,无所用之,况不能胜者哉?虽然,边不可不

---

① 陈俊民辑校:《蓝田吕氏遗著辑校》,中华书局1993年版,第567页。

防,兵不可不养。弊之甚者,则宜更之;患之大者,则宜消之。必使天下井牧其地,伍两其民,无事则耕,有事则战,是臣之愿也,未可遽行;如汉之屯田,唐之府兵亦足为善法,而不能尽用。则今日养兵,终危道也。危道之中,又有甚焉。以疲弱失教之兵,置之极塞不毛之地,日耗贵直之粟,岁劳挽馈之力,寇小至,则不足与校,而强校之;寇大至,则不能以支,更求益兵,而申其致师之计。则是以有限之财,供无涯之费。非徒费也,又将起腹心大患,岂非危道之甚者邪?为今之计,亦可以回顾少思,而去其太甚者矣。臣谓今日之寨户,近于屯田;今日之义勇,近于府兵。如广募而精教之,以销禁兵之弊,一寨户之勇,过于禁兵十人;五义勇之费,不敌禁兵一人。以此校之,养兵大费,已省其半矣。臣又闻自古及今,有一国当一边,一州当一道者,禄赏自足,未闻取备于内也。秦汉之际,一燕一代自当匈奴。本朝之初,庆州姚内斌、雄州李允则自当一道。此无他,兵精而无冗食也。时使而不久戍也,岩险其垒而不多留兵也,通其互市以致州粟也,多置屯田以息边饷也,广募土人以减禁旅也。寇不至,则吾戒疆吏,毋轻犯以致敌也;寇既来,则吾饬守将不与其幸胜也;寇将退,则吾度其盛衰,虽空垒以袭之可也。事既宁,则吾计曲直,虽益兵而报之亦可也。凡此者,虽非先王之法,不犹愈于今日之弊哉?以臣之愚,虽不足以权大事,欲望圣慈试以臣言参问边臣,许其极论是非覆奏。如以为非,则是边臣欺罔陛下,终不能销天下腹心之患。或以为是,则愿陛下不惮一时之劳,尽讲遗法,而行不三四年,国力民心庶可苏矣。臣无状,奉使挽馈为职,不能广谋财利,以应一切之急;而言及养兵之弊,人皆以臣为不善避嫌。独臣之愚,志安社稷,不忍缄默以自取容也。①

奏议一开头,就点出养兵问题事关天下的重要性。然后以汉、唐史事与今之形势对比,由古及今,通过具体的分析,指出冗兵、冗费问题的危害,并根据实际情况,提出切实可行的具体措施。为增强文章的说服力,采用了比喻、对比等修辞手法,对偶、排比、反问句式的应用,使内容层层推进,增强了文章气势。四吕的散文,尤其是一些有关国家大政方针的议论文字,往往写得又如其《北人求地不可许奏》,从各个方面分析敌我形势,以"可动者一"与"不可动者五"来做对比,说明我方所占有的优势。从而得出不可许地的结论。条理清楚,严谨细致。

吕大忠的奏议,也有关系个人家族问题的。如其《乞量移吕大防奏》云:"臣弟大防,自罹谪籍,流落累年,恐一旦不虞,倏先朝露,死生隔绝,衔恨无穷。"感情深挚,催人泪下。

二、吕大防的散文创作

关于吕大防的文章,晁公武云:"其在翰林,书命典丽,议者谓在元绛之上。"元绛为神宗朝翰林学士,"工于文辞"②,熙、丰年间的很多重要制词都出于其手。吕大防元祐初入翰林,时间不长即迁官。议者将其与元绛对比,应是指吕大防熙宁初直舍人院时所作书命。这些作品都没有流传下来。但从当时欧阳修被诬以帷薄不谨之事,吕大防《与欧阳修书》言:"巧言萋斐,徒成目锦之文;雅行委蛇,奚玷素丝之节?"其措辞确实谨严精当,华美典雅,因此连

---

① 曹枣庄等主编:《全宋文》卷一五一〇,巴蜀书社1993年版。
② (元)脱脱等:《宋史》卷三百四十三,中华书局1977年版,第10901页。

欧阳修都"深叹服之"①。

吕大防现存文章,除大部分奏议之外,还有一些序记、书信。有些颇富文学色彩。如其《合江亭记》:

> 江沱自岷而别,张若、李冰之守蜀,始作堋以楗水,而闿沟以酾之,大溉蜀郡、广汉之田,而蜀以富饶。今成都二水,此江沱支流,来自西北而汇于府之东南,乃所谓二江双流者也。沱旧循南湟,与江并流以东。唐高骈斥广其秽,遂塞縻枣故渎,始凿新渠,缭出府城之北,然犹合于旧渚。渚者合江故亭,唐人晏饯之地,名士题诗往往在焉。久茀不治,余始命葺之,以为舣官治事之所。俯而观水,沧波修阔,渺然数里之远。东山翠麓,与烟林篁竹列峙于其前。鸣濑抑扬,鸥鸟上下。商舟渔艇,错落游衍。春朝秋夕置酒其上,亦一府之佳观也。既而主吏请记其事,余以为蜀田仰成官渎,不为塘埭以居水,故陂湖潢漾之胜比他方为少。倘能悉知潴水之利,则蒲鱼菱芡之饶,固不减于蹲鸱之助。古之人多因事以为饰,俾其得地之利,又从而有观游之乐,岂不美哉?兹或可书以视后,盖因合江而发之。②

文章先介绍合江亭的历史渊源,显示出吕大防广博的知识。中间的一段风景描写,优美如画,动静结合,意趣横生。后又结合潴水之利,联系现实。全文融历史知识、审美情趣、实用利益为一体,体现了吕大防文章的独特风貌,也与其学者、文人、官宦的多重身份相一致。吕大防的其他一些文章如《瑞香图记》、《辨兰亭记》、《锦官楼记》等都有类似的内容风格特点。其《华阳国志后

---

① (宋)沈作喆:《寓简》卷八,《文渊阁四库全书》影印本。
② 曾枣庄等:《全宋文》卷一五七三,巴蜀书社1993年版。

序》则类似一篇书评,阐述了《华阳国志》一书的历史价值,并将其归于风教,体现了吕大防正统的儒家教化思想。

吕大防官位既高,其奏议文章所涉内容较吕大忠更为广泛深厚。其长篇奏议论说更为严密,语言更为畅达,气势更为充沛。如其《上英宗应诏论水灾奏》,列八事以上,"一曰主恩不立,二曰臣权太盛,三曰邪议干正,四曰私恩害公,五曰夷狄连谋,六曰盗贼恣行,七曰群情失职,八曰刑法失平"。然后逐一进行论说,先述弊端现状,后提应对措施。并援引历史事实以作论据。文章虽长达数千言,却没有蹈虚之语、盘空之论,而是有感而发,切中时弊。用词精准,笔力雄健,显示了其胸怀天下的卓越胆识。又如其《上神宗答诏论彗星上三说九宜》一文,借灾变进谏,系统阐述了自己的政治立场和观点以及所需采取的政治措施。章法谨严,平正有致。

三、吕大钧、吕大临的散文创作

与两位兄长相比,吕大钧与吕大临的文章则有深深的理学思想烙印。因为他们两位官职较低,奏议在其文章总量中所占比例较少,反而是奏议之外的文章更能体现其思想及风格特点。与其文学思想相适应,吕大临的一些文章不过是其载道的工具。如其《克己铭》:

> 凡厥有生,均气同体。胡为不仁?我则有己。立己与物,私为町畦,胜心横生,扰扰不齐。大人存诚,心见帝则,初无吝骄,作我蟊贼。志以为帅,气为卒徒,奉辞于天,孰敢侮予?且战且徕,胜私窒欲,昔焉寇雠,今则臣仆。方其未克,窘我室庐,妇姑勃蹊,安取厥余?亦既克之,皇皇四达,洞然八荒,皆在我闼。孰曰天下,不归吾仁?痒痾疾痛,举切吾身。一日至

之,莫非吾事;颜何人哉? 晞之则是。①

在这里,吕大临以"铭"这种文体阐发自己对《论语·颜渊》中"克己复礼为仁"的理解和修为。"仁"是儒家思想的核心概念,为了达到"仁"的境界,就要存诚见心,胜私窒欲。《克己铭》虽是韵文形式,但其所反映的思想和吕大临解经著作中所体现的理学思想并无二致。吕大钧也有类似情况。如其《天下为一家赋》,虽以赋名篇,其实是一篇宣扬儒家伦理纲常的议论文。

吕大临的政论文常常借古喻今,语言畅达,气势充沛,具有极强的感染力。如其《论选举六事奏》开头说:

> 古之长育人才者,以士众多为乐;今之主选举者,以多为患。古以礼聘士,常恐士之不至;今以法待士,常恐士之竞进。古今岂有异哉? 盖未之思尔。夫为国之要,不过得人以治其事。如为治必欲得人,惟恐人才之不足,而何患于多? 如治事皆任其责,惟恐士之不至,不忧其竞进也。今取人而用,不问其可任何事;任人以事,不问其才之所堪,故入流之路不胜其多,然为官择士则常患乏才。待次之吏历岁不调,然考其职事,则常患不治。是所谓多实不称,本末交戾。如此而欲得人而事治,未之有也。今欲立士规以养德厉行;更学制以量才进艺;定试法以区别能否;修辟法以兴能备用;严举法以核实得人;制考法以责任考功,庶几可以渐复古矣。②

这段文字以一系列的对偶句、排比句层层推进,如波浪滔滔,充满气势,让人无可辩驳。然后将六事分别论述,指出问题,提出措施,被认为是有识之见。

---

① (宋)吕祖谦编:《宋文鉴》卷七十三,中华书局1992年版,第1062页。
② 曾枣庄等编:《全宋文》卷二三八五,巴蜀书社1993年版。

吕大临有一些以记人为主的记叙文,如《横渠先生行状》和《张御史行状》,分别记载了张载、张戬兄弟的生平事迹。在这些人物传记中,吕大临往往能通过人物的日常言行反映人物的性情境界,并能用一些精当的文字概括出人物特征。如说张载:"先生气质刚毅,德盛貌严,然与人居,久而日亲。"如说张戬:"乐道人之善,而不及其恶;乐进己之德,而不事无益之言。其清不以能病人,其和不以物夺志。"

　　《全宋文》据《邵氏闻见后录》收有一篇吕大临的《汤保衡传》。《四库全书总目》云《邵氏闻见后录》:"是书兼及经义、史论、诗话,又参以神怪俳谐,较《前录》颇为琐杂。""记王子飞事称佛法之灵,记汤保衡事推道教之验,论晏殊薄葬之非,诋赵鼎宗洛学之谬,皆有乖邵子之家法。"故将其归入小说家类。可见《邵氏闻见后录》一书并不可靠。考《汤保衡传》内容荒诞不经,与吕大临思想大相径庭。语言也粗糙拖沓,与吕大临的文风亦绝不相合。因此,疑其并非吕大临作品,故在此不予讨论。

　　《全宋文》所收,并不包括吕大临的经学阐释著作。其实,吕大临的解经著作也都是非常好的文章。如其《礼记解·中庸第三十一》解"其次致曲,曲能有诚"章:

　　　　至诚者,与天地参,则无间矣。致曲者,人之禀受存焉,未能与天地相似者也。人具有天地之德,自当致乎中和,然禀受之殊,虽圣贤不能免乎偏曲,清者偏于清,和者偏于和,皆以所偏为之道。不自知其偏,用心不二,亦能即所偏而成德。故致力于所偏,则致曲者也;用心不二,则曲能有诚者也。能即所偏而成德,如伯夷致清,为圣人之清;柳下惠致和,为圣人之和,此"诚则形"者也。德有定体,则遂其所就,文节著明,故曰"形则著"。一曲之德,致文成章,则无以加矣;无以加,则必能知类通达,余善兼照,曲之果为曲也,故曰"著则明"。几者,动之微也。知至而不能至之,则不与几矣。故知至,则舍其曲而趋其至,未有不动而徒义者也,故曰"明则动"。君子豹变,其文蔚也;大人虎变,其文炳也。有心乎动,动而不息,虽文有小大之差,然未有不变者也,故曰"动则变"。变者,复之初。复于故,则一于理,圆神无滞,不知其所以然,与至诚者同之,故曰"变则化"。惟天下至诚为能化。①

这段解说文字如一篇充沛磅礴的论说文,反复申明"至诚"的道理。语言错落有致,文势如滔滔流水,自然喷涌。朱熹就特别喜欢吕大临的《中庸解》,他曾说:"某年十五六时,读《中庸》'人一已百,人十已千'一章,因见吕与叔解得此段痛快,读之未尝不竦然警厉奋发!"在《朱子语类》中,朱熹反复赞扬:"吕与叔《中庸》,皆说实话也。"②"吕与叔《中庸义》,典实好看。"③"吕《吕庸》,文滂沛,意浃洽。"④"李先生说:'陈几叟辈皆以杨氏《中庸》不如吕氏。'先生曰:'吕氏饱满充实。'"⑤"龟山门人自言龟山《中庸》枯燥,不如吕氏。先生曰:'与叔却似行到,他人如登高望远。'"⑥朱熹是理学家,同时也是文学家。他对程门"四先生"中的谢良佐、

---

① 陈俊民辑校:《蓝田吕氏遗著辑校》,中华书局1993年版,第295页。
② (宋)黎靖德编、王星贤点校:《朱子语类》卷第一百一,中华书局1986年版,第2560页。
③ (宋)黎靖德编、王星贤点校:《朱子语类》卷第一百一,中华书局1986年版,第2561页。
④ (宋)黎靖德编、王星贤点校:《朱子语类》卷第六十二,中华书局1986年版,第1485页。
⑤ (宋)黎靖德编、王星贤点校:《朱子语类》卷第六十二,中华书局1986年版,第1485页。
⑥ (宋)黎靖德编、王星贤点校:《朱子语类》卷第六十二,中华书局1986年版,第1485页。

杨时、游酢的不满之意可谓溢于言表,贬抑斥责之语随处可见,却惟独对吕大临大加推重,不仅将其列为程门之首,而且他与门人在评论程门弟子时,也最取吕大临。赞其:"大段有筋骨,惜其早死!若不早死,也须理会得到。"①但有趣的是,综合朱熹对吕大临的评价,更多的地方却是赞美吕大临文章写得好。如:"与叔年四十七,他文字大纲立得脚来健,有多处说得好,又切。"②"吕与叔《文集》煞有好处。他文字极是实,说得好处,如千兵万马,饱满伉壮。"③他喜欢吕大临的《中庸》,很大的原因是吕大临的文字功夫,能将枯燥的儒家义理用"滂沛""饱满"的文字,阐释得"典实好看"。

第三节 《全宋文》失收吕大临佚文一则④

一、佚文内容

《全宋文》裒集有宋一代文章,嘉惠学林,但因其工程浩大,难免有所遗漏。笔者在研究过程中即发现北宋著名理学家和金石学家吕大临所撰《宋故清河县君张氏夫人墓志铭(有序)》一篇,为《全宋文》所失收。全文如下:

> 宋故清河县君张氏夫人墓志铭(有序)
> 左宣德郎、宗正寺主簿、汲郡吕大临撰

---

① (宋)黎靖德编、王星贤点校:《朱子语类》卷第一百一,中华书局1986年版,第2558页。

② (宋)黎靖德编、王星贤点校:《朱子语类》卷第一百一,中华书局1986年版,第2557页。

③ (宋)黎靖德编、王星贤点校:《朱子语类》卷第一百一,中华书局1986年版,第2556页。

④ 本节主要内容曾以《吕大临佚文一则》为题发表于《文献》2010年第3期。

奉议郎、权陕府西路转运判官、赐绯鱼袋游师雄书

朝散郎、权同管勾成都府利州陕西等路茶事、兼权提举陕西等路买马公事、上轻车都尉、赐绯鱼袋仇伯玉篆盖

昔者闻诸横渠先生曰："吾伯姊以贤行闻。"其所以为贤人，或未之知也。大临既学于先生之门，继又受室于张氏，得以外姻见，且稔于族人之言而后信之。元祐四年十有二月戊戌，夫人以疾卒于家。其孤卜以明年三月壬申之吉，祔于其先人之宅。遣使走京师，求予诔其行。予考夫人之遗德，其遇人无戚疏，无恩怨，一主于爱。有不得所，怵然伤之，或对按忘食，达旦不瞑，皆出于诚，非有要誉内交之心存乎其中也。接人必以信，人我欺不责也；待人以厚，人我薄不恨也。内恕恻怛，犯而不校；闻人之过，绝口不道。力可及人，不知有余不足为可计。虽古之笃厚长者之风，夫人亦可以无憾矣。呜呼！予之于斯诔也，其无愧乎！

夫人之先，开封人，给事中集贤院学士复之孙，少从其父殿中丞迪徙家长安，遂适同郡尚书虞部员外郎宋君寿昌。生子翊、京，以夫贵封清河县君。后二十有六年，虞部君卒，嫠居者又二十有七年，享年八十，卒以寿终。执其丧者，有二子六孙三曾孙焉。

夫人孝友出于其性，已嫁不衰。逮事少姑，视其颜色之悦戚，拳拳致养，唯恐失之。春秋奉其祭祀，盥馈赞奠，极其敬而后慊。奉其夫子有礼，接其族人有恩。虞部君初娶师氏，有子六七人，夫人一抚之以慈，人莫知其继也。夫人尝有疾，甚梦师氏为厉，或欲命巫者被除之，夫人曰："师氏，吾君子之元妃也，今欲被之，使不得食于宗氏之祧，吾不仁也，吾无礼也。死生有命，以是求免，吾不为也。"疾亦寻愈。喜诵浮屠氏之书，

乐玩其说,为可以惩忿窒欲,有平均广大之意,非徼福于斯教也。不喜杀生,物虽蜂虿之毒,亦莫之伤。出于诚爱,非有望于报也。虞部君尝仕为狱官县令,所以夙夜儆戒,惟恐刑一不辜,以为终身病也。有贩夫贩妇鬻物于门者,随所索而售之,不复评其直之高下。或告之以不可信,夫人曰:"彼待是之赢以活其家,吾不忍以锥刀之末与若人计哉!"平居终日衎衎,未尝见其喜愠之色。循循法度内,终老而莫违。待妇子、御仆妾,恩意有等。虽及教戒,不继之以怒。其待人有怀其德,老身服事而不忍去者。洞知人情之曲折,与内外族姻无间言,人人皆得其欢心。没之日,吊者在位,皆哭之哀。呜呼!贤乎哉!岂独无愧于谏乎?书之信史,传之后世,殆将与古之列女并立而无愧乎!铭曰:

　　孰劝而怀,孰迫而哀,非德之孚,其有是哉!①

按,该墓志于陕西省西安市出土,志、盖均呈正方形,边长均八十一厘米。盖文四行,满行四字,篆书"宋故宋府君夫人清河县君张氏墓志铭";志文三十一行,满行三十字,楷书。吕大临撰文,游师雄书丹,仇伯玉篆盖,安民、武宗道刻字。现藏西安市文物保护研究所,陕西省古籍整理办公室藏拓。三秦出版社2006年出版《陕西碑石精华》将此墓志影印收录,并予以简单介绍。上文即据该书墓志影印本抄录,标点符号为笔者所加。

二、历史价值

首先,该墓志可补吕大临生平仕履资料。

---

① 据墓志影印本抄录,见余华青、张廷皓《陕西碑石精华》,三秦出版社2006年版,第213页。

吕大临(1040—1093)①,字与叔,称芸阁先生。先祖为汲郡(今河南省卫辉县)人,因祖太常博士通葬于京兆蓝田(今陕西省蓝田县),遂家焉。初学于张载(1020—1077),后学于程颢(1032—1085)、程颐(1033—1107),与谢良佐(1050—1103)、游酢(1052—1123)、杨时(1044—1030)并称为"程门四先生"。文彦博云其"杜门十年,以讲学自乐"②。《宋史》本传称其"通六经,尤邃于礼。"元祐七年(1092),范祖禹荐其好学修身,行如古人,可备劝学,未及用而卒。

关于吕大临的仕履,《宋史》卷三百四十《吕大临传》载,吕大临"元祐中,为太学博士,迁秘书省正字"。据李焘《续资治通鉴长编》卷三百九十六元祐二年(1087)三月丙寅条:"太学博士吕大临、太常博士杨国宝并令中书省记姓名。皆以文彦博荐也。"卷四百六十二元祐六年(1091)七月己卯条:"左宣德郎吕大临、秘书省校对黄本书籍秦观并为正字。"因此从宋朱熹《伊洛渊源录》到明冯从吾《关学编》、清黄宗羲著、全祖望补修《宋元学案》等文献资料中关于吕大临的仕履都沿袭《宋史》说法。当今学者关于吕大临的研究成果中,如陈俊民先生的《吕大临易学发微》(新加坡东亚哲学研究所1987年)、《蓝田吕氏遗著辑校》(中华书局1993年)、文碧芳《吕大临思想研究》(2003年博士论文)、《关、洛之间——以吕大临思想为中心》(2005年博士后出站报告)、陈海红《吕大临理学思想研究》(2004年博士论文)等,也都认为吕大临是由太学博士迁秘书省正字。但元祐四年(1089)十二月书此志

---

① 此据笔者考证,详见笔者《吕大临生卒年及有关问题考辨》一文,《宝鸡文理学院学报》2009年第6期。

② (宋)文彦博:《潞公文集》卷四十,《文渊阁四库全书》影印本。

时吕大临署为"左宣德郎、宗正寺主簿",说明吕大临还曾任宗正寺主簿,这一点现存任何历史文献和今人研究成果都未提及。据此墓志可知,最晚在元祐四年(1089)十二月,吕大临已由太学博士改任宗正寺主簿。而这次改任应该与朝臣的弹劾有关。早在元祐二年(1087)二月,文彦博刚荐吕大临为太学博士时,王岩叟就上书反对,言:"臣风闻文彦博特荐四人,乞朝廷不次擢用。其间杨国宝、吕大临二人,是见任执政之亲,士大夫口语籍籍,以为不平。"①元祐二年(1087),吕大临仲兄吕大防时为尚书左丞守中书侍郎,因此王岩叟言其为"执政之亲"。元祐三年(1088)四月,吕大防又升任尚书左仆射兼门下侍郎,位至宰辅。七月,大防婿王说即因谏官论列由国子监丞改为少府监丞。因此,吕大临或亦为避嫌,改任左宣德郎、宗正寺主簿。《续资治通鉴长编》卷四百六十二言"左宣德郎吕大临、秘书省校对黄本书籍秦观并为正字",吕大临应是由墓志所署官职左宣德郎、宗正寺主簿迁为秘书省正字的。因此,墓志所显示的吕大临官职信息可以补《宋史·吕大临传》及其他有关史书之阙,也为我们研究吕大临的生平提供了一条重要材料。

其次,该墓志确认了吕大临与张载的姻亲关系。

《伊洛渊源录》卷八"正字(吕大临)"条载有《祭文》一篇,是研究吕大临生平的重要资料。《祭文》中言:"子之妇翁张天祺尝谓人曰:'吾得颜回为婿矣。'"张天祺即张载胞弟张戬(1030—1976),字天祺。《伊洛渊源录》没有标明该篇《祭文》的作者。但宋李幼武《宋名臣言行外录》卷六引此文为汲公作。汲公即曾封

---

① (宋)李焘:《续资治通鉴长编》卷三百九十六,中华书局1979年版,第9653页。

汲郡公的吕大防,为吕大临仲兄。但除此《祭文》外,并无其他材料印证吕大临确为张戬之婿。此墓志墓主为张载的长姐,吕大临在志中言:"大临既学于先生之门,继又受室于张氏,得以外姻见。"可确证吕大临与张载的姻亲关系。而且吕大临娶张戬女儿也即张载的侄女为妻是在从学于张载之后,可见张载对吕大临的欣赏和器重。张载与张戬为同胞兄弟,志同道合,感情深厚。张载正是看中大临的学问与人品,才会将侄女嫁给他。而张戬言"吾得颜回为婿矣",也说明张戬对吕大临这位女婿的满意。因此,张载既是吕大临的宗师,也是吕大临的长辈。因为这层姻亲关系,吕大临和张载、张戬的关系尤为深厚,吕大临在关学弟子中的地位也更为重要。张载去世后,吕大临虽又问学于二程,但正如程颐所说:"吕与叔守横渠学甚固,每横渠无说处皆相从,才有说了,便不肯回。"①就可以理解了。

三、文学与文化价值

首先,该墓志具有文学资料价值。

吕大临著述虽然很多,但除《考古图》十卷流传至今外,大部分均已散佚。宋晁公武《郡斋读书志》衢本卷十九集部别集类著录其文集"《玉溪集》二十五卷,《玉溪别集》一十卷"。但现代所编《全宋文》收其文仅三十二篇,而且多为议论性文字。因此,这篇长达九百多字的墓志即显得弥足珍贵。又因为墓主为张载的姐姐,也是吕大临姻亲,所以该墓志不同于一般的应酬文字,而是写得平实亲切,具有一定的文学价值。全文类似于一篇人物小传,不但介绍了墓主的身份家世,而且通过描述墓主在日常待人接物中

---

① (宋)程颢、程颐著,王孝鱼点校:《二程集》,中华书局2008年版,第265页。

的表现和生活中的细微小事来反映人物的性格品行。如写张氏疾病,梦丈夫原配师氏为厉,巫师欲袯除之,张氏不肯,云:"师氏,吾君子之元妃也,今欲袯之,使不得食于宗氏之祧,吾不仁也,吾无礼也。死生有命,以是求免,吾不为也。"疾病中仍不忘行"仁"守"礼",正是张氏"贤行"的表现。因为吕大临本身为理学家,因此重在描绘墓主的"贤行",通过对墓主事长、抚幼、御仆等方面的表现,塑造了一位恪守封建道德礼法,待人宽厚善良的仕宦家庭妇女形象。从道学观念出发,吕大临虽然认为"文似相如反类俳"①,不屑于辞章,但其文字向来为人称道。其兄吕大防就称其"文章几及古人,薄而不为"②,朱熹赞赏:"吕与叔《文集》煞有好处,他文字极是实,说得好处,如千兵万马,饱满仉壮。"③楼钥亦说:"芸阁先生经学之余,词翰皆有余韵。"④这篇墓志可以说为我们研究吕大临的文学成就提供了新的材料。

其次,该墓志对于研究宋代妇女婚姻家庭生活具有一定资料价值。

该墓志所叙述的张载的姐姐是一位出身于仕宦家族的上层妇女,吕大临对其生活状态描写得相当详细。从吕大临的叙述中,我们可以看到这个阶层宋代妇女的一般生活状态。墓主年轻时嫁给一个年纪远大于自己、已有六七个孩子的官僚为继室。这样的婚姻,恐怕很难有爱情的成分在内。虽以夫贵封为县君,但在丈夫去世后,却过了长达二十七年的寡居生活。一般学者多认为宋代妇女从南宋开始才受到程朱理学思想的禁锢,但从这篇墓志来看,理

---

① 曾枣庄等编:《全宋文》卷一〇三〇,巴蜀书社1993年版,第11759页。
② (宋)朱熹:《伊洛渊源录》卷八《祭文》,《文渊阁四库全书》影印本。
③ (宋)黎靖德编、王星贤点校:《朱子语类》,中华书局1986年版,第2556页。
④ (宋)楼钥:《攻媿集》卷七十四,《文渊阁四库全书》影印本。

学对妇女生活的影响在北宋时期已经开始了。墓主日常生活囿于家庭内部,孝敬老人,抚育孩子,操持家务,没有一点参与社会生活的机会。其"喜诵浮屠氏之书,乐玩其说",应该不过是其无聊、烦闷、单调的生活中所必须要有的精神寄托。同时,也说明当时佛教势力之盛行。因此,这篇墓志对研究宋代妇女婚姻家庭生活等社会文化问题也提供了个案借鉴。

综上所述,这篇墓志兼具史料与文学价值,不但对吕大临研究有所裨益,而且对研究宋代相关社会文化问题也可提供借鉴。

第四节 四吕的文学思想

从吕大防所撰韩、杜年谱分析,已经可以看到吕大防在文学思想和文学批评上的一些贡献。由于四吕的别集都已散佚,流传下来的作品数量较少,这给我们系统地研究其文学思想带来了一定困难。但我们仍然能通过一些相关材料窥见其基本的文学观念和文学思想。

一、重道轻文

四吕中,吕大忠、大钧、大临都先后从学于张载和二程,因此其文学观念也深受理学家尤其是程颐的思想影响。程颐在文学观念上最著名的就是他的"作文害道"之说。《河南程氏遗书》卷十八载:

> 问:"作文害道否?"曰:"害也。凡为文,不专意则不工,若专意则志局于此,又安能与天地同其大也?《书》云:'玩物丧志',为文亦玩物也。吕与叔有诗云:'学如元凯方成癖,文似相如始类俳。独立孔门无一事,只输(一作惟传)颜氏得心

斋。'此诗甚好。古之学者,惟务养性情,其佗则不学。今为文者,专务章句,悦人耳目。既务悦人,非俳优而何?"曰:"古者学为文否?"曰:"人见《六经》,便以为圣人亦作文,不知圣人亦(一作只)摅发胸中所蕴,自成文耳。(一作章。)所谓'有德者必有言'也。"曰:"游、夏称文学,何也?"曰:"游、夏亦何尝秉笔学为词章也?且如'观乎天文以察时变,观乎人文以化成天下',此岂词章之文也?"①

程颐承认作文"不专意则不工",担心沉溺于吟诗作文会导致玩物丧志而妨害他提倡的儒家道统,因此得出了"作文害道"的结论。吕大临曾长期从学于程颐,耳濡目染,也表现出明显的重道轻文的思想观念。程颐所引吕大临诗,正是吕大临这种观念的反应。元凯即晋著名学者杜预,有《春秋左传集解》,曾自谓有左氏僻,所著训解凡十余万言。司马相如为西汉著名文学家,以《子虚赋》《上林赋》得汉武帝赏识。大临将二者对比,而以俳优比以文学见长的司马相如,表现了其对经学的推崇和对文学的轻视。认为文章写得再好,也不过类似于俳优,是低俗而没有意义的,只有独立孔门,钻研儒家之学,才是真正有意义的事情。这首诗之所以得到程颐的赞赏,正是因为这首诗所表现的文学观念与程颐思想完全相符。吕大防在给弟弟吕大临写的《祭文》中说:"子之文章,几及古人,薄而不为。"也点出了吕大临轻视文学的思想。

但是,吕大临尽管轻视文学,但却无法拒绝文学,因为要表现所谓的"道"还必须依赖"文"的形式。就像前引吕大临诗,表现的虽然是重道轻文的观念却仍然要用诗这一文学形式来表达。因此,吕大临其实并不反对文,只是认为"道"和"理"比文学形式更

---

① (宋)程颢、程颐著,王孝鱼点校:《二程集》,中华书局2008年版,第239页。

重要。只有一切从儒家思想出发,才能写出有意义的文章而区别于"俳优"。因此,他说:"不本性命,则理义之文无所出。"①

二、文须中正

吕大临认为,文章如果偏离了儒家之"中",必然会流入邪道,不能算是好文章。他在《孟子解·公孙章句上》②通过对经典的诠释发挥,说明了"致知"与文辞之间的关系:

> 守约必先博学,穷大必先执中,致一必先合两,用权必先反经。学不博而求守约,则识蔽于小,故言入于诐;中未执而欲穷大,则心陷于大,故言放于淫;两未合而求致一,则守固而道离,故言附于邪;经未正而欲用权,则失守而道穷,故言流于遁。

> 蔽者见小而不见大,故其辞诐。如申韩只见刑名,便谓可以治国,此目不见大道,如坐井观天,井蛙不可以语东海之乐。陷者务多不务约,故其辞淫。如司马迁之类,汎滥杂驳,不知统要,盖陷在众多之中不能自出,如人陷于大水,杳元津涯,罔知所济。离者见左而不见右,如杨子为我,墨子兼爱,夷清惠和,皆只是一偏不能兼济,盖将道分离开,故其辞邪。穷者知所避而不知归,故其辞遁。如庄周、浮屠,务欲脱去形迹,殊无归著,故其言惟欲逃避所恶,而不知所向,如人逃难,不知其所,盖以穷矣。

可见,吕大临对文章的评价不是以文学艺术的标准而是以儒家之道为标准的,因此在他看来,司马迁之文陷于"淫",杨墨入于

---

① 陈俊民:《蓝田吕氏遗著辑校》,中华书局1993年版,第561页。
② 陈俊民:《蓝田吕氏遗著辑校》,中华书局1993年版,第470页。

"邪",庄周之文失于"遁"。与此相适应,对文章的创作他主张:

> 且省外事,但明乎善,惟进诚心,其文章不中不远矣。所守不约,泛滥无功。①

即写文章最重要的是"诚心",如果从"诚心"出发,那么文章即使不好,也不会偏离正统太远,否则就只能是"泛滥无功"的废话。

三、注重教化

他还认为:

> 先王制礼作乐,以养人起居动作,多为文章,以寓于声色臭味之间,无非所以示人者,薰沐渐渍,日迁于善,而不自知也。②

即圣人制礼作乐、多为文章的目的,在于通过日常熏陶使人们不知不觉地向善,从而达到教化的目的。由此可见,吕大临的文学功用观是明显以儒家教化为目的的。

关于吕大忠、吕大钧的文学观念,目前能看到的材料极少,但从范育云吕大钧"以圣门事业为己任"、"治经说德于身践而心解,文章不作于无用。"③,晁公武云其"赡学博闻,无所不该,其文章非义理不发",则其所推重者亦在儒道义理,文章亦是为发明"义理"为目的。吕大忠亦是"为文尚理致,有益于用",则其文学思想应该与吕大临、吕大钧相近。

---

① 《东见录》,引自陈俊民《蓝田吕氏遗著辑校》,中华书局1993年版,第506页。此条原注"明",为明道先生程颢语。
② 《礼记解·射义第四十六》,引自陈俊民《蓝田吕氏遗著辑校》,中华书局1993年版,第402页。
③ (宋)范育:《吕大钧墓表》,见(宋)吕祖谦编《宋文鉴》,中华书局1992年版,第2030页。

第七章 蓝田吕氏家族的文化传统与家学门风

家族文化是中国古代传统文化的一种重要存在形式,有宋一代,由于宗族共同体的建立,科举制度的完善,右文政策的实施,促进了一种新的不同于魏晋门阀与唐代士族的文化家族的形成和发展。这些家族代表了一种新的文化方向,对当时社会以及后世都有深远的影响。蓝田吕氏家族正是这些家族中比较有代表性的一个。其家族显宦与学者并存,从政与治学结合,在政治、思想、学术等多个领域都有所贡献。蓝田四吕虽然各有所长,成就不一,但作为一个文化家族的代表,则在修身治学、从政处世等方面表现出一些共同的特点,体现了其深厚的家学和良好的家风家范。

第一节 关学"以礼为教"与蓝田吕氏的以礼治家

一、关学学风

与其他文化家族相比,蓝田吕氏的家族文化具有鲜明的个性色彩。其家学家风既与时代风潮息息相关,又具有明显的关中地域文化特征。因此有必要探讨其家族文化形成的原因。

蓝田地处关中,其风俗文化与整个关中的文化精神是一致的。关中得名,据胡三省注《资治通鉴》卷八秦纪三载:"秦地西有陇关,东有函谷关,南有武关,北有临晋关,西南有散关。秦地居其中,故谓之关中。"关中地区自然地理环境优越,气候温和,土地肥沃,山川秀丽,物产丰富。又有诸关环卫,形势险要,自古以来,被视为帝乡。杜甫诗云:"秦中自古帝王州。"①先后有十几个王朝在此建都,历史文化传统源远流长,有着丰厚的传统文化积淀。这些得天独厚的历史地理条件孕育出了内涵丰富又特色鲜明的关中文化。张载的关学即是关中文化的一种哲学表述。

蓝田四吕与关学有着特别密切的关系。吕大忠、吕大钧、吕大临都是张载的亲传弟子,吕大防《宋元学案》将四吕都列入"横渠学案",大忠、大钧、大临被视为关学的正宗传人,大防也被视为"横渠同调"。因此蓝田吕氏的家学门风有着浓重的关学色彩,可以说是关学影响下的关中文化的一部分。

关学与洛学、濂学、闽学并称,为宋代四大学术流派之一。它的产生从直接方面来说,与北宋佛教盛行,传统儒学的生态环境遭受严重挤压有关。而赵宋王朝积贫积弱,内外交困,面临重重危机。对社会现实的反思与忧患意识促使张载提出了"为天地立心,为生民立命,为往圣继绝学,为万世开太平"的关学宗旨。这一宗旨,具有自觉的使命意识和强烈的学术责任感,使关学学者们把个人的学术活动与国运民命、匡时救世紧密结合起来,从而努力实现为学与经世、治学与做人的高度统一,形成关学"经世致用"的学风。这种学风的形成,即得益于关中地域文化,也发展了关中地域文化。

二、以礼为教

程颐曾对张载评价关中学者:"关中之士,语学而及政,论政

---

① (清)仇兆鳌:《杜诗详注》卷十七,中华书局2004年版,第1493页。

而及礼乐、兵刑之学,庶几善学者。"①张载回答:"如其诚然,则志大不为名,亦知学贵于有用也。"张载学说的一个重要特点是"以礼为教",其义约二:一是崇尚古代礼制,希望能"复三代之礼";二是希望通过外在礼的约束变化内在气质,从而实现道德教化。所谓"知礼以成性,性乃存,然后道义从此出。"关学的"学贵有用",突出地表现在对礼法的推行上。而在这方面,蓝田吕氏家族可以说起了表率作用。《关学编》吕大钧条云:

> 先生于横渠为同年友,及闻学,遂执弟子礼。时横渠以礼教为学者倡,后进蔽于习尚,其才俊者急于进取,昏塞者难于领解,寂寥无有和者。先生独信之不疑,毅然不恤人之非间己也。潜心玩理,望圣贤克期可到,日用躬行,必取先王法度以为宗范。居父丧,衰麻、敛、奠、比、虞、祔一襄之于礼。已又推之冠婚、饮酒、相见、庆吊之事,皆不混习俗。与兄进伯微仲、弟与叔率乡人、为《乡约》以敦俗、其署云:"德业相劝;过失相规;礼俗相交;患难相恤。"节文灿然可观。自是关中风俗为之一变。横渠叹:"秦俗之化,和叔有力。"又叹其"勇为不可及"。而程正公亦称其"任道担当,其风力甚劲"云。②

由此可见,张载起初传道讲学时,应者寥寥。是吕大钧率先垂范,成为张载关学的忠实信徒,而且践履躬行,以实际行动支持张载学说。吕大钧显然深刻领会了"以礼为教"的目的意义,而且怀着强烈的使命感致力于此,从家庭日用、邻里乡党开始,希望通过传统礼制来匡正时风,建立有序有制的礼制社会,敦风睦俗。他的

---

① (宋)程颢、程颐著,王孝鱼点校:《二程集》,中华书局2008年版,第1196页。
② (明)冯从吾撰,陈俊民、徐兴海点校:《关学编》,中华书局1987年版,第10页。

行为也得到了兄弟们的支持,熙宁七年(1074),吕贲卒,四吕居父丧,衰、麻、敛、奠、祭之事一本于古礼,凡流俗委巷浮屠烦鄙不经之事一概不用。而《吕氏乡约》的制订和颁行,也确实起到了移风易俗的作用,关中风俗为之一变。逐步摆脱了唐末五代以来的简陋随意,恢复了礼法。吕大钧在躬行礼教方面这种任道担当、勇于践行,"不为众人沮之而疑,小辨夺之而屈,利势劫之而回"的精神作风令张载本人都感叹不已,认为其"勇为不可及","秦俗之化,和叔有力"。张载因此曾不无自豪地对程颐说:"关中学者,用礼渐成俗。"程颐立即肯定道:"自是关中人刚劲敢为。"① 程颐所称赞的"关中人刚劲敢为",当是指恢复礼法难度很大,只有关中人才有此魄力和毅力。蓝田吕氏在礼法上的刚劲敢为,也因此成为其家族文化的一个重要部分。

三、恪守礼法

《宋史·吕大防传》称吕大防"与大忠及弟大临同居,相切磋论道考礼,冠昏丧祭,一本于古,关中言《礼》学者推吕氏"。可见,其家族在当时就以礼学著称。吕大临作为诸吕中学术成就最高者,史称其"通六经,尤邃于礼"②。有《礼记解》十六卷③。《编礼》三卷,"以《士丧礼》为本,取《三礼》附之。自始死至祥练各以类分,其施于后学甚悉"。大防、大临还合著《吕氏家祭礼》一卷。蓝田吕氏不但经常"论道考礼",对礼学进行理论研究,而且在现实生活中躬行礼教。吕大临死后,人送挽联云:"曲礼三千目,躬

---

① (宋)张载:《张载集》,中华书局1978年版,第337页。
② (元)脱脱等:《宋史》卷三百四十,中华书局1977年版,第10848页。
③ 此据《直斋书录解题》,《郡斋读书志》著录为四卷,《宋史·艺文志》著录为《礼记传》十六卷。

行四十年。"吕大钧去世时,其夫人种氏治其丧一如其当年治吕蕡丧,士大夫惊叹其家法。

因为恪守礼教,蓝田吕氏甚至在缙绅士大夫中以严于家法著称。这不仅体现在丧礼这种严肃大事上,而且体现在日常生活当中。如吕本中《师友杂志》记载:

> 吕汲公家法甚严,进伯,汲公兄也。汲公夫人每见进伯,必拜于庭下。汲公既相,进伯往见之。夫人令两获扶,下阶而拜。进伯不乐,曰:"宰相夫人尊重,不必拜。"汲公甚惧,遽令两获勿扶夫人。①

吕大防是蓝田四吕中官位最高者,贵为宰相,但在家族内部仍然按古代礼法根据夫妇有别、长幼有序的原则行事。即使做了宰相夫人,在伯兄面前也要毕恭毕敬,不能让女佣扶持,摆贵夫人架势。

吕本中《师友杂志》还记载了一件有关吕大忠的轶事:

> 吕进伯为河北运判,黄鲁直为北京教官,托鲁直请门客,数日斥去之。如鲁直谓曰:"此人岂可为人师?某至学院,却见与小子对坐。如此岂可为人师?请鲁直别请一门客。"鲁直为之遴选,且严戒之曰:"吕运判行古礼,贤且加慎。"既数日,又逐去。鲁直问所以,进伯云:"此人尤甚,却闻呼小子字,岂可为人师耶?"②

黄庭坚连续为吕大忠请了好几个门客都不能让其满意,而原因居然只是坐次与称呼有些随意,没有严格按照古礼行事。其严苛程度在我们今人看来甚至到了让人感觉迂腐的程度。

---

① (宋)吕本中:《东莱吕紫微师友杂志》,《丛书集成初编》本,第17页。
② (宋)吕本中:《东莱吕紫微师友杂志》,《丛书集成初编》本,第17页。

第二节　以儒为本与博学好古

一、以儒为本

张载关学志在重振儒家道统,"为往圣继绝学","其学以《易》为宗,以《中庸》为体,以《礼》为的,以孔孟为法,穷神化,一天人,立大本,斥异学,自孟子以来,未之有也"①。张载去世后,蓝田吕氏虽又转投二程,受到洛学的影响,但无论关学还是洛学,都旨在通过重新阐释儒家经典,恢复儒家道统。因此蓝田吕氏家学的核心也是以儒为本,蓝田四吕对经学都有很深的造诣。

吕大临"通六经,尤邃于礼",对《周易》、《诗经》、《论语》、《孟子》、《礼记》、《大学》、《中庸》等很多儒家经典都进行了阐释。如其《礼记解·中庸第三十一》云:

> 人能弘道,非道弘人。故道虽本于天,行之者在人而已。妙道精义,常存乎君臣、父子、夫妇、朋友之间,不离乎交际、酬酢、应对之末,皆人心之所同然,未有不出于天者也。若绝乎人伦,外乎世务,穷其所不可知,议其所不可及,则有天人之分、内外之别,非所谓大而无外,一以贯之,安在其为道也与?
>
> 天立是理,地以效之,况于人乎?故人效法于天,不越顺性命之理而已。率性之谓道,则四端之在我者,人伦之在彼者,皆吾性命之理受乎天地之中,所以立人之道,"不可须臾离也"。绝类离伦,无意乎君臣父子者,过而离乎此者也,贼恩害义,不知有君臣父子者,不及而离乎此者也;虽过不及有

---

① (明)冯从吾撰,陈俊民、徐兴海点校:《关学编》,中华书局1987年版,第3页。

差,而皆不可以行于世,故曰:"可离非道也。"非道者,非天地之中而已,非天地之中而自谓有道,惑也。①

吕大临对儒家经典的这种阐释,与汉唐诸儒训诂名物、章句注疏的阐释方法完全不同。而是借题发挥,将现实社会中的君臣、父子、夫妇、朋友之间的关系所应遵循的儒家伦理道德上升到天道、天理的高度。这种注释方法,是深受当时理学思想影响的。

《周易》在流传过程中,学者为阐释方便,遂以传附经,几经演变,以至造成了经传相混的局面。《汉书·艺文志》著录:"《易经》十二篇。"颜师古注:"上下经及十翼,故十二篇。"但是,三国时王弼"专治《彖》、《象》以为注,乃分缀卦爻之下"。晋韩康伯作注时,又打乱了经传、卷帙次序。唐孔颖达作《正义》,亦以王、韩注本作底本。而《汉志》所著录的《易经》原本反在魏晋时期失传了。至宋代时,由于经传相混,学者往往穿凿附会,以讹传讹。吕大防注意到了这种情况,因此在元丰五年(1082)根据有关文献资料记载,编撰成《周易古经》二卷,以求恢复《周易》的本来面目。吕大防的《周易古经》首先发轫,揭开了宋人长达百余年的《周易》复古运动,在经学史上具有重要意义。不但使千年古经恢复旧观,而且为学者们突破王弼以"玄"解经的窠臼,用全新的视角来重新阐释《易经》开辟了道路。

二、博学好古

虽然蓝田吕氏家族与关学、洛学都有密切的关系,但其家学并不仅限于理学,而是有着丰厚的内容,还涉及地理学、金石学、文字学等多个领域,可谓博学。究其原因,窃以为是源于"好古"。苏

---

① 陈俊民辑校:《蓝田吕氏遗著辑校》,中华书局 1993 年版,第 275 页。

辙曾称吕大防"好古学"①,黄庭坚称吕大忠"行古礼",都点明了蓝田吕氏的"好古"特征。对古代"先王之法"和"三代之盛"的向往,对古代圣贤人物的追慕,对古代典籍、古代器物等一切古代遗留下来的文化遗产的推崇和探究,构成了蓝田吕氏家族特有的家族文化内涵。

蓝田吕氏家族的好古既得益于其所处的地域文化传统,也与当时的时代风潮息息相关。蓝田地处关中,有着悠久的历史文化,在远古时期就有人类活动居住。京兆为长安故地,秦砖汉瓦,不时而出。如吕大临《考古图后记》所说:"尊彝鼎敦之器,犹出于山岩屋壁、田亩墟墓间。"前代遗留下来的古迹名胜,无疑诱发了蓝田吕氏的思古之悠情,使其对古代文化产生了浓厚的兴趣。而宋代作为文化事业最为发达的一个朝代,不管在技术上还是制度上都给人们对前代的学习和探寻提供了方便。印刷术的普及使书籍大量传播,门阀制度的崩溃和科举制度的完善使更多平民或中低级官僚家庭的子弟有了读书进取的机会。朝廷的右文政策将大批士子笼络于朝廷,这些士子们忠君爱国,希望以满腹诗书为帝王出谋划策,治国安民。他们学问渊博,博古通今,思想活跃。宋学由此兴起。

在这种时代风气之下,蓝田吕氏的这种"好古"也并非单纯的厚古薄今,而是古为今用,其"好古"的目的,实为重建儒家的伦理道德,以维护大宋王朝的统治。蓝田吕氏不但在思想上从古代经籍著作中吸取营养,在行为上也以古圣贤为法。吕大钧"以圣门事业为己任",吕大临"好学修身,行如古人"。吕大钧被"时人方

---

① (宋)苏辙:《龙川略志》卷八《天子亲祀天地当用合祭之礼》,中华书局1982年版。

之季路",吕大临则被其岳父张戬赞为"颜回"。这一方面显示了蓝田吕氏的治学修身以儒学为根本,也体现了关学经世致用、践履躬行的精神风貌。

黄宗羲在《宋元学案》中说蓝田吕氏兄弟"同德一心,勉勉以进修成德为事。而又共讲经世实济之学,严异端之教"。其"经世实济"之学,反映了蓝田吕氏经世致用的笃实学风。如吕大临著名的一篇政论文《论选举六事》中提出:

> 今欲立士规以养德厉行,更学制以量才进艺,立贡法以取贤敛才,立试法以试用养才,立辟法以兴能备用,立举法以覆实得人,立考法以责任考功,庶几可以渐复古矣。

这儿名义上是"复古",其实是对当时宋朝"取人而用不问其可任何事,任人以事不问其才之所堪,故入流之路不胜其多,然为官择士则常患乏才。待次之吏历岁不调,然考其职事则常患不治"等冗官滥吏现象的批评及建议。

吕大钧曾说:"窃尝求三代之法,宜于今日而推行之。"①他讲求井田制,其实是希望借此古法来解决北宋时期"不抑兼并"政策的实施导致的土地兼并之风所造成的社会问题。

三、史学观念

在史学观方面,蓝田吕氏也显示出明显的"复古"特征。蓝田四吕都对古时的"三代之治"非常向往。如吕大防《长安图后记》,一方面赞美隋文帝设都的"制度之密",一方面又批评其"不学无术,故不能追三代之盛"。吕大临作《考古图》,也是为"观其器,诵

---

① (宋)吕大钧:《世守边郡议》,曾枣庄等编《全宋文》卷一七〇四,巴蜀书社1993年版,第199页。

其言,形容仿佛,以追三代之遗风,如见其人矣"。而吕大钧《天下为一家赋》则具体描绘出其想象中的三代时的社会图景,认为古者天下就像一家,"凡民之贤而不可违者,皆我之父兄保傅,愚而不可弃者,皆我之幼稚减获"。"外无异人,旁无四邻,无寇贼可御,无闾里可亲。"但这一社会图景仍然有尊卑贵贱、纲常礼教,"理其财乃上所以养下之道,分责之事乃下所以事上之常,浑浑然一尊百长,以斟酌其教令,万卑千幼以奉承其纪纲"。长下之间构成严密的等级结构,不同人按照等级地位尽不同的义务,无人因满足私欲而破坏这种和谐的等级关系。后来,"贤德既衰,斯道斯屈,析为十二,并为六七,势不相统,乱从而出",各自为了私利相互欧诈,自相残杀,盗贼四起,战乱濒仍。开阡陌废井田后,贫富不均,豪强日横。社会就是这样由合到离,又复归于合地循环着,"治乱有数,兴废有主,昔既有离,则今必有合"。但离乱并非天理的本性使然,而是人们不循天理的恶果,这一历史的厄运是能够靠人的努力改变的。他把希望寄托于宋王朝:"吾君将一还于治古。"吕大钧的这种历史观对历史演变规律提出了自己的系统看法。其历史循环论与英雄史观虽然是唯心主义的,但目的并非主张历史倒退,而是企图借古人亡灵以解救现实社会危机。他勾画的社会蓝图与《礼记·礼运》所描绘的"天下为公"、"人人均等"的"大同"社会相去很远,反映出宋代理学家价值观念的转变。

第三节　直言极谏与乐于成人

一、直言极谏

蓝田吕氏的先祖吕咸休五代时仕周为户部侍郎,算是官位显赫。但这样的家世在宋朝不问出身、"一切以程文为去留"①的科举取士制度下并没有多少优势。吕通仅至太常博士，吕蕡则为比部郎中，官职都不高。但吕蕡重视家庭教育，在学游未仕之时，曾亲自教育自己的六个儿子，除一子早死外，另五子相继登科。"缙绅士大夫传其家声，以为美谈。"②科举成功使蓝田吕氏在政治上迅速崛起。哲宗元祐年间吕大防拜相，其家族也达到鼎盛时期。政治地位的提高无疑为家族文化的发展提供了更多便利和支持。而其家族成员在为官过程中所表现出来的仁民爱物的儒家情怀，精明能干的吏治才能，刚正直言的行事风格则成了蓝田吕氏家风的一个重要组成部分。

　　蓝田吕氏家族以儒为本，深受孔孟仁政思想影响。因此在从政过程中大都"爱民利物"③，同时，关中人刚劲敢为的性格和关学经世致用的务实学风，使得蓝田吕氏在从政中表现出精明干练的吏治才能，因此颇有政声。吕蕡嘉祐间知泰宁县时，"治尚简静，不事烦苛"④。吕大防知陕州，"清谨持身，为政慈爱，发奸摘伏，盗贼知畏"⑤。大防为永寿令时，永寿县没有井，百姓要到很远的山涧里汲水吃。大防用《考工》之法引近境泉水，百姓感恩，号"吕公泉"。知青城县时，因青城外控汶川，与西夏相接。大防据要置逻，密为之防，禁山之樵采，以严障蔽。这些措施，得到韩绛的赏识，称其有王佐才。大忠知秦州时，征购百姓粟粮，豪家趁机制操纵之柄。大忠选同僚天明即入仓，即使一斗一升也接受，使入粟渠

---

① 陆游：《老学庵笔记》卷五，中华书局2007年版，第69页。
② 范育：《吕和叔墓表》，《宋文鉴》卷一百四十五。
③ 陈俊民：《蓝田吕氏遗著辑校》，中华书局1993年版，第617页。
④ 《福建通志》卷三十二，《文渊阁四库全书》影印本。
⑤ 《明一统志》卷二十九，《文渊阁四库全书》影印本。

道畅通。老百姓很高兴,争着运粟于仓,得钱而去,很快就征得百余万斛。

蓝田吕氏家族成员在从政过程中大都显示出刚正直言的特点,这既是儒家"君子以至诚事君"①的道德要求,也与其受关中民风浸染而形成的刚正质实的家族性格有关。《宋史·地理志》云陕西人"其俗颇纯厚……质木""其人劲悍"。《方舆胜览》说陕西人"质直好义"。时人评价吕大钧"为人质厚刚正"②;吕大临"本是个刚底气质"③;邵伯温则说"吕微仲秦人,戆直无党"④,这些都点出了蓝田吕氏家族性格与成长地域之间的关系。这种刚直的家族性格与儒家的忠君思想相结合,表现在政治上就是直言极谏的从政作风。吕大防在宋英宗治平年间濮王称考事件中的表现,正是这种刚直性格和直言极谏作风的表现。时吕大临自河阳省兄,正遇此事,对兄长的直言极谏也甚为赞同和支持,作《仲兄赴官休宁序》以送之,认为"君子以至诚事君,有善必告","有过必谏"。熙宁年间,吕大忠曾被命与契丹使者会谈。会谈过程中,大忠据理力争,契丹使稍屈。后契丹使者萧禧来求代北地,神宗召执政议事,欲从其请。吕大忠曰:"彼遣一使来,即与地五百里,若使魏王英弼来求关南,则何如?"⑤其言行更是刚直不阿,使神宗皇帝颜面无光,幸同僚言语相解才获得皇帝原谅。

宰相富弼致政于家,耽于佛学,曾为其故吏的吕大临就以书责

---

① 吕大临:《仲兄赴官休宁序》,《全宋文》卷二三八五。
② 《宋宣义郎吕公行状》,《蓝田县志》,《中国方志丛书》本,成文出版社1970年版,第999页。
③ 《朱子语类》卷一百一,中华书局1986年版,第2561页。
④ (宋)邵伯温:《邵氏闻见录》卷十三,中华书局1983年版,第146页。
⑤ (元)脱脱等:《宋史》卷三百四十,中华书局1977年版,第10845页。

之曰:"古者三公无职事,惟有德者居之,内则论道于朝,外则主教于乡。古之大人当是任者,必将以斯道觉斯民,成己以成物,岂以爵位进退、体力盛衰为之变哉?今大道未明,人趋异学,不入于庄,则入于释。疑圣人为未尽善,轻礼义为不足学,人伦不明,万物憔悴,此老成大人恻隐存心之时。以道自任,振起坏俗,在公之力,宜无难矣。若夫移精变气,务求长年,此山谷避世之士独善其身者之所好,岂世之所以望于公者哉?"①吕大钧面对武将种谔的威胁毫无畏惧,据理力争,也是其刚直性格的表现。

二、乐于成人

《邵氏闻见录》云吕大忠"性刚直,谨礼法,为从官归乡,见县令必致桑梓之恭,待部吏如子弟,多面折其短,而乐于成人"②,不但点出了吕大忠性格刚直、谨守礼法的特点,而且也谈到吕大忠对待下属部吏的态度。关于吕大忠的"待部吏如子弟,多面折其短,而乐于成人",从《邵氏闻见录》所载一则轶事可以证明。

  韩持国大资知颍昌府,时彦以状元及第,为签判。初见持国,通谒者称"状元",持国怒曰:"状元无官耶?"自此呼时彦"签判"云,彦终身衔之。马涓巨济亦为状元及第为秦州签判,初呼"状元",吕晋伯为帅,谓之曰:"状元云者,及第未除官也。既为判官,不可曰'状元'也。"巨济愧谢,晋伯又谓巨济曰:"科举之学既无用,修身为己之学其勉之。"时谢良佐显道作州学教授,显道为伊川程氏之学。晋伯每屈车骑,同巨济过之,则显道为讲《论语》,晋伯正襟肃容听之,曰:"圣人言行

---

① (元)脱脱等:《宋史》卷三百四十,中华书局1977年版,第10848页。
② (宋)邵伯温:《邵氏闻见录》卷十五,中华书局1983年版,第166页。

在焉,吾不敢不肃。"又数以公事案牍委巨济详覆,且曰:"修身为己之学不可后,为政治民其可不知?"巨济自以为得师,后立朝为台官有声,每曰:"吕公教载之恩也。"贤于时彦远矣。①

同样是面对初入仕途、沾沾自喜的科举骄子"状元",吕大忠的态度和韩维形成鲜明的对比。韩维仅是简单的训斥,吕大忠却是耐心教导,精心栽培。勉励其学习修身为己之学和为政治民之术,因此使得下属心悦诚服,由衷爱戴,终生不忘其教导之恩。

蓝田吕氏家族显宦与学者并存,如何看待为官与为学,也是其家学门风的表现。《东莱吕紫微师友杂志》记载了阳翟人张瞻向蓝田吕氏兄弟问学的故事:

> 张瞻景前,阳翟人。自守善士,有志于学。元祐间,其父为秦州通判,吕大忠进伯为秦帅。景前时往问学,后入太学,吕汲公为相,求进伯书,欲见汲公。进伯云:"贤不须见微仲,却是大临舍弟一意学问,不若见大临。"时与叔为博士,景前至京师即见与叔,与叔居汲公府第,屡往方得见,坐客次中。与叔云:"某以出入无甚暇,有疑便可问,然事有当问者,有不当问者。"景前即问:"凡学谓之诚,可也。而必曰至诚,何也?"与叔云:"此当问也。诸子百家之学,皆可谓诚,惟圣人之道,方可谓至诚。"②

吕大防是蓝田四吕中官位最高的一位,但在吕大忠的心里,官位高不如学问高,因此他更看重一意学问的幼弟吕大临。当曾向他问学的张瞻想向他求书拜见吕大防时,吕大忠却建议他去见吕

---

① (宋)邵伯温:《邵氏闻见录》卷十三,中华书局1983年版,第153页。
② (宋)吕本中:《东莱吕紫微师友杂志》,《丛书集成初编》本,第16页。

大临。吕大临时居吕大防府第,而对前来求见的客人,他直言"事有当问者,有不当问者",认为张瞻对"至诚"的疑问是当问的。可见在吕大临的心里,圣人之道方为正道,圣人之学方为正事。而与此无关的问题是问都不当问的。这也就可以理解吕大临"登科二十年始改一官",是因为他把更多的精力用在了为学上。吕大防也深深敬重弟弟吕大临的学问和人品,吕大临的早逝令其哀痛无比,其《祭文》给予吕大临很高的评价。

由于蓝田吕氏学问精深又乐于成人,因此在当时就有很多的追随者。除吕大钧之子吕义山能传其父学外,马涓、张瞻、周行己、许景衡、沈躬行等人都被认为是蓝田吕氏的门人弟子。蓝田吕氏的家学门风经过直接传承或间接传递,对关学的发展和关中风气的改变都起了很大作用。其家族文化既是关中文化的一部分,也对关中文化产生了深远的影响。

附　录

一、吕大临《诗传》辑佚

诗举有此六义，得风之体多者为国风，得雅之体多者为大小雅，得颂之体多者为颂。风非无雅，雅非无颂也。（《吕氏家塾读诗记》）

赋者，叙事之由，以尽其情状。（《吕氏家塾读诗记》）

雅者，正言也，无所抑扬。（《吕氏家塾读诗记》）

颂者，称美之词也，无所讽议。（《吕氏家塾读诗记》）

国风
卷一周南一之一

关　雎

哀至诚恻怛之意，《礼记》所谓无服之丧。内恕孔悲，盖求贤之情，其恻隐有如此者。（《吕氏家塾读诗记》）

　　关关雎鸠，在河之洲。窈窕淑女，君子好逑。

　　参差荇菜，左右流之。窈窕淑女，寤寐求之。求之不得，寤寐思服。悠哉悠哉，辗转反侧。

　　参差荇菜，左右采之。窈窕淑女，琴瑟友之。参差荇菜，左右芼之。窈窕淑女，钟鼓乐之。

卷 耳

采采卷耳,不盈顷筐。嗟我怀人,寘彼周行。

陟彼崔嵬,我马虺隤。我姑酌彼金罍,维以不永怀。

陟彼高冈,我马玄黄。我姑酌彼兕觥,维以不永伤。

陟彼砠矣,我马瘏矣,我仆痡矣,云何吁矣!

酒醴,妇人之职。臣下之勤劳,君必有以劳之。因采卷耳而有所感念及酒醴之用,以劳人贤者,不当使之远行从役。此首章所以言"嗟我怀人,寘彼周行"。周行,周道也。《大东》诗曰:"佻佻公子,行彼周行。""行",亦道也。(《吕氏家塾读诗记》)

樛 木

南有樛木,葛藟累之。乐只君子,福履绥之。

南有樛木,葛藟荒之。乐只君子,福履将之。

荒,庇覆也。(《吕氏家塾读诗记》)

南有樛木,葛藟萦之。乐只君子,福履成之。

螽 斯

螽斯羽,诜诜兮。宜尔子孙,振振兮。

螽斯羽,薨薨兮。宜尔子孙,绳绳兮。

螽斯羽,揖揖兮。宜尔子孙,蛰蛰兮。

螽斯始化其羽,诜诜然。比次而起,已化则齐飞,薨薨然有声。既飞复敛,则羽揖揖然而聚。历言众多之状,其变如此也。(《吕氏家塾读诗记》)

汝坟

遵彼汝坟,伐其条枚。未见君子,惄如调饥。
遵彼汝坟,伐其条肄。既见君子,不我遐弃。
鲂鱼赪尾,王室如毁。虽则如毁,父母孔迩。
鲤尾赤,鲂尾白,今亦赤则劳甚矣。(《吕氏家塾读诗记》)

召南一之二

羔羊

德如羔羊,如羔羊之詩也。(《吕氏家塾读诗记》)
羔羊之皮,素丝五纪。退食自公,委蛇委蛇。
羔羊之革,素丝五緎。委蛇委蛇,自公退食。
羔羊之缝,素丝五总。委蛇委蛇,退食自公。

殷其雷

殷其雷,在南山之阳。何斯违斯?莫敢或遑。振振君子,归哉归哉!
"振振君子,归哉归哉",劝以义也。再言归哉者,欲慎其归以复命也。远行从役,不辱君命,然后可以言归。(《吕氏家塾读诗记》)
殷其雷,在南山之侧。何斯违斯?莫敢遑息。振振君子,归哉归哉!
殷其雷,在南山之下。何斯违斯?莫或遑处。振振君子,归哉归哉!

小　星

夫人无妒忌之行,而贱妾安于其命,所谓上好仁而下必好义者也。(《吕氏家塾读诗记》、《诗集传》)

嘒彼小星,三五在东。肃肃宵征,夙夜在公。寔命不同。

嘒彼小星,维参与昴。肃肃宵征,抱衾与裯。寔命不犹。

卷二邶一之三

柏　舟

泛彼柏舟,亦泛其流。耿耿不寐,如有隐忧。微我无酒,以敖以游。

如舟汎汎无所依。(《慈湖诗传》)

我心匪鉴,不可以茹。亦有兄弟,不可以据。薄言往愬,逢彼之怒。

我心匪石,不可转也。我心匪席,不可卷也。威仪棣棣,不可选也。

以威仪为可简则无礼,故不敢改其度也。(《吕氏家塾读诗记》)

忧心悄悄,愠于群小。觏闵既多,受侮不少。静言思之,寤辟有摽。

日居月诸,胡迭而微?心之忧矣,如匪澣衣。静言思之,不能奋飞!

旄 丘

旄丘之葛兮,何诞之节兮!叔兮伯兮,何多日也?

何其处也?必有与也!何其久也?必有以也!

狐裘蒙戎,匪车不东。叔兮伯兮,靡所与同。

蒙戎,狐裘之貌。(《慈湖诗传》)

琐兮尾兮,流离之子。叔兮伯兮,褎如充耳。

泉 水

毖彼泉水,亦流于淇。有怀于卫,靡日不思。娈彼诸姬,聊与之谋。

泉水,即今卫州共城之百泉也。淇水出相州林虑县东流,泉水自西北来注之,故曰亦流于淇。而《竹竿》诗言"泉源在左,淇水在右"者,盖主山而言之。相卫之山东面,故以北为左南为右。(《吕氏家塾读诗记》)

出宿于泲,饮饯于祢。女子有行,远父母兄弟。问我诸姑,遂及伯姊。

出宿于干,饮饯于言。载脂载舝,还车言迈。遄臻于卫,不瑕有害?

我思肥泉,兹之永叹。思须与漕,我心悠悠。驾言出游,以写我忧。

"不瑕有害",谓归卫不为过差有害也,此意其或可之辞也,而终于不敢往,故曰"我思肥泉,兹之永叹"。(《慈湖诗传》)

静 女

静女其姝,俟我于城隅。爱而不见,搔首踟蹰。

古之人君,夫人媵妾散处后宫。城隅者,后宫幽闲之地也。女有静德,又处于幽闲而待进御,此有道之君所好也。(《吕氏家塾读诗记》)

城隅者,后宫幽闲之地,处于幽闲而待进御,君虽爱之而不得见,惟搔首踟蹰而已,以非当进御之时,不敢輙见也。(《慈湖诗传》)

静女其娈,贻我彤管。彤管有炜,说怿女美。

娈,婉美也。(《慈湖诗传》)

自牧归荑,洵美且异。匪女之为美,美人之贻!

荑,大过枯杨生稊。(《慈湖诗传》)

卷三鄘一之四

柏　舟

叙言父母,诗独云母,盖止是母意,叙并言之,文势当尔。如《将仲子》云"父母之言",时郑庄公亦止有母姜氏,此其比也。(《吕氏家塾读诗记》)

泛彼柏舟,在彼中河。髧彼两髦,实维我仪。之死矢靡它。母也天只!不谅人只!

仪,以夫为法也。犹夫曰皇辟,辟亦法也。(《吕氏家塾读诗记》)

泛彼柏舟,在彼河侧。髧彼两髦,实维我特。之死矢靡慝。母也天只!不谅人只!

卷四王一之六

大　车

　　大车槛槛,毳衣如菼。岂不尔思? 畏子不敢。
　　大车啍啍,毳衣如璊。岂不尔思? 畏子不奔。
　　谷则异室,死则同穴。谓予不信,有如皦日。

古之所谓合葬者,同其兆而已,非同坎而葬也。盖死有先后,前丧已葬,复启之以纳后丧,仁人有所不忍,有礼者有所不取也。此云同穴者,亦同兆也。(《吕氏家塾读诗记》)

郑一之七

将　仲　子

　　将仲子兮,无逾我里,无折我树杞。岂敢爱之? 畏我父母。仲可怀也,父母之言,亦可畏也。
　　将仲子兮,无逾我墙,无折我树桑。岂敢爱之? 畏我诸兄。仲可怀也,诸兄之言,亦可畏也。

孟子曰"树墙下以桑",则桑在墙下也。(《吕氏家塾读诗记》)

　　将仲子兮,无逾我园,无折我树檀。岂敢爱之? 畏人之多言。仲可怀也,人之多言,亦可畏也。

叔　于　田

　　叔于田,巷无居人。岂无居人? 不如叔也。洵美且仁。

国人称之如是者,亦不义而得众也。以得众心为仁,以饮酒为好,以善服马为武。(《吕氏家塾读诗记》)

叔于狩,巷无饮酒。岂无饮酒?不如叔也,洵美且好。

叔适野,巷无服马。岂无服马?不如叔也,洵美且武。

女曰鸡鸣

女曰"鸡鸣",士曰"昧旦"。"子兴视夜。""明星有烂,将翱将翔,弋凫与雁。"

"弋言加之,与子宜之。宜言饮酒,与子偕老。琴瑟在御,莫不静好。"

"知子之来之,杂佩以赠之。知子之顺之,杂佩以问之。知子之好之,杂佩以报之。"

杂佩,非特玉也,镌燧箴筦(纷帨),凡可佩之物也。(《吕氏家塾读诗记》、《诗集传》)

卷五齐一之八

著

俟我于著乎而,充耳以素乎而,尚之以琼华乎而。

俟我于庭乎而,充耳以青乎而,尚之以琼莹乎而。

此《昏礼》所谓堉道妇"及寝门,揖入"之时也。(《诗集传》)

俟我于堂乎而,充耳以黄乎而,尚之以琼英乎而。

升阶而后至堂,此《昏礼》所谓"升自西阶"之时也。(《诗集传》)

南 山

南山崔崔,雄狐绥绥。鲁道有荡,齐子由归。既曰归止,曷又怀止?

上二章罪襄公。所谓"曷又怀止"、"曷又从止"者,言其理如是,而襄公违之以淫泆,何也?下二章罪鲁桓公。所谓"曷又鞠止"、"曷又极止"者,言其理如是,桓公纵之穷极其恶,何也。(《吕氏家塾读诗记》)

葛屦五两,冠緌双止。鲁道有荡,齐子庸止。既曰庸止,曷又从止?

贵贱各有耦也。屦与屦为耦,虽五两之多,各相耦。冠緌之双,自为耦也。襄公文姜,非其耦,犹冠屦之不可双也。(《吕氏家塾读诗记》)

蓺麻如之何?衡从其亩。取妻如之何?必告父母。既曰告止,曷又鞠止?

析薪如之何?匪斧不克。取妻如之何?匪媒不得。既曰得止,曷又极止?

卷六唐一之十

山有枢

有钟鼓不能以自乐,非其节也。有财不能用,非其爱也。有朝廷不能以洒扫,非不好洁也。大抵无政不能令其下,瞢然无所知将为他人有也。(《吕氏家塾读诗记》)

山有枢,隰有榆。子有衣裳,弗曳弗娄。子有车马,弗驰弗驱。宛其死矣,他人是愉。

山有栲,隰有杻。子有廷内,弗洒弗扫。子有钟鼓,弗鼓弗考。宛其死矣,他人是保。

山有漆,隰有栗。子有酒食,何不日鼓瑟,且以喜乐,且以永日?宛其死矣,他人入室。

椒聊

椒聊之实,蕃衍盈升。彼其之子,硕大无朋。椒聊且!远条且!

椒聊之实,蕃衍盈匊。彼其之子,硕大且笃。椒聊且!远条且!

古量二升曰匊,匊大于升。(《吕氏家塾读诗记》)

无 衣

岂曰无衣七兮?不如子之衣,安且吉兮。

岂曰无衣六兮?不如子之衣,安且燠兮。

义理有所未安,虽食不饱,虽衣不暖。(《吕氏家塾读诗记》)

秦一之十一

驷驖

驷驖孔阜,六辔在手。公之媚子,从公于狩。

公之媚子,不必如媚于天子,媚于国人者也。此诗称其始为诸侯,未必能用贤,但人君之奉稍备云耳。(《吕氏家塾读诗记》)

奉时辰牡,辰牡孔硕。公曰左之,舍拔则获。

游于北园,四马既闲。輶车鸾镳,载猃歇骄。

卷七桧一之十三

隰有苌楚

隰有苌楚,猗傩其枝。夭之沃沃,乐子之无知。

苌楚始生，犹能自立，然枝干柔弱，至于长则引蔓于草上，则既长不如初生之自立，故引以为喻。（《吕氏家塾读诗记》）

隰有苌楚，猗傩其华。夭之沃沃，乐子之无家。

隰有苌楚，猗傩其实。夭之沃沃，乐子之无室。

卷八豳一之十五

七　月

七月流火，九月授衣。一之日觱发，二之日栗烈。无衣无褐，何以卒岁？三之日于耜，四之日举趾。同我妇子，馌彼南亩，田畯至喜。

七月流火，九月授衣。春日载阳，有鸣仓庚。女执懿筐，遵彼微行，爰求柔桑。春日迟迟，采蘩祁祁。女心伤悲，殆及公子同归。

七月流火，八月萑苇。蚕月条桑，取彼斧斨，以伐远扬，猗彼女桑。七月鸣鵙，八月载绩。载玄载黄，我朱孔阳，为公子裳。

四月秀葽，五月鸣蜩。八月其获，十月陨萚。一之日于貉，取彼狐狸，为公子裘。二之日其同，载缵武功。言私其豵，献豜于公。

五月斯螽动股，六月莎鸡振羽。七月在野，八月在宇，九月在户，十月蟋蟀入我床下。穹窒熏鼠，塞向墐户。嗟我妇子，曰为改岁，入此室处。

六月食郁及薁，七月亨葵及菽。八月剥枣，十月获稻。为此春酒，以介眉寿。七月食瓜，八月断壶，九月叔苴。采荼薪樗，食我农夫。

衣裘具矣,居室安矣,老者之养,不可以无加也。农夫之勤,其养不可以不畜也。(《吕氏家塾读诗记》)

　　九月筑场圃,十月纳禾稼;黍稷重穋,禾麻菽麦。嗟我农夫,我稼既同,上入执宫功。昼尔于茅,宵尔索绹。亟其乘屋,其始播百谷。

此章终始农事,以极忧勤艰难之意。(《吕氏家塾读诗记》、《诗集传》)

　　二之日凿冰冲冲,三之日纳于凌阴。四之日其蚤,献羔祭韭。九月肃霜,十月涤场。朋酒斯飨,曰杀羔羊。跻彼公堂,称彼兕觥:"万寿无疆!"

鸱鸮

　　鸱鸮鸱鸮,既取我子,无毁我室,恩斯勤斯,鬻子之闵斯。

鸱鸮,恶声之鸷鸟也。《诗》"有鸮萃止",又"翩彼飞鸮",又"为枭为鸱",盖枭之类。鹠,音宁,鸮,音决怪,古拜反,枭古尧反。(《吕氏家塾读诗记》)

殷民欲叛冯,附二叔之亲,欺惑其人,使之流言云:周公将不利于孺子,欲王取信兄弟之言,中伤周公,谋危王室也。故周公曰:管蔡亲也,尔既以恶污染,使陷于罪,是汝殷民入我国害我兄弟矣。又欲危王室,则不可也。(《吕氏家塾读诗记》)

　　迨天之未阴雨,彻彼桑土,绸缪牖户。今女下民,或敢侮予。

　　予手拮据,予所捋荼。予所蓄租,予口卒瘏,曰予未有室家。

　　予羽谯谯,予尾翛翛。予室翘翘,风雨所漂摇。予维音哓哓。

卷九小雅二
鹿鸣之什二之一

杕 杜

有杕之杜,有睆其实。王事靡盬,继嗣我日。日月阳止,女心伤止,征夫遑止。

杜之有实,秋冬之交也。岁将暮矣,犹叹其未至也。(《吕氏家塾读诗记》、《慈湖诗传》)

有杕之杜,其叶萋萋。王事靡盬,我心伤悲。卉木萋止,女心悲止。征夫归止。

卉木亦萋然有叶,则春将暮矣。岁暮之期,既不至,将至春之暮,犹未归也。(《吕氏家塾读诗记》)

陟彼北山,言采其杞。王事靡盬,忧我父母。檀车幝幝,四牡痯痯,征夫不远。

杞之可食,春莫矣。(《吕氏家塾读诗记》、《慈湖诗传》)

匪载匪来,忧心孔疚。期逝不至,而多为恤。卜筮偕止,会言近止,征夫迩止。

白华之什二之二

鱼 丽

鱼丽于罶,鱨鲨。君子有酒,旨且多。

鱼丽于罶,鲂鳢。君子有酒,多且旨。

鱼丽于罶,鰋鲤。君子有酒,旨且有。

物其多矣,维其嘉矣。

物其旨矣,维其偕矣。

物其有矣,维其时矣。

物常有而不乏,则可以待时而取之,故曰"维其时矣"。物不常有,不可必其时也。(《吕氏家塾读诗记》)

卷十彤弓之什二之三

彤 弓

彤弓弨兮,受言藏之。我有嘉宾,中心贶之。钟鼓既设,一朝飨之。

天子锡有功诸侯,必曰:"中心贶之,喜之好之"者,言是锡也,非以为仪也。出于吾情而非勉也,飨之右之酬之者,言功之大者,情必厚;情之厚者,赐必多;赐之多者,仪必盛。所谓本末情文,无所不称者也。(《吕氏家塾读诗记》)

彤弓弨兮,受言载之。我有嘉宾,中心喜之。钟鼓既设,一朝右之。

彤弓弨兮,受言櫜之。我有嘉宾,中心好之。钟鼓既设,一朝酬之。

菁菁者莪

长育人材之道固多术矣,而莫先于礼仪。礼仪者,内外兼养,非心过行无所从入。此人材所以成也。故曰"菁菁者莪",废则无礼仪矣。(《吕氏家塾读诗记》)

菁菁者莪,在彼中阿。既见君子,乐且有仪。

菁菁者莪,在彼中沚。既见君子,我心则喜。

菁菁者莪,在彼中陵。既见君子,锡我百朋。

泛泛杨舟,载沉载浮。既见君子,我心则休。

六 月

　　六月栖栖,戎车既饬。四牡骙骙,载是常服。狁孔炽,我是用急。王于出征,以匡王国。

　　比物四骊,闲之维则。维此六月,既成我服。我服既成,于三十里。王于出征,以佐天子。

　　四牡修广,其大有颙。薄伐狁,以奏肤公。有严有翼,共武之服。共武之服,以定王国。

上三章皆言自治之备。(《吕氏家塾读诗记》)

　　狁匪茹,整居焦获。侵镐及方,至于泾阳。织文鸟章,白旆央央。元戎十乘,以先启行。

　　戎车既安,如轾如轩。四牡既佶,既佶且闲。薄伐狁,至于大原。文武吉甫,万邦为宪。

治戎有备,车马安闲,驱之出境而不穷追也。(《吕氏家塾读诗记》)

　　吉甫燕喜,既多受祉。来归自镐,我行永久。饮御诸友,炰鳖脍鲤。侯谁在矣,张仲孝友。

采 芑

　　薄言采芑,于彼新田,于此菑亩。方叔莅止,其车三千,师干之试。方叔率止,乘其四骐,四骐翼翼。路车有奭,簟茀鱼服,钩膺鞗革。

因治田而讲武事,古之法皆然。如《六月》云:"我服既成,于三十里。"与骏发尔私,终三十里之义,同畎浍沟洫之法,即行伍营阵也。(《吕氏家塾读诗记》)

　　莅止则布其行阵,故止曰其车三千。率止则作而用之,故言其

车马之盛、服饰之美。(《吕氏家塾读诗记》)

　　薄言采芑,于彼新田,于此中乡。方叔莅止,其车三千,旗旐央央。方叔率止,约𫐓错衡,八鸾玱玱。服其命服,朱芾斯皇,有玱葱珩。

　　鴥彼飞隼,其飞戾天,亦集爰止。方叔莅止,其车三千,师干之试。方叔率止,钲人伐鼓,陈师鞠旅。显允方叔,伐鼓渊渊,振旅阗阗。

　　蠢尔蛮荆,大邦为雠。方叔元老,克壮其犹。方叔率止,执讯获丑。戎车啴啴,啴啴焞焞,如霆如雷。显允方叔,征伐玁狁,蛮荆来威。

车　攻

　　我车既攻,我马既同,四牡庞庞,驾言徂东。
言备车马以如东都也。(《吕氏家塾读诗记》)
　　田车既好,四牡孔阜。东有甫草,驾言行狩。
　　之子于苗,选徒嚣嚣。建旐设旄,搏兽于敖。
　　驾彼四牡,四牡奕奕,赤芾金舄,会同有绎。
　　决拾既佽,弓矢既调。射夫既同,助我举柴。
　　四黄既驾,两骖不猗。不失其驰,舍矢如破。
　　萧萧马鸣,悠悠旆旌。徒御不惊,大庖不盈。
　　之子于征,有闻无声。允矣君子,展也大成。

鹤　鸣

　　鹤鸣于九皋,声闻于野。鱼潜在渊,或在于渚。乐彼之园,爰有树檀,其下维蘀。他山之石,可以为错。
落桑秽杂。(《吕氏家塾读诗记》)

鹤鸣于九皋,声闻于天。鱼在于渚,或潜在渊。乐彼之园,爰有树檀,其下维穀。他山之石,可以攻玉。

卷十一祈父之什二之四

白 驹

皎皎白驹,食我场苗。絷之维之,以永今朝。所谓伊人,于焉逍遥。

贤者将去而不留,我犹愿絷维之,以永今朝今夕而已。逍遥者,徘徊少留之貌。(《吕氏家塾读诗记》)

皎皎白驹,食我场藿。絷之维之,以永今夕。所谓伊人,于焉嘉客。

嘉客者,暂客于斯,亦将去也。(《吕氏家塾读诗记》)

皎皎白驹,贲然来思。尔公尔侯,逸豫无期。慎尔优游,勉尔遁思。

诗人好贤之至,故贤者贲然来思。而在位者悠悠而不切也,虽斯人也,亦不能留贤,故勉之使遁去也。言尔公尔侯者,不敢斥君也。(《吕氏家塾读诗记》)

皎皎白驹,在彼空谷。生刍一束,其人如玉。毋金玉尔音,而有遐心。

斯 干

秩秩斯干,幽幽南山。如竹苞矣,如松茂矣。兄及弟矣,式相好矣,无相犹矣。

保吾兄弟于斯,继吾祖妣于斯,安吾身于斯,传吾子孙于斯,故曰"兄及弟矣,式相好矣,无相犹矣。"又曰"似续妣祖",又曰"君

子攸芊"、"攸跻""攸宁",又曰乃占我梦男子之祥,女子之祥也。(《吕氏家塾读诗记》)

似续妣祖,筑室百堵,西南其户。爰居爰处,爰笑爰语。

约之阁阁,椓之橐橐。风雨攸除,鸟鼠攸去,君子攸芊。

如跂斯翼,如矢斯棘;如鸟斯革,如翚斯飞。君子攸跻。

如翚斯飞,覆以瓦而加丹雘,有文采而势骞举也。(《吕氏家塾读诗记》)

殖殖其庭,有觉其楹。哙哙其正,哕哕其冥,君子攸宁。

正谓正寝。(《吕氏家塾读诗记》)

冥谓室之奥窔也。(《吕氏家塾读诗记》)

下莞上簟,乃安斯寝。乃寝乃兴,乃占我梦。吉梦维何,维熊维罴,维虺维蛇。

大人占之:维熊维罴,男子之祥;维虺维蛇,女子之祥。

乃生男子,载寝之床,载衣之裳,载弄之璋。其泣喤喤,朱芾斯皇,室家君王。

乃生女子,载寝之地,载衣之裼,载弄之瓦。无非无仪,唯酒食是议,无父母诒罹。

正 月

正月繁霜,我心忧伤。民之讹言,亦孔之将!念我独兮,忧心京京。哀我小心,癙忧以痒。

癙忧,幽忧也。与下"鼠思泣血",文虽小异,义亦同也。(《吕氏家塾读诗记》)

父母生我,胡俾我愈!不自我先,不自我后。好言自口,莠言自口。忧心愈愈,是以有侮。

忧心惸惸,念我无禄。民之无辜,并其臣仆。哀我人斯,于何从禄? 瞻乌爰止,于谁之屋。

瞻彼中林,侯薪侯蒸。民今方殆,视天梦梦。既克有定,靡人弗胜。有皇上帝,伊谁云憎。

谓山盖卑,为冈为陵。民之讹言,宁莫之惩。召彼故老,讯之占梦。具曰"予圣",谁知乌之雌雄?

谓天盖高,不敢不局。谓地盖厚,不敢不蹐。维号斯言,有伦有脊。哀今之人,胡为虺蜴!

瞻彼阪田,有菀其特。天之扤我,如不我克。彼求我则,如不我得。执我仇仇,亦不我力。

心之忧矣,如或结之。今兹之正,胡然厉矣!燎之方扬,宁或灭之。赫赫宗周,褒姒灭之。

终其永怀,又窘阴雨。其车既载,乃弃尔辅。载输尔载,将伯助予。

无弃尔辅,员于尔辐。屡顾尔仆,不输尔载。终逾绝险,曾是不意。

鱼在于沼,亦匪克乐。潜虽伏矣,亦孔之炤。忧心惨惨,念国之为虐。

彼有旨酒,又有嘉殽。洽比其邻,昏姻孔云。念我独兮,忧心殷殷。

佌佌彼有屋,蔌蔌方有谷。民今之无禄,天夭是椓。哿矣富人,哀此惸独。

卷十二小旻之什二之五

小　旻

《小旻》、《小宛》、《小弁》、《小明》,言小者,篇在小雅,恐与大

雅相乱以别之。今大雅止有《大明》，余篇疑亡。(《吕氏家塾读诗记》)

　　旻天疾威，敷于下土。谋犹回遹，何日斯沮？谋臧不从，不臧覆用。我视谋犹，亦孔之邛。

　　潝潝訿訿，亦孔之哀。谋之其臧，则具是违；谋之不臧，则具是依。我视谋犹，伊于胡底！

　　我龟既厌，不我告犹。谋夫孔多，是用不集。发言盈庭，谁敢执其咎？如匪行迈谋，是用不得于道。

　　哀哉为犹，匪先民是程，匪大犹是经。维迩言是听，维迩言是争。如彼筑室于道谋，是用不溃于成。

　　国虽靡止，或圣或否。民虽靡膴，或哲或谋，或肃或艾。如彼泉流，无沦胥以败。

今国与民，皆有善有恶，谋而择其善可矣。乃无所分别，则善者亦混而同于恶，如泉流之清沦而为蜀也。(《吕氏家塾读诗记》)

　　不敢暴虎，不敢冯河。人知其一，莫知其它。战战兢兢，如临深渊，如履薄冰。

小　宛

　　宛彼鸣鸠，翰飞戾天。我心忧伤，念昔先人。明发不寐，有怀二人。

　　人之齐圣，饮酒温克。彼昏不知，壹醉日富。各敬尔仪，天命不又。

　　中原有菽，庶民采之。螟蛉有子，蜾蠃负之。教诲尔子，式穀似之。

　　题彼脊令，载飞载鸣。我日斯迈，而月斯征。夙兴夜寐，无忝尔所生。

交交桑扈,率场啄粟。哀我填寡,宜岸宜狱。握粟出卜,自何能谷?

五章言下民无告,六章言善人不安也。(《吕氏家塾读诗记》)

温温恭人,如集于木。惴惴小心,如临于谷;战战兢兢,如履薄冰。

小 弁

弁彼鸒斯,归飞提提。民莫不谷,我独于罹。何辜于天,我罪伊何?心之忧矣,云如之何?

反于已而无罪,父母之不我爱,何哉?求其说而不得,则不能无怨,故所以怨者,乃所以慕也。(《吕氏家塾读诗记》)

踧踧周道,鞫为茂草。我心忧伤,惄焉如捣。假寐永叹,维忧用老。心之忧矣,疢如疾首。

维桑与梓,必恭敬止。靡瞻匪父,靡依匪母;不属于毛,不离于里。天之生我,我辰安在?

菀彼柳斯,鸣蜩嘒嘒。有漼者渊,萑苇淠淠。譬彼舟流,不知所届。心之忧矣,不遑假寐。

鹿斯之奔,维足伎伎。雉之朝雊,尚求其雌。譬彼坏木,疾用无枝。心之忧矣,宁莫之知!

相彼投兔,尚或先之。行有死人,尚或墐之。君子秉心,维其忍之。心之忧矣,涕既陨之。

君子信谗,如或酬之。君子不惠,不舒究之。伐木掎矣,析薪扡矣。舍彼有罪,予之佗矣!

莫高匪山,莫浚匪泉。君子无易由言,耳属于垣。无逝我梁,无发我笱。我躬不阅,遑恤我后!

何 人 斯

彼何人斯？其心孔艰。胡逝我梁，不入我门？伊谁云从？维暴之云。

托过门不入之喻，以道其反侧之情。情之不直，谗我必矣。(《吕氏家塾读诗记》)

二人从行，谁为此祸？胡逝我梁，不入唁我？始者不如今，云不我可。

彼何人斯，胡逝我陈？我闻其声，不见其身。不愧于人，不畏于天。

彼何人斯，其为飘风？胡不自北？胡不自南？胡逝我梁？祇搅我心。

尔之安行，亦不遑舍。尔之亟行，遑脂尔车？壹者之来，云何其盱！

尔还而入，我心易也。还而不入，否难知也。壹者之来，俾我知也。

伯氏吹埙，仲氏吹篪。及尔如贯，谅不我知。出此三物，以诅尔斯！

为鬼为蜮，则不可得；有腼面目，视人罔极。作此好歌，以极反侧。

巷 伯

寺人近习也，近习日见于君，然犹伤于谗，则幽王之不明可知。(《吕氏家塾读诗记》)

萋兮斐兮，成是贝锦。彼谮人者，亦已大甚！

哆兮侈兮，成是南箕。彼谮人者，谁适与谋！

缉缉翩翩,谋欲谮人。慎尔言也,谓尔不信。

　　捷捷幡幡,谋欲谮言。岂不尔受?既其女迁!

　　骄人好好,劳人草草。苍天苍天,视彼骄人,矜此劳人。

　　彼谮人者,谁适与谋!取彼谮人,投畀豺虎。豺虎不食,投畀有北。有北不受,投畀有昊。

谷　风

急则相求,缓则相弃,恩厚不知,怨小必记,皆小人之交也。天下俗薄,朋友道绝,则莫小人之交。(《西山读书记》)

　　习习谷风,维风及雨。将恐将惧,惟予与女;将安将乐,女转弃予。

　　习习谷风,维风及颓。将恐将惧,寘予于怀;将安将乐,弃予如遗。

　　习习谷风,维山崔嵬。无草不死,无木不萎。忘我大德,思我小怨。

蓼　莪

　　蓼蓼者莪,匪莪伊蒿。哀哀父母,生我劳瘁。

　　蓼蓼者莪,匪莪伊蔚。哀哀父母,生我劳瘁。

　　缾之罄矣,维罍之耻。鲜民之生,不如死之久矣。无父何怙,无母何恃,出则衔恤,入则靡至。

鲜犹穷独之义,言穷独而从役,其生不如死也。(《吕氏家塾读诗记》)

　　父兮生我,母兮鞠我,拊我畜我,长我育我,顾我复我,出入腹我。欲报之德,昊天罔极。

　　南山烈烈,飘风发发,民莫不谷,我独何害!

南山律律,飘风弗弗。民莫不谷,我独不卒。

大 东

有饛簋飧,有捄棘匕。周道如砥,其直如矢。君子所履,小人所视。睠言顾之,潸焉出涕。

小东大东,杼柚其空。纠纠葛屦,可以履霜。佻佻公子,行彼周行。既往既来,使我心疚。

行即道也。周行,周之道路。(《吕氏家塾读诗记》)

有冽氿泉,无浸获薪。契契寤叹,哀我惮人。薪是获薪,尚可载也。哀我惮人,亦可息也。

东人之子,职劳不来;西人之子,粲粲衣服。舟人之子,熊罴是裘;私人之子,百僚是试。

或以其酒,不以其浆;鞙鞙佩璲,不以其长。维天有汉,监亦有光。跂彼织女,终日七襄。

虽则七襄,不成报章。睆彼牵牛,不以服箱。东有启明,西有长庚,有捄天毕,载施之行。

维南有箕,不可以簸扬;维北有斗,不可以挹酒浆。维南有箕,载翕其舌;维北有斗,西柄之揭。

卷十三北山之什二之六

小 明

明明上天,照临下土。我征徂西,至于艽野。二月初吉,载离寒暑。心之忧矣,其毒大苦。念彼共人,涕零如雨。岂不怀归?畏此罪罟。

昔我往矣,日月方除。曷云其还?岁聿云莫。念我独兮,我事孔庶。心之忧矣,惮我不暇。念彼共人,睠睠怀顾。岂不怀归？畏此谴怒。

　　昔我往矣,日月方奥。曷云其还,政事愈蹙。岁聿云莫,采萧获菽。心之忧矣,自诒伊戚。念彼共人,兴言出宿。岂不怀归？畏此反复。

　　嗟尔君子,无恒安处。靖共尔位,正直是与。神之听之,式谷以女。

上达者进乎高明,下达者趋乎污下。自者所由,以为主也。彼谓孔子主痈疽与侍人瘠环,非其人而自之也。(《吕氏家塾读诗记》)

　　嗟尔君子,无恒安息。靖共尔位,好是正直。神之听之,介尔景福。

楚　茨

《楚茨》极言祭祀所以事神受福之节,致详致备,所以推明先王致力于民者尽,则致力于神者详。观其威仪之盛,物品之丰,所以交神明,逮群下,至于受福无强者,非德盛政修,何以致之？(《吕氏家塾读诗记》、《诗集传》)

　　楚楚者茨,言抽其棘。自昔何为？我蓺黍稷。我黍与与,我稷翼翼。我仓既盈,我庾维亿。以为酒食,以享以祀。以妥以侑,以介景福。

　　济济跄跄,絜尔牛羊,以往烝尝。或剥或亨,或肆或将。祝祭于祊:"祀事孔明。先祖是皇,神保是飨。孝孙有庆,报以介福,万寿无疆。"

　　执爨踖踖,为俎孔硕,或燔或炙。君妇莫莫,为豆孔庶。为宾为客,献酬交错。礼仪卒度,笑语卒获。神保是格,报以介福,万寿攸酢。

　　我孔熯矣,式礼莫愆。工祝致告,徂赉孝孙。"苾芬孝祀,神嗜饮食。卜尔百福,如几如式。既齐既稷,既匡既勑。永锡尔极,时万时亿。"

　　礼仪既备,钟鼓既戒。孝孙徂位,工祝致告。神具醉止,皇尸载起。鼓钟送尸,神保聿归。诸宰君妇,废彻不迟。诸父兄弟,备言燕私。

　　乐具入奏,以绥后禄。尔殽既将,莫怨具庆。既醉既饱,小大稽首。神嗜饮食,使君寿考。孔惠孔时,维其尽之。子子孙孙,勿替引之。

卷十四桑扈之什二之七

桑　扈

桑扈之诗作,则君臣肆其心、易其事矣。(《吕氏家塾读诗记》)

　　交交桑扈,有莺其羽。君子乐胥,受天之祜。
　　交交桑扈,有莺其领。君子乐胥,万邦之屏。
　　之屏之翰,百辟为宪。不戢不难,受福不那?
　　兕觥其觩,旨酒思柔。彼交匪敖,万福来求。

鸳　鸯

《楚茨》至《鸳鸯》八篇,皆陈古以刺今也。(《吕氏家塾读诗记》)

　　鸳鸯于飞,毕之罗之。君子万年,福禄宜之。
　　鸳鸯在梁,戢其左翼。君子万年,宜其遐福。

乘马在厩,摧之秣之。君子万年,福禄艾之。
乘马在厩,秣之摧之。君子万年,福禄绥之。

鱼 藻

《鱼藻》之诗,与《孟子》所谓"惟贤者而后乐此,不贤者虽有此,不乐也"及《王制》"旱干水溢,民无菜色,然后天子食,日举以乐"之义同。(《吕氏家塾读诗记》)

鱼在在藻,有颁其首。王在在镐,岂乐饮酒。
鱼在在藻,有莘其尾。王在在镐,饮酒乐岂。
鱼在在藻,依于其蒲。王在在镐,有那其居。

采 菽

采菽采菽,筐之筥之。君子来朝,何锡予之?虽无予之,路车乘马。又何予之?玄衮及黼。
觱沸槛泉,言采其芹。君子来朝,言观其旂。其旂淠淠,鸾声嘒嘒。载骖载驷,君子所届。
赤芾在股,邪幅在下,彼交匪纾,天子所予。乐只君子,天子命之。乐只君子,福禄申之。
维柞之枝,其叶蓬蓬。乐只君子,殿天子之邦。乐只君子,万福攸同。平平左右,亦是率从。
泛泛杨舟,绋缡维之。乐只君子,天子葵之。乐只君子,福禄膍之。优哉游哉,亦是戾矣。
王以信义联诸侯,优斿而不迫。(《吕氏家塾读诗记》)

角 弓

骍骍角弓,翩其反矣!兄弟昏姻,无胥远矣!

尔之远矣,民胥然矣。尔之教矣,民胥效矣。

此令兄弟,绰绰有裕;不令兄弟,交相为瘉。

民之无良,相怨一方;受爵不让,至于已斯亡。

老马反为驹,不顾其后;如食宜饇,如酌孔取。

孔取,甚取也。(《吕氏家塾读诗记》)

毋教猱升木,如涂涂附;君子有徽猷,小人与属。

雨雪瀌瀌,见晛曰消;莫肯下遗,式居娄骄。

见晛曰消,谓君子有徽猷也。雨雪之消,喻小人道消也。(《吕氏家塾读诗记》)

雨雪浮浮,见晛曰流;如蛮如髦,我是用忧。

卷十五 都人士之什二之八

都 人 士

彼都人士,狐裘黄黄。其容不改,出言有章。行归于周,万民所望。

都人士者,即《丧服》传所谓都邑之士,所以别野人也。(《吕氏家塾读诗记》)

彼都人士,台笠缁撮。彼君子女,绸直如发。我不见兮,我心不说。

君子女者,贵人之女,所以别民女也。礼不下于庶人,则长民者所齐,野人有不与也。(《吕氏家塾读诗记》)

彼都人士,充耳琇实;彼君子女,谓之尹吉。我不见兮,我心苑结!

彼都人士,垂带而厉;彼君子女,卷发如虿。我不见兮,言从之迈!

匪伊垂之,带则有余;匪伊卷之,髪则有旟。我不见兮,云何盱矣?

卷十六大雅三文王之什三之一

文 王

文王在上,于昭于天!周虽旧邦,其命维新。有周不显,帝命不时?文王陟降,在帝左右。

亹亹文王,令闻不已;陈锡哉周,侯文王孙子。文王孙子,本支百世。凡周之士,不显亦世。

世之不显,厥犹翼翼。思皇多士,生此王国。王国克生,维周之桢。济济多士,文王以宁。

穆穆文王,于缉熙敬止!假哉天命,有商孙子。商之孙子,其丽不亿。上帝既命,侯于周服。

侯服于周,天命靡常。殷士肤敏,祼将于京。厥作祼将,常服黼冔。王之荩臣,无念尔祖?

无念尔祖?聿修厥德。永言配命,自求多福。殷之未丧师,克配上帝。宜鉴于殷,骏命不易。

命之不易,无遏尔躬。宣昭义问,有虞殷自天上,天之载无声无臭,仪刑文王,万邦作孚。

凡欲配天命者,当法天然。天无声臭可求,苟仪刑文王,则天德全矣。此万邦所以作孚。(《吕氏家塾读诗记》)

绵

绵绵瓜瓞,民之初生,自土沮漆;古公亶父,陶复陶穴,未有家室。

古公亶父,来朝走马;率西水浒,至于岐下。爰及姜女,聿来胥宇。

周原膴膴,堇荼如饴;爰始爰谋,爰契我龟。曰止曰时,筑室于兹。

乃慰乃止,乃左乃右,乃疆乃理,乃宣乃亩。自西徂东,周爰执事。

乃召司空,乃召司徒;俾立室家,其绳则直。缩版以载,作庙翼翼。

捄之陾陾,度之薨薨,筑之登登,削屡冯冯。百堵皆兴,鼛鼓弗胜。

乃立皋门,皋门有伉;乃立应门,应门将将;乃立冢土,戎丑攸行。

肆不殄厥愠,亦不陨厥问,柞棫拔矣,行道兑矣!混夷駾矣,唯其喙矣!

喙,张喙而息也。奔趋者其状如此。(《吕氏家塾读诗记》)

虞芮质厥成,文王蹶厥生。予曰有疏附,予曰有先后;予曰有奔奏,予曰有御侮。

棫 朴

芃芃棫朴,薪之槱之;济济辟王,左右趣之。

济济辟王,左右奉璋;奉璋峨峨,髦士攸宜。

淠彼泾舟,烝徒楫之;周王于迈,六师及之。

倬彼云汉,为章于天;周王寿考,遐不作人。

追琢其章,金玉其相;勉勉我王,纲纪四方。

所以纲纪四方,维持而不坠者,皆官人之效。虽文王无为,犹勉勉于斯,而不已也。(《吕氏家塾读诗记》)

皇 矣

皇矣上帝,临下有赫!监观四方,求民之莫。维此二国,其政不获;维彼四国,爰究爰度。上帝耆之,憎其式廓,乃眷西顾,此维与宅。

作之屏之,其菑其翳;修之平之,其灌其栵。启之辟之,其柽其椐;攘之剔之,其檿其柘。帝迁明德,串夷载路;天立厥配,受命既固。

串夷载路,言民归往也。其来者,习其平易。(《吕氏家塾读诗记》)

帝省其山,柞棫斯拔,松柏斯兑;帝作邦作对,自大伯王季。维此王季,因心则友;则友其兄,则笃其庆。载锡之光,受禄无丧,奄有四方。

维此王季,帝度其心;貊其德音,其德克明。克明克类,克长克君,王此大邦;克顺克比,比于文王。其德靡悔,既受帝祉,施于孙子。

帝谓文王,无然畔援,无然歆羡;诞先登于岸,密人不恭,敢拒大邦,侵阮徂共。王赫斯怒,爰整其旅,以按徂旅,以笃于周祜,以对于天下。

文王以无心得天下,虽赫怒用师,皆出于无心也。畔援歆羡者,皆有心者也。文王之心与斯民速,济乎大难者也。(《吕氏家塾读诗记》)

此言文王德不形而功无迹,与天同体而已。虽兴兵以伐崇,莫非顺帝之则而非我也。(《诗集传》)

依其在京,侵自阮疆,陟我高冈,无矢我陵;我陵我阿,无饮我泉;我泉我池,度其鲜原。居岐之阳,在渭之将;万邦之方,下民之王。

用兵必有根本之地,文王驻兵于国都,以为三军之镇。(《诗缉》)

《前汉·地理志》曰:扶风安陵县,阚骃以为本周之程邑也。(《诗缉》)

帝谓文王,予怀明德,不大声以色,不长夏以革。不识不知,顺帝之则。帝谓文王,询尔仇方,同尔兄弟;以尔钩援,与尔临冲,以伐崇墉。

言文王其德不形而功无迹,与天同体而已。虽兴兵以伐崇,莫非顺帝则而非我也。(《吕氏家塾读诗记》)

临冲闲闲,崇墉言言;执讯连连,攸馘安安。是类是禡,是致是附,四方以无侮。临冲茀茀,崇墉仡仡;是伐是肆,是绝是忽,四方以无拂。

下 武

下武维周,世有哲王;三后在天,王配于京。
王配于京,世德作求;永言配命,成王之孚。
成王之孚,下土之式;永言孝思,孝思维则。
媚兹一人,应侯顺德;永言孝思,昭哉嗣服!
昭兹来许,绳其祖武;于万斯年,受天之祜!
受天之祜,四方来贺。于万斯年,不遐有佐。

不遐有佐者,四方皆来佐助,虽万年不以为远也。(《吕氏家塾读诗记》)

文王有声

文王有声,遹骏有声;遹求厥宁,遹观厥成。文王烝哉!

烝，君也，众也，皆所以得众为君也。(《吕氏家塾读诗记》)

文王受命，有此武功；既伐于崇，作邑于丰。文王烝哉！

筑城伊淢，作丰伊匹，匪棘其欲，遹追来孝。王后烝哉！

王公伊濯，维丰之垣。四方攸同，王后维翰。王后烝哉。

濯如涤，言明白而不昧。(《吕氏家塾读诗记》)

文王至此明建都邑，示天下知所归往，天下皆倚以为赖。(《吕氏家塾读诗记》)

丰水东注，维禹之绩，四方攸同，皇王维辟。皇王烝哉！

镐京辟雍，自西自东；自南自北，无思不服。皇王烝哉！

考卜维王，宅是镐京。维龟正之，武王成之，武王烝哉。

言武王稽天命，宅镐京，定都以为天下君也。(《吕氏家塾读诗记》)

丰水有芑，武王岂不仕？诒厥孙谋，以燕翼子。武王烝哉！

卷十七 生民之什三之二

生 民

厥初生民，时维姜嫄。生民如何？克禋克祀。以弗无子，履帝武敏歆，攸介攸止。载震载夙，载生载育，时维后稷。

诞弥厥月，先生如达；不坼不副，无菑无害，以赫厥灵。上帝不宁，不康禋祀，居然生子。

诞寘之隘巷，牛羊腓字之；诞寘之平林，会伐平林；诞寘之寒冰，鸟覆翼之。鸟乃去矣，后稷呱矣；实覃实吁，厥声载路。

诞实匍匐，克岐克嶷，以就口食；蓺之荏菽，荏菽旆旆，禾役穟穟，麻麦幪幪，瓜瓞唪唪。

诞后稷之穑，有相之道。茀厥丰草，种之黄茂。实方实苞，实种实褎，实发实秀，实坚实好，实颖实栗，即有邰家室。秀，始穟也。(《吕氏家塾读诗记》)

诞降嘉种，维秬维秠，维穈维芑。恒之秬秠，是获是亩；恒之穈芑，是任是负，以归肇祀。

诞我祀如何？或舂或揄，或簸或蹂；释之叟叟，烝之浮浮；载谋载惟，取萧祭脂。取羝以軷，载燔载烈，以兴嗣岁。

卬盛于豆，于豆于登，其香始升；上帝居歆，胡臭亶时？后稷肇祀，庶无罪悔，以迄于今。

既 醉

既醉以酒，既饱以德；君子万年，介尔景福。

既饱以德，孰观是礼而有得也。(《吕氏家塾读诗记》)

既醉以酒，尔殽既将；君子万年，介尔昭明。

昭明有融，高朗令终；令终有俶，公尸嘉告。

其告维何？笾豆静嘉；朋友攸摄，摄以威仪。

威仪孔时，君子有孝子；孝子不匮，永锡尔类。

祭祀之终，有嗣举奠，所以致其传傅祖考德泽之意深矣。(《吕氏家塾读诗记》)

其类维何？室家之壸；君子万年，永锡祚胤。

其胤维何？天被尔禄；君子万年，景命有仆。

其仆维何？厘尔女士；厘尔女士，从以孙子。

凫 鹥

凫鹥在泾，公尸来燕来宁；尔酒既清，尔殽既馨，公尸燕饮，福禄来成。

凫鹥在沙,公尸来燕来宜;尔酒既多,尔殽既嘉,公尸燕饮,福禄来为。

　　凫鹥在渚,公尸来燕来处;尔酒既湑,尔殽伊脯,公尸燕饮,福禄来下。

　　凫鹥在潀,公尸来燕来宗;既燕于宗,福禄攸降,公尸燕饮,福禄来崇。

崇,积而高大也。(《吕氏家塾读诗记》)

　　凫鹥在亹,公尸来止熏熏;旨酒欣欣,燔炙芬芬,公尸燕饮,无有后艰。

民　劳

《民劳》皆谏辞也。(《吕氏家塾读诗记》)

　　民亦劳止,汔可小康。惠此中国,以绥四方。无纵诡随,以谨无良。式遏寇虐,憯不畏明。柔远能迩,以定我王。

五章章之始皆言"民亦劳止""惠此中国"者,欲王息民而固根本也。中言"无纵诡随""式遏寇虐"者,欲王谨察小人将以害政也。言末之言,皆丁宁反复,劝王之辞,使之去危即安,去恶从善也。(《吕氏家塾读诗记》)

不畏明,不畏天明也。(《吕氏家塾读诗记》)

　　民亦劳止,汔可小休。惠此中国,以为民逑。无纵诡随,以谨惛怓。式遏寇虐,无俾民忧。无弃尔劳,以为王休。

　　民亦劳止,汔可小息。惠此京师,以绥四国。无纵诡随,以谨罔极。式遏寇虐,无俾作慝。敬慎威仪,以近有德。

　　民亦劳止,汔可小愒。惠此中国,俾民忧泄。无纵诡随,以谨丑厉。式遏寇虐,无俾正败。戎虽小子,而式弘大。

　　民亦劳止,汔可小安。惠此中国,国无有残。无纵诡随,以谨缱绻。式遏寇虐,无俾正反。王欲玉女,是用大谏。

板

上帝板板,下民卒瘅。出话不然,为犹不远。靡圣管管,不实于亶。犹之未远,是用大谏。

天之方难,无然宪宪。天之方蹶,无然泄泄。辞之辑矣,民之洽矣。辞之怿矣,民之莫矣。

我虽异事,及尔同寮。我即尔谋,听我嚣嚣。我言维服,勿以为笑。先民有言:"询于刍荛。"

我虽异事及尔同寮者,与执政公卿言也。不敢斥王,托与执政公卿之言而风之也。(《吕氏家塾读诗记》)

天之方虐,无然谑谑。老夫灌灌,小子蹻蹻。匪我言耄,尔用忧谑。多将熇熇,不可救药。

天之方懠,无为夸毗。威仪卒迷,善人载尸。民之方殿屎,则莫我敢葵。丧乱蔑资,曾莫惠我师。

天之牖民,如埙如篪,如璋如圭,如取如携。携无曰益,牖民孔易。民之多辟,无自立辟。

价人维藩,大师维垣。大邦维屏,大宗维翰。怀德维宁,宗子维城。无俾城坏,无独斯畏。

敬天之怒,无敢戏豫。敬天之渝,无敢驰驱。昊天曰明,及尔出王。昊天曰旦,及尔游衍。

卷十八 荡之什三之三

荡

荡荡上帝,下民之辟。疾威上帝,其命多辟。天生烝民,其命匪谌。靡不有初,鲜克有终。

荡荡乎上帝,吾王非下民之君乎。疾威上帝,吾王之命何多僻乎。穷而呼天之辞也。(《吕氏家塾读诗记》)

文王曰:咨,咨女殷商!曾是强御,曾是掊克;曾是在位,曾是在服。天降滔德,女兴是力。

文王曰:咨,咨女殷商!而秉义类,强御多怼。流言以对,寇攘式内。侯作侯祝,靡届靡究。

文王曰:咨,咨女殷商!女炰烋于中国,敛怨以为德。不明尔德,时无背无侧。尔德不明,以无陪无卿。

文王曰:咨,咨女殷商!天不湎尔以酒,不义从式。既愆尔止,靡明靡晦。式号式呼,俾昼作夜。

文王曰:咨,咨女殷商!如蜩如螗,如沸如羹。小大近丧,人尚乎由行。内奰于中国,覃及鬼方。

文王曰:咨,咨女殷商!匪上帝不时,殷不用旧。虽无老成人,尚有典刑。曾是莫听,大命以倾!

文王曰:咨,咨女殷商!人亦有言:颠沛之揭,枝叶未有害,本实先拨。殷鉴不远,在夏后之世。

云 汉

倬彼云汉,昭回于天。王曰:于乎!何辜今之人?天降丧乱,饥馑荐臻。靡神不举,靡爱斯牲。圭璧既卒,宁莫我听。

旱既大甚,蕴隆虫虫。不殄禋祀,自郊徂宫。上下奠瘗,靡神不宗。后稷不克,上帝不临。耗斁下土,宁丁我躬!

旱既大甚,则不可推。兢兢业业,如霆如雷。周余黎

民,靡有孑遗。昊天上帝,则不我遗。胡不相畏?先祖
于摧!

旱既大甚,则不可沮。赫赫炎炎,云我无所。大命近止,
靡瞻靡顾。群公先正,则不我助。父母先祖,胡宁忍予?

旱既大甚,涤涤山川。旱魃为虐,如惔如焚。我心惮暑,
忧心如熏!群公先正,则不我闻。昊天上帝,宁俾我遯?

旱既大甚,黾勉畏去。胡宁瘨我以旱,憯不知其故。祈年
孔夙,方社不莫。昊天上帝,则不我虞。敬恭明神,宜无悔怒。

旱既太甚,散无友纪。鞫哉庶正,疚哉冢宰!趣马师氏,
膳夫左右。靡人不周,无不能止。瞻仰昊天,云如何里!

瞻仰昊天,有嘒其星。大夫君子,昭假无赢。大命近止,
无弃尔成。何求为我,以戾庶正?瞻仰昊天,曷惠其宁?

昭,明也。赢,余也。所以事神者无余矣。(《吕氏家塾读诗
记》)

卷十九颂四周颂清庙之什四之一

丝 衣

丝衣其紑,载弁俅俅。自堂徂基,自羊徂牛。鼐鼎及鼒,
兕觥其觩。旨酒思柔,不吴不敖,胡考之休。

"自堂徂基",乃所谓于彼乎于此乎。(《吕氏家塾读诗记》)

卷二十鲁颂四之四

駉

駉駉牡马,在坰之野。薄言駉者,有骄有皇,有骊有黄。

以车彭彭。思无疆,思马斯臧。

驹驹牡马,在坰之野。薄言驹者,有骓有駓,有骍有骐。以车伾伾。思无期,思马斯才。

驹驹牡马,在坰之野。薄言驹者,有驒有骆,有骝有雒。以车绎绎。思无斁,思马斯作。

驹驹牡马,在坰之野。薄言驹者,有駰有騢。有驔有鱼,以车祛祛。思无邪思,马斯徂。

僖公修牧马之政,以诚心行之,故言"思无疆"、"思无期"、"思无斁"、"思无邪"。马之所以臧才作徂者,其效也。与《卫风》"秉心塞渊,䮾牝三千"之意同。古之贤君,诚心以行善政,其效皆若此,然非独牧马而已。(《吕氏家塾读诗记》)

闷　宫

闷宫有侐,实实枚枚;赫赫姜嫄,其德不回。上帝是依,无灾无害,弥月不迟。是生后稷,降之百福。黍稷重穋,稙稺菽麦。奄有下国,俾民稼穑,有稷有黍,有稻有秬。奄有下土,缵禹之绪。

闷宫,鲁庙,非姜嫄庙也。言赫赫姜嫄者,推本周家所由兴。(《吕氏家塾读诗记》)

后稷之孙,实维太王。居岐之阳,实始翦商。至于文武,缵大王之绪。致天之届,于牧之野。无贰无虞,上帝临女。敦商之旅,克咸厥功。王曰:"叔父!建尔元子,俾侯于鲁。大启尔宇,为周室辅。"

乃命鲁公,俾侯于东;锡之山川,土田附庸。周公之孙,庄公之子。龙旗承祀,六辔耳耳。春秋匪解,享祀不忒。皇皇后帝,皇祖后稷。享以骍牺,是飨是宜。降福既多,周公皇祖,亦其福女。

秋而载尝,夏而楅衡。白牡骍刚,牺尊将将。毛炰胾羹,笾豆大房。万舞洋洋,孝孙有庆。俾尔炽而昌,俾尔寿而臧。保彼东方,鲁邦是常。不亏不崩,不震不腾。三寿作朋,如冈如陵。

公车千乘,朱英绿縢,二矛重弓。公徒三万,贝胄朱綅,烝徒增增。戎狄是膺,荆舒是惩,则莫我敢承。俾尔昌而炽,俾尔寿而富。黄发台背,寿胥与试。俾尔昌而大,俾尔耆而艾。万有千岁,眉寿无有害。

泰山岩岩,鲁邦所詹。奄有龟蒙,遂荒大东。至于海邦,淮夷来同。莫不率从,鲁侯之功。

保有凫绎,遂荒徐宅。至于海邦,淮夷蛮貊。及彼南夷,莫不率从。莫敢不诺,鲁侯是若。

天锡公纯嘏,眉寿保鲁。居常与许,复周公之宇。鲁侯燕喜,令妻寿母。宜大夫庶士,邦国是有。既多受祉,黄髪儿齿。

徂来之松,新甫之柏。是断是度,是寻是尺。松桷有舄,路寝孔硕。新庙奕奕,奚斯所作。孔曼且硕,万民是若。

商颂四之五

长　发

古者天子诸侯三年丧毕,皆合先祖之神而享之,以生时有庆集之欢,死应备合食之礼,故时祭之外,复为禘祫也。虞夏商皆以间岁为之,周则五年而再盛祭。(《诗缉》)

浚哲维商,长发其祥。洪水芒芒,禹敷下土方。外大国是疆,幅陨既长。有娀方将,帝立子生商。

玄王桓拨,受小国是达,受大国是达。率履不越,遂视既发。相土烈烈,海外有截。

帝命不违,至于汤齐,汤降不迟,圣敬日跻。昭假迟迟,上帝是祗。帝命式于九围。

受小球大球,为下国缀旒,何天之休;不竞不絿,不刚不柔,敷政优优,百禄是道。

受小共大共,为下国骏厖。何天之龙。敷奏其勇,不震不动,不戁不竦;百禄是总。

武王载旆,有虔秉钺。如火烈烈,则莫我敢曷。苞有三櫱,莫遂莫达,九有有截。韦顾既伐,昆吾夏桀。

昔在中叶,有震且业。允也天子,降予卿士。实维阿衡,实左右商王。

(按:括弧内书名为佚文出处,楷体所排为诗经原文,宋体为吕大临《诗传》佚文。)

二、吕大临《西铭解》辑佚

乾称父,坤称母;予兹藐焉,乃混然中处。

人者,万物之灵。受天地之中以生,为天地之心者也。能知其所自出,故事天如事亲。

故天地之塞,吾其体;天地之帅,吾其性。

克己复礼,天下归仁,此之谓体。尽其心则知其性,知其性则知生矣,此之谓性。

民吾同胞,物吾与也。

均有是性,彼伤则我伤,故有怵惕恻隐之心;均有是生,彼伤则我所不欲,故血气之类弗身践,而草木以时伐。

大君者,吾父母宗子;其大臣,宗子之家相也。尊高年,所以长其长;慈孤弱,所以□其□。圣其合德,贤其秀也。凡天下疲癃残疾、惸独鳏寡,皆吾兄弟之颠连而无告者也。

大君者,裁成天地之道,辅相天地之宜。奉天命,代天治,犹宗子治吾父母之家事也。大臣燮理阴阳,寅亮天地,相其大君,犹家相也。宗子家相,吾所以敬者,治吾父母之事。云乎大君大臣,治吾天地之事,可不敬乎?以天下为一家,中国为一人,则天下之长于我者,皆吾父兄。天下之幼于我者,皆吾子弟。天下之有圣人,其敬之也,犹父之执友,盖与天地合德也。天下之有贤者,皆吾之执友,天地之秀,贤于我者也。天下之贫民,皆吾宗族兄弟之贫者也。

于时保之,子之翼也;乐且不忧,纯乎孝者也。

听于无声,视于无形,敬亲不敢慢也。恐惧乎其所不睹,戒谨乎其所不闻敬,天不敢慢也。惟顺于父母,可以解忧,乐于事亲者也。不识不知顺帝之则乐于事天者也。举天下之重,无以加此,诚敬乎此者也。举天下之乐,无以间此,诚乐乎此者也。事亲事天虽异,所以敬乐则一也。

违曰悖德,害仁曰贼;济恶者不才,其践形,惟肖者也。

违天者,天之悖德之子;害仁者,天之贼子。长恶不悛者,天之不才之子,与天地相似者,天之克肖之子。

知化则善述其事,穷神则善继其志。

可以赞天地之化育,则能述天地之事矣。斋戒以神明其德,则能继天地之志矣。事所以行也,志所以存也。

不愧屋漏为无忝,存心养性为匪懈。

天命我以信,而不信则辱天之命。天付我以道,而堕不守则扩天之职。

恶旨酒,崇伯子之顾养;育英材,颖封人之锡类。

不穷人欲,所以存天德。以善养人,所以广天德。

不施劳而底豫,舜其功也;无所逃而待烹,申生其恭也。

自强不息,至于与天地合德,则天下底豫。故先天而天弗违无妄之以大非其自取,则天无所逃,故顺受其正。

体其受而归全者,参乎！勇于从而顺令者,伯奇也。

天全德于予,既全而予之,可不全而归之。故行一不义,杀一不辜,而得天下,不为也。曾子曰:"吾得正而毙焉,斯已矣。"吾又何求？皆全而归之者也。子之于父母,东西南北,惟令之从素其位而行不愿乎其外。安时处顺,其顺令之至者焉。

富贵福泽,将厚吾之生也;贫贱忧戚,庸玉汝于成也。

父母厚汝之生,使汝仁及宗族;天地厚汝之禄,使汝泽及于民,皆不可自致危暗。父母苦汝,使汝知艰难以成其身;天地穷汝,使汝由疾疢以成其德。爱汝故苦汝,福汝故穷汝,皆不可妄生疾怨。

存,吾顺事,没,吾宁也。

无终食之间违仁,足以顺吾生。无一行之有不慊,足以安吾死。

（据王震霆《古文集成》辑）

三、吕大防《长安图记》佚文

元丰三年五月五日,龙图阁待制知永兴军府事汲郡吕公大防,命户曹刘景阳按视、邠州观察推官吕大临检定。其法以隋都城大明宫并以二寸折一里,城外取容,不用折法。大率以旧图及韦述《西京记》为本,参以诸书及遗迹。考定太极、大明、兴庆三宫用折地法,不能尽容诸殿,又为别图。汉都城纵广各十五里,周六十五里。十二门,八街,九陌。城之南北曲折,有南斗北斗之象。未央、长乐宫在其中。未央在西直便门,长乐在东直社门。隋都城外郭纵十五里一百七十五步,广十八里百十五步,周六十七里,高一丈八尺。东西南北各三门,纵十一街,横十四街。当皇城朱雀门南北九里一百七十五步,纵十一街,各广百步。皇城之南,横街十,各广四十七步。皇城左右,各横街四,三街各六十步,一街直安福延喜门,广百步。朱雀街之东市,一坊五十五,万年治之。街之西市,一坊五十五,长安治之。坊之制,皇城之南三十六坊,各东西二门,纵各三百五十步。中十八坊,广各三百五十步,外十八坊,广各四百五十步。皇城之左右共七十四坊,各四门,广各六百五十步。皇城左右之南六坊,纵各五百五十步。北六坊,纵各四百步。市居二坊之地,方各六百步,四面街各广百步,面各二门。皇城纵三里一百四十步,广五里一百一十五步,周十七里一百五十步。纵五街,横七街,百司居之。北附宫城,南直朱雀门,皆有大街,各广百步。东西各二门,南三门。太极宫城广四里,纵二里四十步,周十三里一百八十步,高三丈五尺。东一门,西二门,南六门,北三门。宫城之西有大安宫,唐大明宫城在苑内,广二里一百四十八步,纵四里九十五步,东北各一门,南五门,西二门。禁苑广二十七里,纵三十里,东一门,南二门,北五门。西内苑广四里,纵二里,四面各一门。东内苑广二百五十步,纵四里九十五步,东一门。以渠道水入城者三:一曰龙首渠,自城东南导浐至长乐坡,洒为二渠,一北流入苑,一经通化门兴庆宫由皇城入太极宫。二曰永安渠,导交水自大安坊西街入城,北流入苑注渭。三曰清明渠,导坑水自大安坊东街入城,由皇城入太极宫。城内有六高冈横列如干之六爻。初隋建都,以九二置宫室,九三处百司,九五不欲令民居,乃置玄都观兴善寺。右汉隋唐宫禁城邑之制，而《西京记》云："街东西各五十四坊。"《六典》注："两市居其中，四坊之地凡一百一十坊。"今除市居二坊外，各五十五坊，当以六典注为正。又《六典》："西上合之西延英。"李庚赋："东则延英耽耽。"当以庚赋为正。又《西京记》："大兴城南直子午谷。"今据子午谷，乃汉城所直，隋城南直石鳖谷西。又《唐志》："大明宫纵一千八百步，广一千八十步。"今实计纵一千一百一十八步，广一千五百三十五步，此旧说之误也。

唐高宗始营大明宫于丹凤，后南开翊善、永昌二坊，各为二外郭。东北隅永福一坊，筑入苑。先天以后，为十六王内宅。又高宗以隆庆坊为兴庆宫附外郭，为复道，自大明宫经过通化门，蹬道潜通，以达此宫，谓之夹城。又制永嘉坊，西百步入宫，外郭东南隅一坊，始建都城，以地高不便，隔在郭外。为芙蓉园，引黄渠水注之，号曲江。明皇增筑兴庆宫夹城，直至芙蓉园。又武宗于宣政殿东北筑□曰望仙，今人误以为蓬莱山。武宗又修未央宫为通光亭，宣宗修宪宗遗迹于夹城中，开便门自芙蓉园北入至青龙寺，俗号新开门。自门至寺，开敦化以北四坊，各为二，此迁改之异也。（《云麓漫抄》卷八）

隋氏设都虽不能尽循先王之法，畦分碁布，闾巷皆中绳墨。坊有墉，墉有门，遁亡奸伪，无所容足，而朝廷、宫寺、民居、市区不复相参，亦一代之精制也。唐人蒙之以为治，更数百年不能有改，其功亦岂小哉。隋文有国才二十二年，其划除不庭者，非一国兴利后世者非一事，大趣皆以惠民为本，躬决庶务，未尝逸豫，虽古圣人夙兴待旦，殆无以过。惜其不学无术，故不能追三代之盛。予因考证长安故图，（观吕氏此言是图之作其来尚矣）爱其制度之密，而勇于敢为，且伤唐人娼疾史氏没其实，聊记于后。元丰三年五月五日,龙图阁待制知永兴军府事汲郡吕大防题。京兆府户曹参军刘景阳按视,并州观察推官吕大临检定,鄜州观察使石苍舒书。(李好文《长安志图》卷上)

参考文献

古代典籍

1. （清）阮元校刻：《十三经注疏》，上海古籍出版社 1997 年影印本。
2. （宋）税与权：《古经传》，《文渊阁四库全书》影印本。
3. （宋）卫湜：《礼记集说》，《文渊阁四库全书》影印本。
4. （宋）冯椅：《厚斋易学》，《文渊阁四库全书》影印本。
5. （宋）朱熹：《诗集传》，凤凰出版社 2007 年版。
6. （宋）朱熹：《四书或问》，上海古籍出版社 2001 年版。
7. （宋）吕祖谦：《吕氏家塾读诗记》，《文渊阁四库全书》影印本。
8. （宋）熊节编、熊刚大注：《性理群书句解》，《文渊阁四库全书》影印本。
9. （宋）薛居正等：《旧五代史》，中华书局 1976 年版。
10. （宋）王溥等：《五代会要》，上海古籍出版社 1978 版。
11. （宋）王钦若等编：《册府元龟》，中华书局 1960 年版。
12. （清）徐松等辑：《宋会要辑稿》，中华书局 1957 年影印本。
13. （宋）李焘：《续资治通鉴长编》，中华书局 1979 年版。
14. （清）黄以周：《续资治通鉴长编拾补》，中华书局 2002 年版。
15. （宋）王称：《东都事略》，《文渊阁四库全书》影印本。

16.（宋）陈均：《皇朝编年纲目备要》，中华书局2006年版。

17.（宋）李心传：《建炎以来系年要录》，《文渊阁四库全书》影印本。

18.（元）脱脱等：《宋史》，中华书局1977年版。

19.《明会典》，《文渊阁四库全书》影印本。

20.（宋）朱熹：《伊洛渊源录》，上海古籍出版社2002年版。

21.（宋）徐自明撰、王瑞来校补：《宋宰辅编年录校补》，中华书局1986年版。

22.（清）吴廷燮撰、张忱石点校：《北宋经抚年表 南宋制抚年表》，中华书局2004年版。

23. 司义祖整理：《宋大诏令集》，中华书局1997年版。

24.（宋）黄震：《古今纪要》，《文渊阁四库全书》影印本。

25.（宋）彭百川：《太平治迹统类》，《文渊阁四库全书》影印本。

26.（宋）赵汝愚编：《宋朝诸臣奏议》，上海古籍出版社1999年版。

27.（宋）李幼武：《宋名臣言行录》，《文渊阁四库全书》影印本。

28.（唐）林宝撰、岑仲勉校记：《元和姓纂（附四校记）》，中华书局2008年版。

29.（宋）晁公武著、孙猛校证：《郡斋读书志校证》，上海古籍出版社2005年版。

30.（宋）陈振孙：《直斋书录解题》，上海古籍出版社2005年版。

31.（清）永瑢等：《钦定四库全书总目》，中华书局1997年版。

32.（宋）郑樵：《通志》，中华书局1987年影印本。

33. (宋)邓名世:《古今姓氏书辨证》,江西人民出版社 2006 年版。

34. (清)吕治平纂修:《吕氏家谱》,清康熙三十二年家刻本。

35. (宋)祝穆撰、祝洙增订、施和金点校:《方舆胜览》,中华书局 2003 年版。

36. (宋)程大昌:《雍录》,《文渊阁四库全书》影印本。

37. (元)马端临:《文献通考》,浙江古籍出版社 2000 年版。

38. (清)朱彝尊:《经义考》,中华书局 1998 年版。

39. (明)曹端著、王秉伦点校:《曹端集》,中华书局 2003 年版。

40. (明)张吉撰:《古城集》,《文渊阁四库全书》影印本。

41. (明)冯从吾:《关学编》,中华书局 1987 年版。

42. (清)黄宗羲原著、全祖望补修,陈金生、梁运华点校:《宋元学案》,中华书局 1986 年版。

43. (清)朱轼著、蔡世元订:《历代名儒传》,山东友祖书社 1989 年版。

44. (宋)武澄:《张子年谱》,《北京图书馆藏珍本年谱丛刊》本。

45. (清)吕懋勋等修、袁廷俊等纂:《蓝田县志》,《中国方志丛书》本。

46. (清)王士俊等:《河南通志》,《文渊阁四库全书》影印本。

47. (清)郝玉麟等监修:《福建通志》,《文渊阁四库全书》影印本。

48. (清)觉罗石麟等撰:《山西通志》,《文渊阁四库全书》影印本。

49. (明)李贤等撰:《明一统志》,《文渊阁四库全书》影印本。

50.（清）查郎阿修、沈青崖纂：《敕修陕西通志》，《中国西北文献丛书》，兰州古籍书店 1990 年版。

51.（明）赵廷瑞纂：《陕西通志》，华东师范大学图书馆藏《稀见方志丛刊》，北京图书馆出版社 2005 年版。

52.（明）程敏政：《新安文献志》，《文渊阁四库全书》影印本。

53.（元）陶宗仪：《说郛》，《丛书集成》本。

54. 国家图书馆善本金石组编：《宋代石刻文献全编》，北京图书馆出版社 2003 年版。

55. 余华青、张廷皓编：《陕西碑石精华》，三秦出版社 2006 年版。

56.（宋）吕祖谦编、齐治平点校：《宋文鉴》，中华书局 1992 年版。

57. 曾枣庄等主编：《全宋文》，巴蜀书社 1993 年版。

58. 傅璇琮等主编：《全宋诗》，北京大学出版社 1991 年版。

59. 陈俊民：《蓝田吕氏遗著辑校》，中华书局 1993 年版。

60.（宋）吕大防等撰、徐敏霞校辑：《韩愈年谱》，中华书局 2006 年。

61.（唐）杜甫著、（宋）王洙集注：《分门集注杜工部诗》，《四部丛刊》本。

62.（宋）黄希、黄鹤：《补注杜诗》，《文渊阁四库全书》影印本。

63.（清）仇兆鳌：《杜诗详注》，中华书局 2004 年版。

64.（唐）柳宗元：《柳宗元集》，中华书局 1986 年版。

65.（宋）司马光：《传家集》，《文渊阁四库全书》影印本。

66.（宋）文彦博：《潞公文集》，《文渊阁四库全书》影印本。

67.（宋）范祖禹：《范太史集》，《文渊阁四库全书》影印本。

68.（宋）范纯仁：《范忠宣集》，《文渊阁四库全书》影印本。

69. （宋）刘安世：《尽言集》，《文渊阁四库全书》影印本。
70. （宋）刘攽：《彭城集》，《文渊阁四库全书》影印本。
71. （宋）程颢、程颐著，王孝鱼点校：《二程集》，中华书局2008年版。
72. （宋）苏轼撰、孔凡礼点校：《苏轼文集》，中华书局1986年版。
73. （宋）苏辙：《栾城集》，《文渊阁四库全书》影印本。
74. （宋）晁补之：《鸡肋集》，《文渊阁四库全书》影印本。
75. （宋）秦观撰、徐培均笺注：《淮海集笺注》，上海古籍出版社1994年版。
76. （宋）张载：《张载集》，中华书局1978年版。
77. （宋）谢良佐：《上蔡语录》，《文渊阁四库全书》影印本。
78. （宋）胡宏著、吴仁华点校：《胡宏集》，中华书局2009年版。
79. （宋）度正：《性善堂稿》，《文渊阁四库全书》影印本。
80. （宋）楼钥：《攻媿集》，《文渊阁四库全书》影印本。
81. （宋）程泌：《洺水集》，《文渊阁四库全书》影印本。
82. （宋）苏籀：《双溪集》，《文渊阁四库全书》影印本。
83. （宋）朱熹著，郭齐、尹波点校：《朱熹集》，上海古籍出版社、安徽教育出版社2002年版。
84. （宋）黎靖德编、王星贤点校：《朱子语类》，中华书局1986年版。
85. （宋）吕祖谦：《东莱集》，《文渊阁四库全书》影印本。
86. （宋）陆游：《渭南文集》，《文渊阁四库全书》影印本。
87. （宋）尤袤：《梁溪遗稿》，《文渊阁四库全书》影印本。
88. （宋）真德秀：《西山读书记》，《文渊阁四库全书》影印本。

89.（宋）苏辙：《龙山略志》，中华书局1982年版。

90.（宋）黄榦：《勉斋集》，《文渊阁四库全书》影印本。

91.（宋）陈师道：《后山谈丛》，上海古籍出版社1989年版。

92.（宋）陈师道：《后山居士文集》，上海古籍出版社1984年版。

93.（宋）魏泰撰、李裕民点校：《东轩笔录》，中华书局1983年版。

94.（宋）邵伯温：《邵氏闻见录》，中华书局1983年版。

95.（宋）邵博撰，刘德权、李剑雄点校：《邵氏闻见后录》，中华书局2006年版。

96.（宋）吕本中：《东莱吕紫微师友杂志》，《丛书集成初编》本。

97.（宋）陆游撰，李剑雄、刘德权点校：《老学庵笔记》，中华书局1979年版。

98.（宋）王明清：《挥麈录》，中华书局1961年版。

99.（宋）赵彦卫撰、傅根清点校：《云麓漫钞》，中华书局1998年版。

100.（宋）范镇：《东斋纪事》，《文渊阁四库全书》影印本。

101.（宋）王应麟：《小学绀珠》，《文渊阁四库全书》影印本。

102.（宋）沈作喆：《寓简》，《文渊阁四库全书》影印本。

103.（宋）蔡绦：《铁围山丛谈》，中华书局1983年版。

104.（宋）吕大忠：《吕氏乡约乡仪》，《四部丛刊》本。

105.（清）何文焕：《历代诗话》，中华书局2004年版。

106.（宋）陈鹄：《西塘集耆旧续闻》，中华书局2002年版。

107.（元）陈世隆辑：《宋诗拾遗》，《续修四库全书》本。

108.（清）陆心源：《宋诗纪事补遗》，《续修四库全书》本。

今人著述

109. 汤江浩:《北宋临川王氏家族及文学考论——以王安石为中心》,人民文学出版社 2005 年版。

110. 郝润华、武秀成:《晁公武陈振孙评传》,南京大学出版社 2006 年版。

111. 卢连章:《程颢程颐评传》,南京大学出版社 2007 年版。

112. 蔡方鹿:《程颢程颐与中国文化》,贵州人民出版社 1996 年版。

113. 周采泉:《杜诗集录》,上海古籍出版社 1986 年版。

114. 刘真伦:《韩集宋元传本研究》,中国社会科学出版社 2004 年版。

115. 阎爱民:《汉晋家族研究》,上海人民出版社 2005 年版。

116. 〔日〕浅见洋二:《距离与想像——中国诗学的唐宋转型》,上海古籍出版社 2005 年版。

117. 何忠礼:《科举与宋代社会》,商务印书馆 2006 年版。

118. 张文利:《理禅融会与宋诗研究》,中国社会科学出版社 2004 年版。

119. 石明庆:《理学文化与南宋诗学》,中国社会科学出版社 2006 年版。

120. 关长龙:《两宋道学命运的历史考察》,学林出版社 2001 年版。

121. 周淑萍:《两宋孟学研究》,人民出版社 2007 年版。

122. 吴正岚:《六朝江东士族的家学门风》,南京大学出版社 2003 年版。

123. 杜海军:《吕祖谦文学研究》,学苑出版社 2003 年版。

124. 常建华:《明代宗族研究》,上海人民出版社 2005 年版。

125. 周义敢、周雷编:《秦观资料汇编》,中华书局 2006 年版。

126. 徐培均:《秦少游年谱长编》,中华书局 2002 年版。

127. 容庚:《容庚文集》,中山大学出版社 2004 年版。

128. 李正德主撰:《陕西著述志》,三秦出版社 1996 年版。

129. 李昌宪:《司马光评传》,南京大学出版社 2007 年版。

130. 王盛恩:《宋代官方史学研究》,人民出版社 2008 年版。

131. 杨国安:《宋代韩学研究》,中国社会科学出版社 2006 年版。

132. 祝尚书:《宋代科举与文学》,中华书局 2008 年版。

133. 陈忻:《宋代洛学与文学研究》,中国社会科学出版社 2009 年版。

134. 马斗成:《宋代眉山苏氏家族研究》,中国社会科学出版社 2005 年版。

135. 汪圣铎:《宋代社会生活研究》,人民出版社 2007 年版。

136. 周扬波:《宋代士绅结社研究》,中华书局 2008 年版。

137. 杨渭生:《宋代文化新观察》,河北大学出版社 2008 年版。

138. 张富祥:《宋代文献学研究》,上海古籍出版社 2006 年版。

139. 巩本栋:《宋集传播考论》,中华书局 2009 年版。

140. 侯外庐:《宋明理学史》,人民出版社 1984 年版。

141. 李华瑞:《宋史论集》,河北大学出版社 2004 年版。

142. 洪本健:《宋文六大家活动编年》,华东师范大学出版社 1999 年版。

143. 杨曾文:《宋元禅宗史》,中国社会科学出版社 2006 年版。

144. 孔凡礼:《苏轼年谱》,中华书局 2002 年版。

145. 孔凡礼:《苏辙年谱》,学苑出版社 2001 年版。

146. 傅杰校编:《王国维论学集》,中国社会科学出版社 1997 年版。

147. 张君劢:《新儒学思想史》,中国人民大学出版社 2006 年版。

148. 姜国柱:《张载的哲学思想》,辽宁人民出版社 1982 年版。

149. 龚杰:《张载评传》,南京大学出版社 2006 年版。

150. 何新所:《昭德晁氏家族研究》,上海古籍出版社 2006 年版。

151. 周裕锴:《中国古代阐释学研究》,上海人民出版社 2003 年版。

152. 谢贵安:《中国实录体史学研究》,武汉大学出版社 2007 年版。

153. 方诗铭、方小芬编著:《中国史历日和中西历日对照表》,上海辞书出版社 1987 年版。

154. 唐兰:《中国文字学》,上海古籍出版社 2005 年版。

155. 胡朴安:《中国文字学史》,中国书店 1983 年版。

156. 莫励锋:《朱熹文学研究》,南京大学出版社 2001 年版。

硕博论文

157. 陈海红:《吕大临理学思想研究》,中国人民大学 2004 年博士论文。

158. 胡波:《吕大防研究》,西北大学 2009 年硕士论文。

159. 石磊:《宋吕大防〈长安图〉及后世复原图研究》,陕西师范大学 2007 年硕士论文。

160. 文碧方：《关洛之间——以吕大临思想为中心》，武汉大学 2005 年博士后出站报告。

161. 文碧方：《吕大临思想研究》，武汉大学 2003 年博士论文。

162. 吴洪泽：《宋代年谱考论》，四川大学博士论文。

163. 杨恒平：《宋代桐木韩氏家族研究》，暨南大学 2008 年博士论文。

164. 郑艳：《蓝田吕氏礼学思想及乡村实践研究》，陕西师范大学 2007 年硕士论文。

期刊论文

165. 程旭：《吕大临与关学及〈考古图〉》，《文博》2007 年第 6 期。

166. 李如冰：《吕大防与苏轼》，《文史知识》2010 年第 1 期。

167. 李如冰：《吕大临生卒年及有关问题考辨》，《宝鸡文理学院学报》2009 年第 6 期。

168. 李如冰：《吕大临佚文一则》，《文献》2010 年第 3 期。

169. 李如冰：《吕咸休生平及家族世系考》，《新乡学院学报》2010 年第 3 期。

170. 李如冰：《宋代蓝田四吕著述考》，《古籍整理研究学刊》2010 年第 5 期。

171. 李晓东：《论吕大钧〈吕氏乡约〉在理学史上的地位》，《西北大学学报》1987 年第 2 期。

172. 李玉奇：《〈考古图〉钱曾藏本非影宋本考》，《古籍整理学刊》2001 年第 5 期。

173. 刘家信:《宋碑〈长安图〉考》,《地图》1992 年第 4 期。

174. 秦草:《蓝田吕氏四贤:吕大忠、吕大防、吕大钧、吕大临》,《西安教育学院学报》2001 年第 3 期。

175. 舒大刚:《试论宋人恢复古周易的意义》,《四川大学学报》1999 年第 2 期。

176. 孙猛:《〈郡斋读书志〉衢袁二本的比较研究——兼论〈郡斋读书志〉的成书过程》,《文史》第 20 辑。

177. 文碧方:《理心之间——关于吕大临思想的定位问题》,《人文杂志》2005 年第 4 期。

178. 吴继明:《中国古代图学中的一颗耀眼明珠》,《湖北大学学报》(自然科学版)1988 年第 1 期。

179. 吴其昌:《王观堂先生学术》,《国学论丛》1928 年第 3 期。

180. 夏超雄:《宋代金石学的主要贡献及其兴起的原因》,《北京大学学报》(社科版)1982 年第 1 期。

181. 燕永成:《试论北宋元祐时期的吕大防》,《咸阳师范学院学报》2002 年第 3 期。

182. 张蕴、卫峰:《九泉之下的名门望族——陕西蓝田北宋吕氏家族墓地》,《中国文物报》2009 年 9 月 11 日第 4 版。

后　　记

本书是在我博士论文的基础上修改完成的。在本书即将出版之际，回顾往事，感慨万千。

年少时不相信命运，以为一切皆有可能。随着年龄的增长，却越来越相信，性格禀赋这些先天资质加上外在的人生际遇其实就注定了一个人的命运。因此，我深深感谢命运的眷顾，使我虽无过人天赋，却得遇良师，投在恩师郝润华先生门下攻读博士学位。三年博士生活下来，导师所做的一切，时时在感动着我，感染着我。愚钝如我，而最后能如期完成论文，并顺利通过盲审和答辩，直至今日付梓出版，期间的每一点进步都凝聚了导师太多的心血。

想当年，师生缘分甫定，未等入学，导师就开始给我布置阅读书目，指导我撰写论文。博士入学后写的第一篇论文，从最初极不成形的三千字，到最后发表的一万多字，导师不厌其烦地为我修改了六七遍。针对我的具体情况，导师亲自为我选定毕业论文题目，并在论文写作的每个阶段有针对性地悉心指导，使我在研究上一步步走向深入。随着与导师接触的增多，我越来越为导师的人格魅力所折服。在我心中，导师就是完美的化身。不但是其杰出的学术成就，严谨的治学态度，更是其磊落的胸怀，高贵的品格。导师待人宽厚仁义，坦诚正直。对学生既严格要求，又关怀备至。无私付出，却从不求回报。即使离开校园之后，导师也依然关心着学生的工作和生活。在我遇到挫折时，总能从导师那儿获得帮助和鼓励，在我感到迷惘时，总能从导师那儿获得指点和开示。在本书即将付梓之际，郝师又在百忙之中赐序，师恩如海，一言难尽！不论做人做学问，导师都是我的典范，虽然无法企及，却给我终生的教益！

母校西北师范大学赵逵夫先生、霍旭东先生、尹占华先生、伏俊琏先生，山东大学郑杰文教授，国家图书馆张廷银编审，兰州大学张崇琛教授都曾评阅我的博士论文并提出过宝贵建议，在此一并致谢！

感谢众多亲朋好友在本书写作过程中对我的支持和帮助！

感谢人民出版社詹素娟女士为本书顺利出版所做的一切。

本书出版得到"山西省高等学校人文社会科学重点研究基地——河东文化研究中心"资助，解决了部分经费问题，在此特致谢意！

学养和精力所限，本书定还有一些不足之处，敬请各位学者不吝指正！

李如冰

2012年2月于运城学院

责任编辑:詹素娟
封面设计:肖 辉

图书在版编目(CIP)数据

宋代蓝田四吕及其著述研究/李如冰 著.
—北京:人民出版社,2012.5
ISBN 978-7-01-010866-7

Ⅰ.①宋… Ⅱ.①李… Ⅲ.①历史人物-人物研究-中国-宋代 Ⅳ.①K820.44

中国版本图书馆 CIP 数据核字(2012)第 081275 号

宋代蓝田四吕及其著述研究
SONGDAI LANTIAN SILÜ JIQI ZHUSHU YANJIU

李如冰 著

人民出版社 出版发行
(100706 北京朝阳门内大街 166 号)

环球印刷(北京)有限公司印刷 新华书店经销

2012 年 5 月第 1 版 2012 年 5 月北京第 1 次印刷
开本:880 毫米×1230 毫米 1/32 印张:9.5
字数:260 千字

ISBN 978-7-01-010866-7 定价:28.00 元

邮购地址 100706 北京朝阳门内大街 166 号
人民东方图书销售中心 电话 (010)65250042 65289539

版权所有·侵权必究
凡购买本社图书,如有印制质量问题,我社负责调换。
服务电话:(010)65250042